晋江民间
侨捐碑刻拾遗

晋江市社会科学界联合会 编

尹继雄 主编

吴谨程 编注

厦门大学出版社
XIAMEN UNIVERSITY PRESS
国家一级出版社
全国百佳图书出版单位

图书在版编目（CIP）数据

晋江民间侨捐碑刻拾遗 / 晋江市社会科学界联合会编；尹继雄主编；吴谨程编注. -- 厦门：厦门大学出版社，2024.4

　ISBN 978-7-5615-9350-9

　Ⅰ. ①晋… Ⅱ. ①晋… ②尹… ③吴… Ⅲ. ①碑刻-汇编-晋江 Ⅳ. ①K877.42

中国国家版本馆CIP数据核字(2024)第069857号

责任编辑　章木良

美术编辑　蒋卓群

技术编辑　朱　楷

出版发行　厦门大学出版社

社　　址　厦门市软件园二期望海路 39 号

邮政编码　361008

总　　机　0592-2181111　0592-2181406(传真)

营销中心　0592-2184458　0592-2181365

网　　址　http://www.xmupress.com

邮　　箱　xmup@xmupress.com

印　　刷　厦门市金凯龙包装科技有限公司

开本　720 mm×1 000 mm　1/16

印张　26.5

插页　2

字数　467 千字

版次　2024 年 4 月第 1 版

印次　2024 年 4 月第 1 次印刷

定价　108.00 元

本书如有印装质量问题请直接寄承印厂调换

厦门大学出版社
微信二维码

厦门大学出版社
微博二维码

晋江民间侨捐碑刻拾遗

主编单位： 晋江市社会科学界联合会

编委会

主　　编： 尹继雄

编　　委： 尹继雄　吴谨程　庄慕娴
　　　　　洪国泰　李雅彬

特约编委： 黄　良

编　　注： 吴谨程

前　言

从"晋江模式"到"晋江经验"，海内外晋江人是家乡改革开放的实践者、参与者和见证者。一方碑刻就是一段凝固的历史，也是捐资者留给家乡最宝贵的精神财富。

为传承弘扬、创新发展"晋江经验"，讲好晋江华侨的慈善故事，2022 年 8 月，晋江市社科联启动策划编辑出版《晋江民间侨捐碑刻拾遗》工作，并于 10 月 24 日向各镇党委、街道党工委、经济开发区党工委，市教育局、文旅局、卫健局、体育局等各部门发出《关于协助做好侨捐碑刻有关信息采集工作的函》。同时，通过《晋江乡讯》向海外侨亲和晋江乡亲广泛征集民间侨捐碑刻资料。

本书编纂工作启动实施以来，各镇（街道）、村（社区）和市直相关部门，学校、医院等单位都给予了大力支持和配合，晋江市作家协会积极发动相关人员参与，特别是吴谨程主席全力组织实施、全程身体力行，通过开展田野调查、现场考察采集，经过数月的紧张征集、实地采集、甄别筛选，整理出一大批珍贵而丰富的资料素材；并对这些散落于民间的侨捐碑刻资料从史学的角度加以注释，采用一碑一文、图文结合，图后释文、文后释义等方式编辑。

本书的编纂范围主要包括：一是收进本书的侨捐工程，含海外侨胞和台港澳同胞捐资建设的项目。二是甄别工程项目是否为华侨捐建，由海外侨胞和台港澳同胞出资占比达 60% 以上的可录用。三是捐资金额录用标准按年代划分为：20 世纪 70 年代以前，3000元以上；20 世纪 70—80 年代，1 万元以上；20 世纪 80 年代至 2000年，10 万元以上；2001 年以后，30 万元以上。四是碑刻内容丰富，信息翔实，富有文学、史学及书法艺术价值。

我们深感本书所载碑铭资料可作为研究晋江社会人文历史的重要文献,也可为民间历史文献学视野下的晋江碑铭研究提供第一手资料。全书虽不能囊括晋江侨捐碑刻,但重要的碑刻大部分皆在其中。

我们期待,通过本书,可以让更多新老晋江人更加深入了解侨乡社会、华侨华人社会、华侨华人与家乡的生活场景和交流互动以及时代风貌等,激发海内外 500 万晋江人大力弘扬爱国爱乡、慈善帮扶等优良传统,以支持、参与家乡建设发展的实际行动,谱写新时代"晋江经验"新篇章。

编　者

2023 年 11 月

目 录

第一辑 教育事业

第二辑　文体医卫

第三辑　桥道水电

第四辑　社会事业

第五辑 祠陵庙宇

第六辑　慈善公益

第一辑
教育事业

晓新小学新校舍碑记

　　凡百业之成就，非特创始难，守成更难，而欲扩大之尤难。吾乡学校发轫于民国十九年春，为旅菲乡侨斥资所办。当时因乡人意见尚未划一，故学校亦辟为二，尤幸惨淡经营，均能维持不懈。迨廿九年间，我旅菲旅外有心人士，为谋乡人感情之融洽，以求乡校办理之完善，曾同心同德筹建合理校舍，一切措施已获相当成就，惜其时在乡策应之人弗克实现。未几而太平洋之战启，交通杜绝，乡校亦遂告停办。光复后，热心乡侨鉴于复兴建设首重教育，于是一面汇款复校，一面继续当年未竟①工作，群策群力，积极进行。经多时之筹划，赖乡侨之输助，乃得有今日之规模。深望乡人本此旨趣，和衷共济，再图迈进，则故乡教育之发展，正未有艾②也。兹为表扬既往，策励来兹计，爰③述其梗概，勒石纪念，俾④前辈缔造之艰难及乡侨赞助之功绩，得与斯校共垂于不朽云。

民国三十七年元月

旅菲龙江玉斗同乡会第四届董事敬立

【说明】

碑刻原立于龙湖镇晓新小学旧校区,现移至晓新小学新校区大门内。独立基座,三柱两碑,斗檐翘脊覆顶,两柱镌对联:"兴校重教功昭百世,捐资助学福泽千家。"右侧立《晓新小学新校舍碑记》,左侧立《旅菲龙江玉斗同乡建筑晓新小学校舍乐捐芳名》。

碑刻宽 67 厘米,高 118 厘米,碑文楷书竖排。标题字径 5 厘米×6 厘米,正文字径 3.5 厘米,落款字径 4 厘米×4.8 厘米。左侧《旅菲龙江玉斗同乡建筑晓新小学校舍乐捐芳名》落款日期为"中华民国三十七年八月十五日"。

【注释】

①未竟:没有完成,未达到,未终结。
②正未有艾:事物正在发展,还没有停止。
③爰:于是。
④俾:使。

旅菲华侨募捐建筑青锋小学校舍芳名

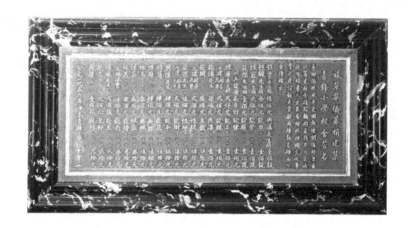

　　吾乡侨胞夙具爱国热忱,关怀梓里。兹以筹建校舍踊跃输将①,爰得早日告成,庶可培养人才。其有助于祖国文化事业之建设,巨大贡献,洵②堪勒名碑石,以垂传扬云。

　　性实先生捐陆佰元　　性鑘先生捐叁佰元

　　性窍先生捐贰佰元　　能杰先生捐壹佰元

　　(以上龙园长房份)

　　性库先生捐贰仟元

　　(以下捐款 38 条略)

公元一九五六年仲冬青锋小学校董会立

【说明】

　　碑刻原在龙湖镇龙埔村青锋小学,现嵌于龙埔村老年人协会会所一楼大厅;青石为碑,四周线条加框。宽 121 厘米,高 54 厘米,碑文楷书竖排。标题2 行,字径 3.5 厘米;正文字径 2.5 厘米,落款字径 2.5 厘米。

【注释】

　　①输将:资助,捐献。

　　②洵:实在,确实。

侨英建设序言

本校原系英溪小学,假伍堡宫古寺作课室,地褊小而狭窄,实不便于教学。于一九五七年由校董会联函海外,呼吁建校。乃荷源谅、源钻、我顶、祖盆四君提倡,邀请源炳、源煌、源景、源礼、源镖、源笠、源贞(后坑)、我峣、我钻、我淦、我泉、我界、我切、万雷、祖谦、祖罗、吕荣英诸乡侨筹划组织建校委员会,进行劝募事宜。所望黉宫①厥成,泽

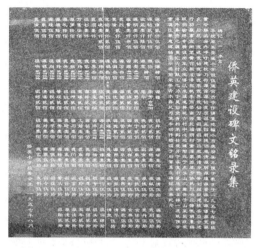

报桃李,而芸窗得托,福荫村童。深蒙旅菲乡侨热烈响应,慷慨解囊,踊跃捐输;堪幸精诚所至,众志得以成城。遂择址六村中心地域附近,于虎头山之麓、赤子山是焉。既获海外集资之源,更汇六村献工之力,于是回堂肯构,荣拓壮观。并于溪流中筑造新溪桥一座,既便学童通往,兼惠辐轴,又示襟前荣带,沂水春风②。为使丰功伟绩颂于后辈,爰立碑铭,永垂纪念。

(以下捐资芳名略)

侨英小学校董会立

一九五七年八月

【说明】

碑刻嵌于龙湖镇侨英小学科技楼一楼左墙,原系《侨英建设碑文铭录集·碑记(一)序言》,碑名为编者加拟。碑文隶书竖排,正文7行,字径3厘米×2.4厘米。记侨英小学集资建校事。

【注释】

①黉宫[hóng gōng]:学宫,学校。黉:古代的学校。

②沂水春风:同"春风沂水"。比喻良好的熏陶和教育。

英林中学建校碑记

　　我英林乡，世居泉南，地处濒海，人烟稠密，素称大族，亦为侨眷之区。族人早已远涉重洋，奋迹异域，在菲律宾成家致富者指不胜屈[①]。然回顾宗邦教育事业，虽各乡早经开设小学，培植子侄，但欲更求进修，则须负笈邻乡，道路往还，殊以为苦。年来自吾旅菲英林同乡总会成立，关怀桑梓文化，有见于斯，爰有创立英林中学，作乐育英才之议。百年大计，询谋佥同[②]，因则策进募捐建校运动。承诸宗侨急公好义，热烈支持，踊跃输将。巨款以集，并得在乡人士之襄赞，堂皇黉舍，欣以庆成，立己立人[③]，广庇多士，朝弦夕诵，乐群敬业，其裨益[④]于国家社会，胡可限量，故不仅英林一族之受惠已也。而诸宗侨能以兴学为职志，当仁不让，慨解义囊，尤足多焉。谨将献捐款额诸芳名，勒石存校，永垂钦式。

　　（以下捐资芳名略）

　　计十二单位，合共菲币一十一万三千五百元整。

　　旅菲英林中学校董会第一届全体常务董事洪祖殿、源坛、祖盆、逸民、肇乞、源投、云山、祖善、我文、隆焕、祖杰、我揣、源煌、我戬、祖碧、我朵、溯彬、春暖、天煌、祖海、于鸽、源泗、源楮、扬华、于萍、我切、祖猷仝立。

公元一九六二年十二月

公元二〇〇五年六月重镌

【说明】

碑刻嵌于英林中学文化荣誉长廊,宽 277 厘米,高 150 厘米。碑文隶书竖排,标题字径 7 厘米,正文字径 2.5 厘米,落款字径 2.7 厘米×1.6 厘米。

【注释】

①指不胜屈:扳着指头也数不尽,形容数量极多。清陈康祺《郎潜纪闻》:"本朝大臣夺情任事者,指不胜屈。"

②询谋金同:指咨询和商议的意见都一致。

③立己立人:语自《论语·雍也》"己欲立而立人,己欲达而达人",意指自己要站稳,也要让别人站稳。"立己立人"是儒家思想"仁"的具体体现。

④裨益[bì yì]:有帮助和好处。裨:帮助;益:好处。

旅菲英仑同乡会建校碑记

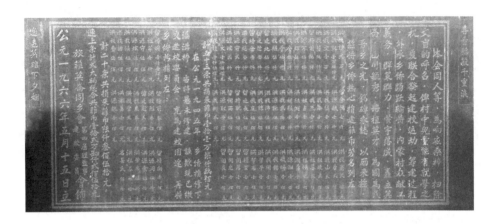

本会同人等,为响应桑梓扫除文盲的呼召,俾村中儿童能有就学之机,爰联合发起建校运动。筹建过程,外承乡侨踊跃输将,内蒙村众献工义务,群策群力。黉宇落成,矗立英仑,山川毓秀,培植英才。为国为民,吾乡之光。铭碑永志,以励来兹。

兹将乡侨热心捐建菲币芳名列左:

(以下捐资芳名略)

计五十三条,共捐来菲币壹拾壹万柒仟玖佰元。

在公元一九四五年,乡侨捐修下漏沟桥,当时悬未修建,该款现已缴交建校委员会,充为建校用途,再将乡侨所捐列左:

(以下捐资芳名略)

计二十条,共捐来菲币陆仟叁佰伍拾元。

连上条,计贰大码,总和共菲币壹拾贰万肆仟贰佰伍拾元

旅菲英仑同乡会第四届理监事会、建校委员会布

公元一九六六年五月十五日立

【说明】

碑刻立于龙湖镇英仑小学旧校址礼堂,两柱凹刻,碑身两旁嵌入柱体,黑石为板。宽180厘米,高75厘米,碑文行楷竖排。碑文左右分别镌毛泽东诗词"喜看稻菽千重浪""遍地英雄下夕烟"。无标题,碑名为编者加拟。

光夏学校校宇建筑碑记

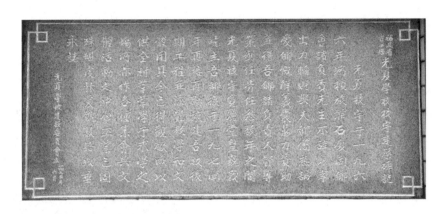

　　光夏学校于一九六六年端赖①旅菲石厦同乡会诸负责先生不辞艰辛,出力输财,与夫乡侨热诚爱乡,慨解义囊,鼎力资助;并得吾乡诸负责人督导策划,任劳任怨。数年之间,光夏校宇宽丽堂皇,巍峨屹立吾乡。复于一九七四年再接再厉,扩建吾校后期工程,并添置教学和文体用具。今已得观厥成②,以供全村莘莘学子求学之场所,亦作各种集会与文体活动之中心。丕业已固,殊堪虔忭③。爰镌数语,以垂永志。

光夏学校建设委员会立

一九七五年六月

【说明】

　　碑刻嵌于龙湖镇石厦村光夏小学南围墙,花岗岩质,宽 176 厘米,高 80 厘米,碑文楷书竖排。标题字径 4.5 厘米×5.3 厘米;正文计 17 行,字径 5.2 厘米×5.8 厘米;落款字径 3.2 厘米×3.5 厘米。标题前加"福建省晋江县"小字,分两行排列。

【注释】

　　①端赖:全凭、全靠,只有依赖。

　　②厥成:其成,乃成。

　　③忭[biàn]:欢喜,快乐。

旅菲乡侨捐建沙塘礼堂新校碑志

旅菲沙塘同乡会乡侨一贯关心公益事业,胸怀桑梓,营建巨业,造福后代,铭感千秋。宏业始于一九七五年动工兴建,坎坷年矣。获各级党委之重视,侨务政策之落实,旋经同乡会诸位理事兹归故里,视察指导。虔诚联络,内外合作;乡民相应扶持,同心同德,群策群力,真诚劲责。博得乡侨信心倍增,捐资整座人民币贰拾叁万元。历经五载,遂至一九七九年孟冬落成,巍巍壮观之。若察先生纪念堂及新校礼堂屹立于青山东侧,沐浴朝晖,拱照人寰。嫡系太原树勋江南,乡侨德望远扬四海。镌碑以志,永载为念。

沙塘学校建委会立

公元一九七九年十二月十五日

【说明】

碑刻立于新塘街道沙塘中心小学,独立基础,整石为座,承托碑身;碑板宽93厘米,高170厘米,厚16厘米,碑文楷书竖排。标题字径6厘米,正文及落款字径5厘米。标题中"沙塘"二字为编者加拟。

锦东华侨学校校舍落成碑记

蔡联洪　蔡剪荒撰

吾乡锦东，地处晋南。背山面海，水陆两便，山川毓秀，云海钟灵。挹西资之雄厚，聚宝盖之精华。自元及今，历数百载，一脉相承，聚族而居，耕读传家，人文荟萃。及海运既开，乡人竞相放洋，足迹遍及南洋诸邦，其中尤以菲岛，比邻我疆，乡人远适其地，数代相传，长幼提携，克勤克俭，不辞辛劳，乃得树立今日在菲之工商基础。

迨本会成立，集其大成，团结合作，敦宗睦族，是以本固枝荣，根深叶茂，老老幼幼，亲亲仁仁，身在海外，而梦萦桑梓。眷顾乡国，互通寒温，凡我乡公益，无不殚精竭虑，竞献财力，尤其对家乡教育之关注，则更具渊源。

溯自明清之世，吾乡即有私塾，本会成立后，于一九二五年，创设完全小学于宗祠之内。抗战前，已故理事长及时烈士曾首倡筹建新校，后因菲岛沦陷，中外交通断绝而未果。抗日胜利后，于蔡清潭理事长、蔡海涵监事长任内发动全体理监事暨乡侨集资兴建中型校舍一座。

年来因生数激增，原校舍难以容纳，且为造福后代，泽及迩邻，遂有建造大型学校，兼创中学之倡议，此蔡继山、蔡联炮二理事长任内之事也。及至理事长荣俊主持会务时，承廷邦、少雄二君联合提案，玉峰、继为二君附议，其议遂立。

时乡会永远名誉理事长蔡文华先生闻讯，鼓励有加，并蒙与其贤昆仲属下之锦记公司慨捐巨款,于是推举建校小组,以荣俊为主任,继镇、清潭、文忠、玉峰、廷邦、继山、少雄、承业、伯惠、尔慈、继鼻、文章、玉琳、联洪等为委员,发动捐募,蒙诸理监事暨乡侨热烈响应,家乡建校小组密切配合,又蒙人民政府支持,第二、三组拨献土地,积极响应。

公元一九七九年十一月廿七日,农历己未年十月初八日,即由专程回乡之监事长继山、监事继鼻主持新校奠基典礼,翌年兴工。群策群力,内外一气,工程进展顺利。嗣后于少雄、承业二理事长任内,加紧推动,历时一载又半,遂告竣工。整座新校为同字形,中间三层大礼堂,其两侧为二层教室楼计廿八间,巍峨壮丽,屹立于宝盖山麓。

公元一九八一年九月十一日,举行落成典礼。乡会特组团回乡,主持剪彩,各方英士云集,盛况空前。自此莘莘学子,熏沐于斯,预期代出英杰,献身家国。爰特记之,以垂永志。

菲律宾锦东同乡会立

公元一九八一年九月　日

【说明】

碑刻立于锦东华侨学校西大门内,独立基座,承托碑身。碑刻宽87厘米,高143厘米,碑文竖排。标题字径4.5厘米×5.5厘米,正文字径1.8厘米×2.2厘米,落款字径3.2厘米×4.5厘米。碑刻之左立捐资芳名碑二座。

晋江县古厝旅菲华侨建校架电碑记

　　八闽山川锦绣多，群英辈出堪自豪。吾村先代于明洪武七年①由河南光州府固始县南迁晋邑，迄今历时六百零六春秋，人丁繁衍，即立庠序②，教化子弟。嗣后，宗祠建立，遂以此为文化基地，为国家造就不少人才，鸿迹遍及三洋五洲，为人类创造物质文明。适足高歌：

桃李芬芳	天演物动	近卅年来	求学成风
教室拥挤	有碍用功	旅菲乡侨	父老昆仲
共鉴及此	倡建学堂	群策群力	慨解义囊
集腋成裘③	配合工农	辛亥④元月	破土兴工
课室宿舍	礼堂回廊	继建中学	并架电网

勤俭建设	实用宽宏	建筑面积	二千平方［米］
地点高亢	晋南无双	褒贬常情	观感异同
规模粗具	学子勤攻	环境优美	受福无穷
海外侨胞	爱国怀乡	热心教育	荣耀列宗
千秋伟业	万世流芳	铭书数行	永志高功

群英学校建设委员会立

公历一九八一年十二月二十七日

【说明】

　　碑刻嵌于永和镇群英小学南围墙外，宽 111 厘米，高 118 厘米，碑文隶书竖排。标题字径 6 厘米×4.5 厘米，正文字径 4 厘米，落款字径 6 厘米×4 厘米。记旅菲古厝华侨集资捐建群英学校、架电事。部分字迹漫漶。

　　该碑左侧嵌同一规格之《古厝华侨乐捐芳名录》，标题之下篆印"辛酉腊月"，首行镌"陈联胜共捐七万伍千元"。

【注释】

　　①洪武七年：1374 年。据此，距立碑时（1981 年）已有 607 年。

　　②庠序：古时的学校。

　　③集腋成裘：狐狸腋下的毛皮虽小，但把许多块聚集起来就能缝制成一件皮衣。比喻积少成多。

　　④辛亥：1971 年。

石圳华侨中学创校志

石圳华侨中学创建于一九八一年秋。端赖旅菲石圳同乡会诸理监事先生暨乡侨，秉爱国爱乡之热诚，关心教育，慨解义囊，兴建中学校舍。理事长李昭拔先生，不辞艰辛，五度回乡，奔波主持。又荷吾乡诸同仁筹划督导，旅港同乡热忱策励，一年之间，壮丽堂皇之中学校舍，巍峨屹立于东海之滨、吉龙山下，经政府批准创办并指定于[一九]八二年秋季招生开学。今已得观厥成，永为莘莘学子提供升学之所，为祖国建设培养人才。丕业初固，尚望乡人继往开来。爰镌数语，以垂永志。

旅菲石圳同乡会筹建石圳华侨中学委员会

主任：李昭拔

委员：李维新　李连炮　李鸿基　李长城　李荣松

　　　李天阶　李秀仁　李天嘉

石圳华侨中学建委会立
一九八二年冬

【说明】

碑刻立于学校石圳华侨中学教学楼前，白石为座，白石为柱，斗檐覆顶，碑身上部影雕学校正面图，下部为碑铭。碑铭宽170厘米，高158厘米；碑文楷书竖排。标题字径6.4厘米×8.3厘米；正文计13行，字径4.5厘米；落款字径5.1厘米×6.1厘米。

碑刻正面镌《石圳华侨中学创校志》，背面镌《捐建石圳华侨中学芳名录》。

兴建晋江农业机械化学校教学楼碑记

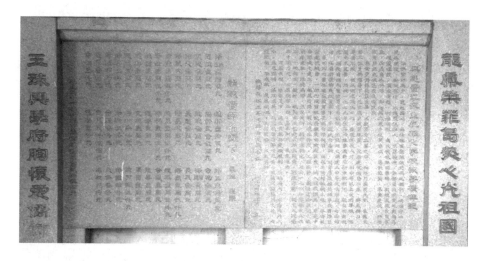

　　华侨背井离乡，远托①异域。由于祖国在解放前战乱频仍，因循守旧，民生凋敝，科技落后，外夷蔑视华人，不啻猪狗。华侨目击身受外夷侮辱，擢发难数②，愤激情绪，郁结胸怀。佥以欲求祖国富强，厥惟发展教育事业。于是海外侨胞群起兴办家乡教育事业，筹供经费，集资建校。侨乡教育事业出现蓬勃发展气象。

　　本会步侨界先辈后尘，以教育为立国之本，兴学乃国民天职，在龙宣等几位乡侨倡导下，挹注家乡教育经费，先后建筑校舍二座，群策群力，卓著成效。但以国家实现四化，亟需科技人才，而中等以上技术学校，布局尚未完善。乃于一九七九年在本会理事长许维新任职期间，亲自回国观光，驰赴省垣向省教育当局倡议，在龙湖之滨建立中等技术学校，为国储才。在省侨委许良枫③赞襄④下，幸邀政府嘉纳。越年膺选继任理事长许泽台，复回国与晋江地区教育当局签署洽谈书；由龙玉两村供献土地，本会负责建筑校舍，一切行政管理设备经费由政府负责，纳入国家预算。至是中专学校之建立，粗见定局。嗣以校址择定，几经波折，最后选择龙湖之滨南岸现址，环境幽静，空气清新，诚学府胜地。乃于一九八一年冬破土兴工，一切构图、设计、核算由承包建筑单位负责。历经年许，开支人民币叁拾余万元，四层教学主楼，矗立湖滨，气象雄伟。

　　万里长征，始自足下，现在成就与建校规划，差距尚大。希海内外人士，盖瓦添砖，集腋成裘，使巍峨学府早日完善。兹当庆贺落成之日，为策既往，励来兹，爰述梗概，勒石留念，以垂不朽。

旅菲龙江玉斗同乡会建校小组

一九八四年元月立

【说明】

　　碑刻立于晋江农业机械化学校（龙湖镇龙玉村）教学楼一楼入门厅，白石宝珠两柱，碑板宽200厘米，高100厘米，本碑刻居右。标题隶书，字径5.5厘米×3.9厘米；正文仿宋，计3段，字径2.5厘米×2厘米；落款字径4厘米×2.3厘米。

　　碑刻左侧镌《捐献者芳名录下（单位：菲币）》，"以上四十一条共菲币壹佰贰拾陆万贰仟伍佰元"。宝珠柱镌冠头对联"龙凤荣菲岛热心光祖国，玉珠兴学府胸怀爱侨乡"。碑文竖排。

【注释】

　　①托：寄托。

　　②擢发难数：把头发拔下来也难以数清，形容罪行极多。

　　③许良枫（1921—1994），晋江龙湖亭村（今龙玉村）人，菲律宾归侨，曾任中共中央对外联络部党办副主任，福建省侨委副主任，省政府外事办副主任，省旅游局局长，省侨办主任、党组书记等职。

　　④赞襄：辅助，协助。

捐建农机化学校礼堂碑记

龙宣束发①远涉重洋,履迹异邦,于今垂六十载。目击我华侨受外族欺凌侮慢,中怀愤懑,痛切裂肤,第以祖国积弱日久,民生凋敝,致启外夷藐视之机。欲求祖国日臻富强,厥惟发展教育事业,攀登科学高峰,庶克有成。龙宣从青年时代起,即以发展家乡教育为职志,战后先后募建小学校舍二座,筹供学校教育经费,数十年如一日,未敢稍懈。解放后数度回国观光,应邀参加首都国庆

观礼,欣睹祖国伟大建设成就,跻于世界先进国家之林,展开历史新页,心情舒畅。但科学技术比世界先进国家,差距尚巨,爰于《建设龙湖规划》中,建言在龙湖之滨,建立中等技术专业学校,幸邀政府赞赏,着手筹建,现"中专"教学主楼已告落成,惟辅翼建筑尚待募建。龙宣不揣棉［绵］薄②,独资捐建礼堂、职工宿舍等,整幢校舍矗立巍峨,气势磅礴,将来弦歌不绝,人才辈出,指日可待。

龙宣个人能力有限,对伟大祖国之贡献,九牛一毛,微不足道。惟望继往开来,抛砖引玉,亟盼祖国教育事业建设之花,绚丽开放,有厚望焉。

旅菲华侨许龙宣谨志
公元一九八四年七月立

【说明】

碑刻立于晋江农业机械化学校大礼堂舞台前,宽100厘米,高102厘米,碑文隶书竖排。标题字径4.5厘米×3.5厘米,正文字径3.5厘米×2.6厘米,落款字径3.3厘米×3厘米。

撰文、捐资者许龙宣,龙湖镇龙玉村旅菲乡贤,著有《分类注释闽南谚语选》《晋江地方掌故》等集,曾受聘为《晋江市志》"三胞"顾问。

【注释】

①束发:古代男孩成童时束发为髻,因以代指成童之年龄。

②棉[绵]薄:薄弱的能力。多用作自谦之词。

张黄荷顺纪念楼缘起

　　人的一生有如一篇文章，其真正价值，不在其长短，而在其内容。有的人终身为人着想，爱家庭子女，爱邻里亲友，默然助人，不求表现。虽然没有轰轰烈烈的事迹，在平凡中却自有其伟大处。正如一篇平和顺畅的好文章，没有高调口号，却自然感人至深，永为后人传诵。

　　先慈黄太夫人讳荷顺，原籍晋江县深沪镇，归先严昌生府君后，相偕去菲，勤俭持家，先后生育我兄弟五人，姊妹二人，相夫教子，倍极辛苦。我三岁时先父弃养，在儿女幼小嗷嗷待哺下，先慈毅然挑起母兼父职之重任，教养我兄弟姊妹，皆受高等教育，分别成家，事业上亦均略有成就。

　　先母平生笃信基督，力行爱人如己之训，侍上以孝，待下以恩，对人从未疾言厉色，见人苦难便自动尽力扶助，亦从未希冀回报。我们兄弟姊妹对国家社会，行事为人若有可取之处，完全是耳濡目染，受先慈的熏陶教诲。

　　今日兴建此座纪念大楼，虽在略表孺慕[①]孝思，但更重要在缅怀先慈的种种淑德懿行，期盼发扬而光大之。虔诚希望凡在此获受帮助者，均能秉持爱人如己之心，抱着舍己助人之志，以回馈社会人群。愿以此与大家共勉。

张文炳敬撰

一九八四年十月一日

【说明】

碑刻原立于深沪中心小学张黄荷顺纪念楼,宽153厘米,高78厘米,碑文楷书竖排。标题字径6厘米;正文计4段,字径3厘米;落款字径6厘米。撰文者张文炳系深沪镇旅菲乡贤、项目捐资人。

【注释】

①孺慕[rú mù]:本指子女对父母的哀悼、怀念,后泛指深挚的敬爱或仰慕。

岱峰云广幼儿园题匾

公元一九八五年六月一日

岱峰云广幼儿园

福建省长胡平题

【说明】

　　碑刻在金井镇钞岱村云广幼儿园大门上,用作门匾。该园由钞岱村旅菲乡侨王功锦家族捐建。匾左右两侧分别嵌有一碑,左碑镌:

　　　　时在岁次甲子年小阳春望日

　　　　回溯胞兄抱负高,关怀桑梓事难磨。

　　　　继承独建新苗圃,典范殊堪步执柯。

　　　　　　　　　　　　　　　　　　胞弟王中秋作于香港

右碑镌：

云广幼儿园落成纪念

硕德蜚声众望归，热心兴学树芳徽。

故园后秀蒸蒸起，荣誉高风名永垂。

岱峰小学校董会贺

题匾者胡平（1930—2020），浙江嘉兴人，曾任商业部部长、福建省省长。标题为编者加拟。

张孙川先生纪念堂赞词

张林东山,雅丽幽清。山明水秀,人杰地灵。

孙川老伯,贤裔盈庭。菲岛展筹,事业隆兴。

创建校舍,培育精英。爱国恋乡,世代留名。

里人钦敬,乡亲仰承。铭载芳誉,万古长青。

张林小学校董会立

一九八五年九月

【说明】

碑刻原在张林中心小学孙川楼"张孙川先生纪念堂",现存于张林村张氏家庙;宽90厘米,高77厘米,碑文行草竖排。标题字径11厘米,正文字径5厘米,落款字径4厘米。记旅菲侨亲张孙川哲嗣张清波、张子灿、张子雁、张子港昆仲为继承先父遗志,出资人民币20万元捐建张林小学"孙川楼"事。原碑题为《赞词》,现碑名为编者加拟。

毓英体育馆碑记

　　井尾之成为金井，荒村之成为市镇，不能不缅念我毓英母校当年筚路蓝缕①、以耕以耘之功绩。毓英之由义塾而小学，而师范，而中学，广育英才，为国效劳，饮誉于海内外，奚可无追思？先校长许师志泽三十九年献身母校教育事业之勋劳，今朝学校继起有人，与时共进。我旅外校友深感庆慰。饮水思源，特于母校九五大庆之年，由吴尊仁、陈清琴、施家万、施良瑞诸学长倡建我毓英体育馆一座，冀对地方教育事业能略尽绵薄，亦以报母校创立、恩师培育之功德云尔。谨为之记。

李于右撰　姚公秉书

旅菲金井毓英学校校友会立

捐献菲币芳名列左：

旅菲毓英校友会壹拾万元　吴尊仁叁拾肆万元

（以下捐款献地62笔，略）

晋江毓英学校、金井毓英校友会全敬立

公元一九八六年九月

【说明】

碑刻嵌于毓英中心小学体育馆前门走廊外墙,宽 341 厘米,高 131 厘米,碑文魏碑竖排。标题字径 8 厘米,正文字径 4.5 厘米,落款字径 5.5 厘米。记毓英旅外校友捐建毓英体育馆事。

撰文李于右(1913—1997),金井南沙岗(今南江村)人,历任教员兼报刊编辑、泉州民盟副主委、泉州文协副主席等职。著有《弘一法师的故事》《泉南杂录》等。

书法姚公秉,英林嘉排村人,1949 年任毓麟小学校长,晋江书法家。

【注释】

①筚路蓝缕:驾柴车、穿破衣(去开辟山林)。形容创业艰辛。

毓英中学校友楼记

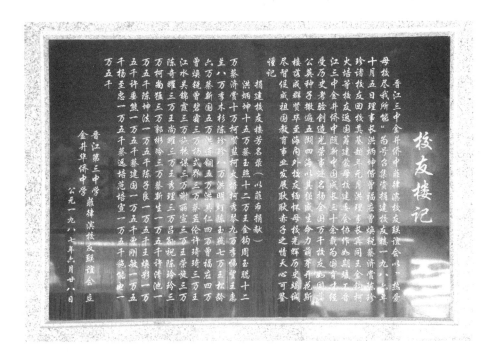

晋江三中、金井侨中菲律宾校友联谊会以"热爱母校，尽我所能"为号召，集资捐建校友楼。一九八六年十月五日，理事长洪炳坤偕曾福应、曾焕锐、蔡济赏、陈珍珍诸校友回校奠基。越年元月，洪理事长再同王金钩、柯火培等校友返国筹建。蒙母校建委会协作，如期竣工。晋江三中、金井侨中随新中国成长三十余载，为国育才，经受历史考验，创造光荣事迹，名扬全国。万千校友如同蒲公英种子，撒遍五湖四海，以其强盛生命力萌芽开花。斯楼落成，群贤毕至，海内外校友缅怀母校光辉历史，竭诚尽智，促成祖国教育事业发展，耿耿赤子之情，天心可鉴。谨记。

捐建校友楼芳名录（以菲币捐献）：

洪炳坤十五万，蔡玉照十二万，王金钩、周玉聪十二万，蔡济赏十万，柯贤监、柯火培、柯秀琴九万，李悌望、王惠兰八万，李木杉、陈珍珍八万，洪明灯、陈玉燕七万，王松龄六万，蔡新国五万，洪连铜五万，洪其仁四万，曾福应四万，曾焕锐、曾碧霜三万，杨式界三万，蔡孟伦、许琦琦三万，王江水、吴锦霞三万，施振谋三万，谢丽宣三万，王荣旋三万，陈奇耀三万，王尚耀三万，王秀理三万，吕孙祝、陈玲玲三万，柯尚猛三万，郭彬玲三万，蔡新生一万五千，许清池一万五千，陈坤法一万五千，陈子良一万五千，王焕彩一万五千，许垂熊一万五千，蔡建国一万五千，曾刚敏一万五千，杨至忠一万五千，蔡远培、范培宣一万五千，施能电一万五千。

晋江第三中学、金井华侨中学菲律宾校友联谊会立

公元一九八七年六月廿八日

【说明】

碑刻嵌于毓英中学老校区图书馆（校友楼）一楼门厅，宽 170 厘米，高 120 厘米，碑文行楷竖排。标题字径 5.7 厘米×7.5 厘米，正文字径 4.2 厘米×4.4 厘米。碑名为编者加拟。

恢斋学校建校前言

　　学校立而教育兴，教育兴则人才昌，此乃不易之理。是以公元一九四四年，本乡有识之士礼聘良师，在本乡施氏宗祠，创办龙园学校，集莘莘学子于一堂，结束历年来东西分教之局面。同年校董会成立，加强海内外乡侨之联系，博得旅菲乡侨鼎力支持，旋于一九四七年建立校舍。为追念先祖之宏德，故定名为：恢斋学校。一时邻里刮目，此乃旅菲乡侨办学之先声也。但社会之发展，如奔流之川，吾旅菲绍德同乡会现任理事长施能忠先生卓有远见，早于一九七八年回乡之际，与村政府[村委会]及各界人士取得联络，作好再行建校舍之准备，返菲后展开工作，积极动员。承世界施氏宗亲总会首届理事长即本乡乡长施性答先生鼎力辅导赞襄，复得同乡会理监事泊①热心桑梓教育之乡侨等慷慨解囊，踊跃输将，资金一筹而就。本校便于一九八五年春破土奠基，经能忠先生等多次往返奔波及乡中各界人士之热烈响应，众志成城，奋斗三个春秋，于一九八七年十月间，教学楼、宿舍楼、大礼堂三座宏伟壮观、配套完美之现代黉宇，竟屹立于旧校舍之西侧。为表勋德，而勉后昆，特铭碑为证。

　　热心献捐建校乡侨之芳名（款额菲币）：

　　（以下捐资芳名略）

晋江县恢斋学校校董会立

一九八七年十月

【说明】

　　碑刻原嵌于龙湖镇恢斋学校大礼堂,花岗岩质,碑文行楷竖排。该碑因校舍拆除而破损,仅留照片。记施性答、施能忠等 103 位旅菲乡侨捐资 3723000 菲币、94200 元人民币于 1985 年兴建恢斋小学教学楼、宿舍楼、大礼堂事。碑名为编者加拟。

【注释】

　　①洎[jì]:通"暨",和、与。《尚书·无逸》:"其在高宗,时旧劳于外,爰洎小人。"

南侨中学大礼堂落成记

菲律滨校友会暨第八届理事会董事会捐建
大禮堂落成記

顾我南侨建校以还，垂四十余载，晋南侨乡桃李成林，校友遍布海内外。数年来，菲律滨校友会团结广大菲律滨校友，发扬爱国爱乡爱校优良传统，为建设母校、发展教育事业、繁荣桑梓，作出重大贡献。一九八六年秋，我校四十周年校庆前夕，菲律滨校友会理事长许维新倡议捐建母校大礼堂。菲律滨校友施雨霜、陈祖昌率先慷慨解囊，在菲校友相继踊跃捐输。菲律滨校董会名誉董事长施连登先生、董事长施维鹏先生亦鼎力匡助，并得旅菲爱国侨胞热烈赞助，于是众志成城，克奏其功。在四十周年校庆之日，理事长许维新代表菲律滨校友会于庆祝会上宣布：为母校捐建多功能大礼堂一座作为献礼。当日举行奠基仪式。大礼堂于一九八七年春动工兴建，面积壹仟柒佰柒拾余平方米，造价人民币陆拾壹万伍仟元。一九八八年八月竣工。值此大礼堂落成之日，举校欢忭，欣南侨之新生，念仁人之功德。爰为勒石志之，并附四言一章，赞曰：

南侨兴学，功在边疆。立人兴邦，德业弥彰。旅菲校友，捐建礼堂。爱我黉宇，念念不忘。振我侨校，福荫梓乡。海峡流芳。

晋江南侨中学兴建大礼堂捐者芳名录（另镌菲律滨）
校友献捐者（另镌菲律滨）
晋江南侨中学 立
一九八八年八月十五日

顾我南侨建校以还，垂四十余载，晋南侨乡桃李成林，校友遍布海内外。数年来，菲律宾校友会团结广大菲律宾校友，发扬爱国爱乡爱校优良传统，为建设母校、发展教育事业、繁荣桑梓，作出重大贡献。一九八六年秋，我校四十周年校庆前夕，菲律宾校友会理事长许维新倡议捐建母校大礼堂。菲律宾校友施雨霜、陈祖昌率先慷慨解囊，在菲校友相继踊跃捐输。菲律宾校董会名誉董事长施连登先生、董事长施维鹏先生亦鼎力匡助①，并得旅菲爱国侨胞热烈赞助，于是众志成城，克奏其功。在四十周年校庆之日，理事长许维新代表菲律宾校友会于庆祝会上宣布：为母校捐建多功能大礼堂一座作为献礼。当日举行奠基仪式。大礼堂于一九八七年春动工兴建，面积壹仟柒佰柒拾余平方米，造价人民币陆拾壹万伍仟元。一九八八年八月竣工。值此大礼堂落成之日，举校欢忭，欣南侨之新生，念仁人之功德。爰为勒石志之，并附四言一章，赞曰：

旅菲校友,爱国爱乡。

集资兴学,捐建礼堂。

巍峨黉宇,耸立南疆。

振我侨校,造福梓桑。

功臻四化,海峡流芳。

晋江南侨中学

一九八八年八月十五日立

晋江南侨中学兴建大礼堂献捐者芳名录:

(略)

【说明】

碑刻嵌于南侨中学大礼堂。原碑名为《菲律宾校友会第七、八届理事会筹资捐建大礼堂落成记》,现碑名为编者缩拟。

【注释】

①匡助:辅助,扶助。

王华炮先生纪念堂碑记

　　旅菲瀛洲同乡会顾问国赐、国嘉,常务顾问国模,秉承其尊人华炮先生敦亲睦族、爱乡、热心公益之遗训,寄孝思于教育,树发扬中华文化之高帜,慨然独资捐建瀛洲学校礼堂大厦,面积壹仟叁佰贰拾叁平方米。建筑巍峨壮丽,矗立于吾瀛洲桑梓,德业岂第莘莘学子之身受实惠而已哉。经本会公决,谨名斯厦曰王华炮先生纪念堂,以志盛德,并留雅范。

旅菲瀛洲同乡会第 41、42 届理监事会立

公元一九八八年十二月

【说明】

　　碑刻嵌于金井镇瀛洲小学大礼堂入门厅,宽 148 厘米,高 79 厘米,碑文楷书竖排。标题字径 7 厘米×6.5 厘米,正文字径 5.5 厘米,落款字径 5.5 厘米。碑刻之上嵌影雕"华炮先生肖像"一幅。

为李金钗先生洪美玉女士建校赞词

　　旅居菲岛胸怀桑梓，热心公益抒壮志。独资隆构教学楼，显祖荣宗非俗士。陶铸群英鹏程万里，文章华国树红旗。千秋功业歌永载，异口同声谱颂诗。

潘山村委会、建委会立

一九八九年孟冬

【说明】

　　碑刻嵌于东石镇潘山村光明学校教学楼二楼，宽120厘米，高61厘米，碑文楷书横排。标题字径4.5厘米，正文字径6.5厘米×6厘米，落款字径5厘米×6厘米。

菲律宾南侨中学教育基金会志

　　南侨中学名誉校长、校友总会名誉会长、菲律宾南侨中学校友会荣誉理事长施雨霜先生倡导创立菲律宾南侨中学教育基金会，深得旅菲校友陈祖昌、许维新先生极力支持，协力多方联络，广博施维鹏、吴修接、施清溪先生诸多旅菲校友及侨亲热烈响应。于一九九二年宣告成立，敦聘施维鹏先生任名誉董事长，陈祖昌先生任董事长，许维新先生任理事长，施养鹏先生任驻校办事处主任，施雨霜先生任执行理事长。南侨中学校友及家乡侨亲遍布五大洲，素以热心教育、关怀南侨著称，于海内外具有承前启后之精神，斯以基金会之巩固发展奠定坚实之基础。愿基金会业绩与日俱增。本会基金专项用于奖教奖学。

　　兹将慨捐者芳名泐石以志（金额菲币：元）：

　　（以下捐资芳名略）

晋江市南侨中学立

一九九二年三月

【说明】

碑刻在南侨中学学生宿舍 A、B 座中间墙壁,临东北围墙;白石为座,黑石为碑,侧开两券形门,顶覆绿色琉璃瓦檐。碑身宽 375 厘米,高 270 厘米,碑文竖排。自右至左分列《南侨中学学生宿舍大楼碑志》《菲律宾南侨中学教育基金会志》。

石圳华侨学校碑刻

李昭进先生捐建石圳华侨学校志庆

教育为本

福建省长　贾庆林

一九九二年四月

【说明】

　　碑刻系时任福建省省长贾庆林题词，嵌于金井镇石圳华侨小学教学楼北走廊墙壁西侧，青石为碑，四周青石加框，斜面凹入作相框状。宽87厘米，高132厘米。标题为编者所拟。

　　贾庆林，1940年3月生，河北泊头人，曾任第十六届、十七届中央政治局常委，第十届、十一届全国政协主席。

石圳华侨学校纪念

李昭进先生捐建石圳华侨学校纪念

胸怀华夏大业

惠及炎黄子孙

中国书法协会会长　邵宇题赠

一九九二年四月

【说明】

碑刻系时任中国书法家协会会长邵宇题词,嵌于金井镇石圳华侨小学教学楼北走廊墙壁东侧,青石为碑,四周青石加框,斜面凹入作相框状。宽87厘米,高132厘米。标题为编者所拟。

邵宇(1919—1992),辽宁丹东人。1990年起任中国书法家协会主席、党组书记。曾当选第三届全国人大代表,第五、六、七届全国政协委员。

华侨大学祖营楼志

祖营楼为华侨大学科学村文科科学研究大楼。由旅菲实业家、菲华商联总会常务理事洪文炳先生捐建，以纪念并弘扬其先父洪祖营先生爱国爱乡尊师重教之遗训。总建筑面积一千三百二十三平方米，共五层四十一间，一九九一年八月开工，一九九二年五月落成。

洪祖营先生，晋江金井埕边人，旅菲爱国侨胞。年少即离乡谋生，迄终于海外。先生一生关爱桑梓，深悟树人育人之要义，时以"为人不可忘本"训勉儿孙。其哲嗣文炳君秉承父志，热心发展家乡公益事业，其爱国爱乡之精神，令人敬佩。

华侨大学董事会
一九九二年五月

【说明】

碑刻嵌于华侨大学祖营楼（继续教育学院）大门左侧，宽82厘米，高108厘米，碑文行楷竖排。标题字径6厘米×7厘米；正文计2段10行，字径3厘米×3.2厘米；落款字径4.5厘米×5厘米。"祖营楼"楼名由华侨大学美术学院书法家王乃钦教授题写。碑名为编者加拟。

洪文炳先生，1922年出生于金井镇埕边村，1937年赴菲。他在家乡捐资数百万元用于公益事业，在华侨大学、厦门大学、集美大学捐建多座教学楼。

李昭进先生捐资建校纪念

李昭进先生捐资建校纪念

　　为侨乡教育事业作出新贡献

　　　　祝贺泉州石圳华侨学校建成

　　　　国务院副总理　吴学谦

　　　　一九九二年七月五日

【说明】

　　碑刻系时任国务院副总理吴学谦题词,嵌于金井镇石圳华侨小学大礼堂大门西墙,青石为碑,四周青石加框,斜面凹入作相框状。宽95厘米,高150厘米,碑文行书竖排。上、下款字径约8厘米,正文字径约21厘米。

　　吴学谦(1921—2008),曾任中国共产党第十二届、十三届中央政治局委员,国务委员,国务院副总理,中国人民政治协商会议第八届全国委员会副主席。

子雁纪念室留芳记

子雁楼者，子雁先生独资兴建也。其将周游世界，何以而建斯楼耶？乐育英才，其乐乐于游乐之乐也。先生祖出张林而分支东山村，孙川老伯第四子，性刚毅，豪放不羁，心直口快，热情义气。早年渡菲，备受风尘之苦，然而意志坚强，奋搏取胜，成绩斐然。嗣则后秀继起，乃致力于家乡公益。近八年来，往返菲中数十次，首建其昆仲捐资的张林小学孙川楼，继建其侄兴国先生兄弟捐建的东山小学清波楼，兹建先生独捐巨资的四层二十八室、面积二千一百多平方[米]的张

林小学子雁楼。三度建校，先生皆亲临督促，劳苦功高，有里一人，三代兴学，亦属罕有。乡亲感其德，颂其功，以名命楼，以事载碑，扬其行以流芳百世。

张林小学校董会

一九九二年十一月壬申孟冬立

【说明】

碑刻在磁灶镇张林中心小学子雁纪念室，宽92厘米，高109厘米，碑文竖排。标题篆书"留芳记"三字，字径7厘米×7.6厘米；正文楷书，计14行，字径3.2厘米；落款楷书，字径3.2厘米。碑名为编者加拟。

纪念室正墙上部镌"子雁纪念室"，中部影雕张子雁伉俪半身像，碑刻居下部；左右嵌对联："芳声扬万载凤志兴学，德誉颂千秋丹怀树人。"

南侨中学施家罗施性水纪念堂碑记

　　晋江市南侨中学系晋南侨乡创办较早之中学。抗战胜利后,晋南侨乡群众渴望兴学育才,旋于公元一九四六年,旅菲临濮堂族亲施家罗先生、施性水先生、施维雄先生率先发起办学之创导,联络各乡侨及国内热心教育之乡贤,成立校董会,校舍暂拟于古刹"定光庵",从此晋南侨乡有明珠之称的南侨中学就此诞生,同年孟秋之时,庄严宣告开学。

　　南侨中学迈开稳健步伐,历尽人间沧桑,以其顽强之活力,焕发不尽之青春,弹指光阴四十六,培育桃李满天下,承先启后,继往开来,英才辈出。目今校园恢宏光大,黉舍展现新姿,羡春光溢彩,育学子而济济,喜看洋洋大观,能无回溯系之。

　　菲华晋江前港同乡会理事长施家约先生素热心教育,对南侨中学关怀之表现,众望所归,受聘为南侨中学校董会名誉董事长。为追怀先贤家罗、性水二君为建校艰辛不辞竭忠尽智,踊跃捐资,精神崇高,当世英豪,品重琳琅,八方仰慕,华侨楷模,应有适当褒奖,乃孕树立纪念馆之概念,多方斡旋具体型成。

　　时值辛未年,世界临濮施氏宗亲总会创会长施性笞先生、副理事长施家约先生、旅菲临濮堂理事长施能忠先生、副理事长施能炒先生、菲华晋江前港同乡会理事长施清汉先生,泊同仁等,躬莅临敝校参观指导,欣睹校园新貌,感慨万千之余,益增缅怀之忱,为纪念创校先驱者家罗、性水二君不朽之功绩,为鼓励后人弘扬先贤之大德,欣逢旅菲临濮堂八十周年堂庆,倡议捐资兴建斯楼。承蒙家罗先生哲嗣淑哲、淑如、淑霞、淑也、志强、淑好、志流、淑瑜、美致、俊明等,及性水先生哲嗣施锦标先生鼎力捐资响应,共申纪念,谨泐碑以志之。

晋江市南侨中学立

公元一九九三年春月

【说明】

碑刻嵌于南侨中学施家罗施性水纪念堂(图书馆)二楼大厅,花岗岩黑石,宽 275 厘米,高 120 厘米,碑文行书竖排。标题字径 7.8 厘米;正文计 4 段,字径 4.4 厘米×4.8 厘米;落款字径 4.5 厘米。

兴学千秋业　美誉万代芳

　　巍峨壮观之衙口中心幼儿园于一九九零[〇]年二月奠基,一九九二年九月落成,占地面积四千多平方米,建筑面积三千多平方米,造价兼设备贰佰万元。楼三层,造型美观,结构坚实,规模宏大,是适宜幼儿学习之美好处所。

　　抚今追昔,令人神思飞越。该园始创于一九五六年,假本村施氏大宗祠为园舍,虽简陋,然几经努力,已初[粗]具规模,深得群众赞誉。

　　好雨滋润千花秀,薰[熏]风劲吹万物春。爱国乡侨维鹏先生,乐育英才,自一九八一年来,不绝赞助幼儿园经费,园内设备日臻完善,桃李欣欣。因入园人数剧增,扩大园舍遂成当务之急。

　　哲人深智,达士旷怀。维鹏先生为改善办学条件,满足幼儿入学要求,发动营建新园舍。辛未年,先生率令公子嘉骏、嘉骐捐献巨资建幼儿园礼堂。嗣后,衙口旅居菲、新、[中国]港澳台乡亲热烈响应,只一年又八月,此玉楼遂雄踞于皇帝池南畔,成为一颗璀璨明珠。

　　幼儿园辟有维雄先生纪念堂。或不解而问,此无他,乃维鹏先生为感念先兄维雄提携之功也。先生孝悌恳诚,精神可嘉,堪为后者楷模。

　　为志善举,彰其高风,爰勒石以勖后。

衙口、南浔村委会,衙口中心幼儿园建委会立
公元一九九三年三月廿八日

【说明】

碑刻嵌于龙湖镇衙口中心幼儿园大厅右墙,黑石为碑,宽189厘米,高108厘米,碑文楷书竖排。标题字径8厘米×9厘米,正文字径4.5厘米,落款字径5厘米×6厘米。两侧嵌对联:"棠棣连心兴幼教,庠楼映日飘弦歌。"

兴建石圳华侨学校碑志

吾乡位于晋江沿海东南部，依山面海，龙脉钟秀，人文蹱起，而昭进先生则其一也。先生系吾乡先贤汉览公泊妣心娘陈太夫人之贤哲嗣也。一九三七年随胞兄昭扳南渡习商，第二次世界大战①发生而羁留异邦，然先生于战乱中能勤奋自习而学有所成，中西文学均甚博识。战后一九四五年回国省亲，奉母命结婚于后垵村，德配林培清女士，亦名门闺秀，贤慧[惠]端庄。先生亦俊逸持重，是以婚后伉俪情深，越岁，麟儿伟廉诞生。林夫人教子有方，其贤郎伟廉终成大器，婚后又诞生中伟、中华二位孙郎，现并定居于美国洛杉矶。

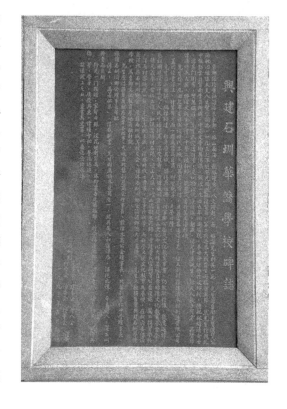

先生于一九四七年在菲开设时代木厂，因其言行守信，且具宏略远谋之见，继又创办菲律宾木材制造有限公司，盖因经营得法，持算有方而一跃为菲岛巨商。财望既孚，声誉日隆。

先生自小聪颖，胸襟豁达，虽身居异域，犹情系祖国，对家乡公益及文化教育事业，仍耿耿于怀。几度返梓，见祖国建设宏伟成就，人民生活提高，深受鼓舞，乃慷慨捐资首建峻山文化中心大楼并设立李昭进文化教育基金会。诸凡义举，当仁不让，如铺筑环村石路、峻山大桥、峻山混凝水泥路，重建李氏宗祠等公益设施，莫不捐资参与，从而村容焕然一新。先生志犹未泯，深感时代之发展，首重于科学，而科学又须文化教育为基础，在村六委倡议并得旅菲石圳同乡会、旅菲石圳成美校友会、旅港石圳同乡会泊诸乡侨大力支持下，先生又独捐巨资兴建石圳华侨学校,为吾乡文化教育基地再显新貌。

先生历任菲华商联总会常务理事、大岷区北黎刹总商会理事长、菲律宾木商公会理事长、北黎刹育仁中学理事长、旅菲石圳同乡会理事长等职。

谚云"为善必昌",信哉斯言。先生虽为侨界巨商之一,然其为人和霭[蔼]谦恭,温纯礼让,平易近人,从不以矜贵而自骄。

行见一门显耀,家声日振,后昆继起有为,亦即累世之德报耶。于今福造乡邦,功留世代,济济村民,感夸其德,莘莘学子,广受其惠,伟绩丰功,誉扬遐迩。

兹值竣工之日,爱书其史略,以垂志念于永远。

石圳村支委会、建委会、老人会、村委会、侨委会、校董会谨识
一九九三年五月勒志

【说明】

碑刻嵌于金井镇石圳华侨小学大礼堂大门东墙,青石为碑,四周青石加框,斜面凹入作相框状。宽 95 厘米,高 150 厘米,碑文竖排。标题楷书,字径 6 厘米×7.3 厘米;正文行书,字径 2.7 厘米;落款字径 2.4 厘米×2.7 厘米。

【注释】

①第二次世界大战:此应指二战中之太平洋战争(1941—1945 年)。

王蔡秀霞女士纪念楼碑志

　　旅港乡贤王名固先生令先慈蔡秀霞女士，生前热心乡梓教育事业。九一年春，名固先生奉母命，捐资人民币三十五万元，建瀛洲学校教学楼一座，用以[于]纪念乃祖珍砌君，乡人称誉。

　　蔡秀霞女士不幸于[一九]九二年冬在港病逝，各界亲友执绋送殡者众，极尽哀荣，奠仪达七十万元。名固先生遵母遗训，复经乃父芳波先生具体指示，折资三十万元，凑足百万港元。原拟投入乡校教育基金，后经乡会诸公商讨，分其半建蔡秀霞女士纪念楼，余五十万存入银行生息，作为乡校教育经费。

同人等感念其兴学功绩卓著,特立碑以资表彰。

沶洲村民委员会、旅港瀛洲同乡会仝立

一九九三年九月

【说明】

　　碑刻嵌于金井镇瀛洲小学王蔡秀霞纪念楼(教学楼)三楼,宽 155 厘米,高 95 厘米,碑文行书横排。标题字径 9 厘米×8 厘米;正文计 3 段 9 行,字径 4 厘米×5 厘米;落款字径 4.5 厘米×5 厘米。

陈昌社先生生平录

陈昌社先生生于公元一九二三年农历甲子年十一月十日,其一生历程可谓劳苦坎坷。九岁开始帮忙操持各种农活及家务,同年入学堂,十一岁时因生计而停学。其兄昌平为家计而远涉重洋,自此一应农活均其全力承担,历时六年之久。时至抗日(一九四○年七月),借助于其姐梅壁在泗水①之助,兄弟远渡重洋,身居异域,寄人篱下,历尽沧霜[桑]之苦,于商界中拼搏苦争十余年,[一九]五○年间方稍有成就,至[一九]五三年功成批发商。是年三旬,娶妻王氏,夫妇同甘共苦,勤于经营,克勤克俭,是以后来事业蒸蒸日上,得到腾飞发展。

先生素来爱国、爱家乡,更热心公益事业,于[一九]七七年间乡中架设水电时,与其兄昌平鼎力支持。尔后每番返梓,均亲临学校关心,学校如需扩建或添置教学用品设备,其毫不推委[诿],均慷慨捐赠。

其居海外数十载,饱受风霜凌辱,深感辱国之苦,更感欲富国强民,改变桑梓贫穷之状,务必重于教育,培养人才,振兴科学。然欲达人才辈出,更需舒适之学习环境。其即主动与村委、校董、老人会选择村西高地二十亩,独力捐资人民币五十三万元,兴建龙厦小学新校舍教室四间三层,兼带教师宿舍、办公楼一幢三层,方使我村教育教学展现新局面,环村路兼带工业开发区亦因势而起,村容焕然一新,其功绩诚属无量矣!

　　先生爱国爱乡之赤诚壮举,无私奉献,诚属吾辈之楷模。为表其功绩,今特立此碑,以志其芳,并祈后人能蹈其步,扬我村之良风矣!

陈辉煌撰

一九九四年端月

龙厦村委会、校董会立

【说明】

　　碑刻在东石镇龙厦村龙厦小学教学楼一楼,宽 151 厘米,高 84 厘米,碑文隶书竖排。标题字径 6.5 厘米×6 厘米,正文字径 3.5 厘米,落款字径 4.5 厘米。

【注释】

　　①泗水:印尼的贸易和商业城市,位于爪哇岛东北沿海的泗水海峡西南侧,现为东爪哇的首府。

内坑中心小学教学楼建设碑记

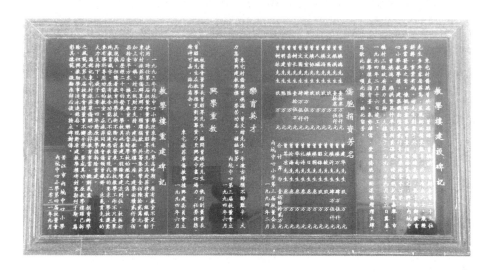

　　东宅村侨胞曾焕湍、曾昭锌、曾焕洪、曾树长等二十三位先生多年客居菲岛，蕉风椰雨，备受艰辛，然皆有志之士，几经拼搏，事业有成。诸先生创业于外，情钟桑梓。鉴于家乡教育事业发展之需，慷慨解囊，集菲币壹佰陆拾贰万元，兴建内坑中心小学教学楼，建筑总面积为贰仟壹佰柒拾壹平方米。

　　曾焕湍、焕洪贤昆仲率先捐资倡建，诸侨胞共襄嘉举，市镇村三级政府鼎力支持，大楼喜于一九九三年九月十六日奠基，一九九四年二月十六日竣工。

　　教学楼直指穹苍，气势雄伟，爱国侨胞故园深情熠熠生辉，为歌此功，颂此德，志此留芳。

　　侨胞捐资芳名：

曾焕湍先生壹拾叁万伍仟元	曾焕洪先生壹拾叁万伍仟元
曾文匾先生玖万元	曾焕滔先生玖万元
曾人磁先生玖万元	曾焕协先生玖万元
曾文宣先生肆万伍仟元	曾文圆先生肆万伍仟元
曾树长先生壹拾伍万元	曾荣皆先生陆万元
曾明建先生陆万元	曾树林先生玖万元
曾建华先生玖万元	曾焕万先生肆万伍仟元

曾焕沂先生肆万伍仟元　　　曾文敏先生玖万元

曾昭锌先生玖万元　　　　　曾焕国先生叁万元

曾焕日先生叁万元　　　　　曾礼诗先生叁万元

曾华南先生叁万元　　　　　曾沧海先生叁万元

曾苍凉先生叁万元

合计菲币一百陆拾贰万元

内坑中心小学第三届校董会立

一九九四年二月

【说明】

碑刻嵌于内坑中心小学教学楼一楼架空层，宽 261 厘米，高 124 厘米，碑文魏碑竖排。标题字径 5 厘米，正文字径 3.5 厘米，落款字径 3 厘米。碑名为编者加拟。

碑刻自右至左列《教学楼建设碑记》《乐育英才》《兴学重教》《教学楼重建碑记》，其中第一方立碑时间为 1994 年 2 月，第二、三方为 1994 年 6 月，第四方为 2021 年 9 月。下附后三方碑刻：

乐育英才

东宅村侨胞曾焕湍、曾文诸先生，年逾古稀犹不辞艰辛，大力集资兴建教学楼，劳苦功高，谨志留芳。

内坑中心第三届校董会立

一九九四年六月

兴学重教

校董会董事长曾昭界先生、顾问曾焕启先生、执行副董事长曾昭概先生在教学楼策划与筹资乃至兴建中，尽心竭力、任劳任怨，精神可嘉，志此为念。

东宅旅菲华侨教学楼兴建委员会立

一九九四年六月

教学楼重建碑记

一九九三年内坑中心小学迎来新生入学高峰期，原有教室不足于［以］使用，时任第三届校董会董事长曾昭界老先生远赴菲律宾，组织发动东宅村旅菲华侨群策群力、踊跃捐款，共筹集菲币壹佰陆拾贰万元。加上市、镇、村三级财力支持，建成教学楼一座，建筑面积贰仟壹佰柒拾壹平方米，扩充了教室，解决当时学校的燃眉之急。

后历经二十年的发展，学校其他基建工程陆续建造到位，校区初［粗］具规模。但随着教育科学技术不断向前发展,学校教学工作不只是单纯教书识字,原有校舍功能已不能适应教育现代化的要求,学校还需要有学科专用功能的教室。在旅菲同乡会侨领曾铁锋、朱义贯先生的大力支持下,旋于二零[〇]一四年将原教学楼拆除重建。

为铭记东宅村旅菲华侨关心桑梓教育事业,慨解义囊、捐资办学之风范及第三届校董会诸董事不懈辛劳,毕成其功,原教学楼虽已拆除,但兴教助学事迹永远铭存。现将原建教学楼碑刻重勘列于斯,为彰其德范,激励桑梓后俊,特立碑树传。

晋江市内坑中心小学
内坑中心小学第四届校董会
二〇二一年九月

毓英体育场志

毓英中学之标准田径足球运动场，几经努力，终以勃勃英姿展现于世，在金井毓英园树[竖]起一座丰碑。本场系现任旅菲毓英校友会理事长施良瑞先生捐建，耗资百余万元之巨。

毛泽东先生云"体者，载知识之车，而寓道德之舍也"，此金玉良言也。德智体三者兼优，乃国家教育之方针、人才培养之目标。本场之兴建，开金井历史之先河，创毓英体运之先例。此既填补毓英乃至金井斯域体育设施之一大空白，且将谱其体运之新篇；兴其体运之良风，促其体运之发展，功德无量也。杰人远虑，慧眼高瞻，福泽百世，功垂千秋。善哉美哉！

施君故乡龙湖前港，青年旅外，侨居菲岛，殷勤勇敢，自励进取，工于商务，善以为人，事业于今建树良多。回顾童年，负笈毓英，深得孔孟哲学之熏陶，倍受基督救世福音、博爱精神之影响。龙之传人，树仁立德，英雄本色，爱国爱乡，赤子情愫。

圣经名言"白白领受，白白给予"。七三老人，缅怀往事，未尝忘恩。近十年来，屡屡返乡，归回校园，热心公益，扶持教育，不辞艰辛，殚精竭虑。诸番贡献校园田径足球操场，供应学子强身寓德，亦成凤愿。眷眷之心，殷殷之情，良风可鉴，瑞节堪钦。施君宝场落成之际，特立此志，彰其真诚，标其风范，扬其功德，并向世人敬颂如是，以明其志。

旅菲毓英校友会、晋江市毓英中学敬立

公元一九九四年十一月一日

【说明】

碑刻立于毓英中学老校区"毓英体育场"主席台，宽145厘米，高60厘米，碑文楷书竖排。标题字径4.5厘米，正文字径3.2厘米×3.5厘米，落款字径3厘米×3.1厘米。记旅菲龙湖籍校友施良瑞捐建毓英中学体育场事。

毓英校门碑志

毓英校门大功告成，矗立拔地犹如岱宗，恰似昆山崔巍壮观。

此乃校友许友超君之次郎思明率侄女、现任菲政府参议院议员尔绮女士所捐建也。睹物思人，触景生情，对友超君缅怀钦慕之情油然而生。许君原籍龙湖檀林，年十二随其叔父扬帆南渡，其后发奋工读，励志成才，投身商务，扶摇直上，终于跻身菲国社会名流，成为中华英胄。

许君学贯中西，且热心公益，受当时菲华侨社拥戴，推举担任菲国木商会会长、中华青年会董事、檀林学校总理等，并于一九三二年担任菲国华人主要组织中华商会会长之要职。及后，曾任厦门市首任市长。日寇侵华，许学长更积极为抗日救国事业奔走，且任菲华抗日后援会副主席。如此爱国热忱，肝胆照人，堪称济世安邦之才，垂范后昆之表率。

许家风范有口皆碑，特立此志，以励后人。

旅菲毓英校友会立

西历一九九五年五月七日

【说明】

　　碑刻嵌于毓英中学北大门门柱内，宽 80 厘米，高 50 厘米，碑文魏碑竖排。标题字径 4.5 厘米×4.8 厘米；正文计 4 段 16 行，字径 1.8 厘米×2 厘米；落款字径 3.5 厘米。记旅菲侨领许友超次子许思明、孙女许尔绮捐建学校大门事暨许友超爱国义举。

英林中学培英楼育才楼碑志

随着教育事业的不断发展,英林中学原来的教室已适应不了生员日益增多的需要,海内外有识之士对此甚为关注。在杭边村旅菲乡贤洪我景等先生的带头输将与积极发动下,英仑、英林等菲华同乡会及我地区三十三位旅菲、旅港[中国香港地区]之爱国爱乡俊彦相继响应,踊跃捐献人民币七十二万元,于今年一月分别在校园中间并列奠基兴建二幢规格相等三层教学大楼,历时八个月竣工,并交付使用。教学大楼计有二十四间标准化教室,建筑面积达一九七四点八平方米,解决了英林中学历年来教室不足的难题。这对振兴

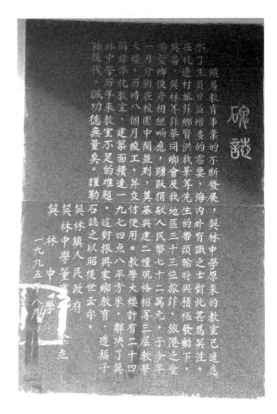

家乡教育、造福子孙后代,诚功德无量矣。谨勒石志之,以昭后世云尔。

英林镇人民政府、英林中学董事会、英林中学仝立
一九九五年八月

【说明】

碑刻嵌于英林中学培英楼一楼走廊外墙,宽 79 厘米,高 121 厘米,碑文竖排。标题篆书,字径 7 厘米;正文楷书,计 10 行,字径 4 厘米;落款楷书,字径 4 厘米。碑名为编者加拟。

重建培育小学志

　　埔宅村培育小学原校舍于一九五八年由该村旅菲侨亲共同捐资兴建。历四十春秋,教室破损,校园狭窄。今该村爱国华侨杨西湖先生、杨晋隆先生贤昆仲合捐巨资,另择新址重建。西湖先生、晋隆先生系乡贤思胤先生之哲嗣,排行第三、第五。思胤先生早逝,子女皆夫人李荷宝女士含辛茹苦抚养教育,后均南渡菲岛,近年又发展至欧美、东南亚,事业有成。西湖先生偕夫人陈淑萍女士膝下三男两女,均获学士学位,在美国经营超级市场,规模宏大。晋隆先生偕夫人傅村眉女士膝下三男六女,两博士七学士,在菲岛、印尼、[中国]台湾、[中国]香港等地制造电子五金产品。两位先生及其家族为桑梓教育事业尽心尽力。为旌扬其人其事,启迪后人,特勒石以志。

福建省归国华侨联合会立

一九九五年十月

【说明】

　　碑刻嵌于金井镇埔宅村培育小学教学楼大厅,宽180厘米,高60厘米,碑文楷书竖排,立碑单位为福建省归国华侨联合会。标题字径4.5厘米×4厘米,正文字径4.5厘米×4厘米,落款字径4厘米。

石圳华侨中学礼堂碑志

旅菲华侨李昭拔先生是晋江市石圳村人。年轻时出洋谋生,备尝国弱民愚、寄人篱下之苦,矢志发展教育,振兴中华。李先生诚信笃实,深孚众望,曾任全菲商联总会常务理事、旅菲各宗亲会联合会常务主任、旅菲陇西李氏宗亲总会理事长、洪门进步党总部理监事长、菲华家器厂商联合会首任理事长、旅菲石圳同乡会理事长等要职。

一九八〇年,李先生年届古稀,不辞舟楫劳顿,发动乡侨,带头捐资,主持创办石圳华侨中学。一九八五年,首捐叁拾万元再集资兴建石圳侨中四层学生宿舍楼。一九九一年,又独资陆拾万元捐建四层十六单元尊师楼。一九九四年,乐捐人民币肆佰余万元建造大礼堂及兴学楼,并着手规绘中学发展蓝图,决心把石圳华侨中学建成现代化、配套完整、多层次的万人学村,以适应祖国四化建设的人才需求。

十五年来,李先生为发展桑梓教育事业,造福社会,不辞艰辛,不求图报,只愿祖国繁荣昌盛、民富国强,满怀教育兴国壮志。此爱国精神与天地共存,日月同辉。特勒石铭志,彪炳千秋,激励后昆。

石圳村两委会、石圳华侨中学立

一九九五年冬季

【说明】

碑刻嵌于金井镇石圳华侨中学大礼堂大门前墙,宽100厘米,高160厘米,碑文行楷横排。标题字径9.5厘米×11厘米;正文计3段,字径3.1厘米×3.7厘米;落款字径3.7厘米×4厘米。记石圳村旅菲华侨李昭拔先生捐资兴办石圳华侨中学事。碑名为编者加拟。大门另一侧嵌李昭拔撰文的《心声》碑刻,碑文如下:

心声

古贤云:"玉不琢不成器,人不学不知义。"可见我国古人深知教育之重要。当今世界所有富强之国家,无不教育先兴盛而后富强。

祖国改革开放以后,迈入商品自由竞争市场,经济要迅速发展,急需培养大批承担国家经济建设重任之科技人才,这就要全力兴办教育。

愿我海内外炎黄子孙,同心协力,共同兴办教育,发展科技,使祖国早日富强,中华文化更灿烂于世界。

李昭拔

一九九五年冬季

毓英中学尊师楼碑志

　　尊师楼乃我校名誉校长王金炳先生捐建之教师宿舍大楼也。是楼于一九九五年六月鸠工兴建，一九九六年四月落成。楼高六层，底层为十二间店堂，二至六层为三十套住房，建筑面积三千余平方米，耗资二百余万元人民币。是楼也，巍然屹立于校园东隅，凌空雄视，宏伟壮丽，与园中各高楼珠联璧合，蔚为大观。是楼之建，既解老师住房不足之急，又增教学基金之入，必将激励师生之敬业精神，此实为金炳先生继"王功锦先生/夫人"纪念楼之后献诸母校之又一厚礼也。

　　睹物思人，油然而生敬意。金炳先生珂里①金井，早年就读本校，毕业之后又执教于本校，陶铸人才，师范②奕然，故其于母校挚爱尤笃。后从父命，南渡菲岛，风风雨雨，苦心经营，铢积寸累③，终至鸿［宏］图大展。北风南枝④，人之常情，况真诚如金炳先生者乎。故身居异域，而屡动故乡母校之思，迭有尊师重教、助学兴邦之义举，此亦推食解衣⑤、兼济天下古仁风之发扬也。

　　金炳先生之为人处世堂堂正正、光明磊落，故其识大体、顾大局，言必信、行必果，绝不伪情矫饰；宽宏大度，严律己，宽待人，有谦谦君子之风。故其唯善是举，贡献良多，而毫无骄人傲世之态。先生之高风亮节，是母校之光，亦是莘莘学子之榜样也。诗曰："高山仰止，景行行止。"⑥其先生之谓欤。

　　金炳先生之道德功业，非洋洋大作，难括其全。今者为先生之谦让，故仅书数言,镌之贞珉[7],彰其德业,略申谢忱,以励来兹。

毓英中学立

一九九六年春

【说明】

　　碑刻嵌于毓英中学尊师楼外墙,宽 150 厘米,高 61 厘米,碑文楷书竖排。标题字径 4.7 厘米×5.1 厘米;正文计 4 段,字径 2.8 厘米×3 厘米;落款字径 3 厘米。记旅菲乡贤王金炳先生捐建毓英中学尊师楼事。碑名为编者加拟。

【注释】

　　①珂里:对他人故里的美称。

　　②师范:堪为人师而模范之。

　　③铢积寸累:一铢一寸地积累。形容一点一滴地积累。

　　④北风南枝:语出"胡马依北风,越鸟巢南枝"(从北方来的马喜欢靠着北风,从吴越飞来的鸟喜欢将巢安在朝南的枝头上),喻故乡情深。

　　⑤推食解衣:让出食物给别人吃,脱下衣服给别人穿。形容无私和慷慨地帮助人。

　　⑥高山仰止,景行行止:仰望着高山,效法着大德。比喻对高尚品德的仰慕。高山:比喻高尚的品德;止:语助词;景行:大路,比喻行为正大光明。

　　⑦贞珉:石刻碑铭的美称。

菲律宾安海公会教学大楼建筑碑记

　　为支持家乡教育事业之发展,本会特发动捐建安海职校教学大楼一座,四层贰拾肆间,共建筑面积为贰仟玖佰零肆平方公尺①。兹大楼经已建成,实堪庆忭,爰泐数语,以志留念。

菲律宾安海公会第卅五、卅六届理事会理事长颜德庆谨立

公元一九九六年八月

捐建者芳名录:

郑永丰先生捐壹层人民币叁拾万元　黄福清先生捐壹层人民币叁拾万元

王经纶先生捐壹层人民币叁拾万元　颜德庆先生捐壹室人民币伍万元

林后山先生捐壹室人民币伍万元　萧声权先生捐壹室人民币伍万元

黄有恒先生捐壹室人民币伍万元

吴仁堪先生、陈世泉先生合捐壹室人民币各贰万伍仟元

蔡永超先生、杨济诚先生合捐壹室人民币各贰万伍仟元

【说明】

　　碑刻嵌于晋江市安海职业中专学校教学楼一楼,宽 120 厘米,高 60 厘米,碑文楷书竖排。标题、正文及落款字径 3.7 厘米。

【注释】

　　①平方公尺:同平方米。下同。

重教兴学留芳碑

　　学校之有碑犹国之有史也。夫吾首峰中学位于深沪镇首峰村,东接华峰,西隅龙湖,南临大深公路,北频[濒]国家级海底森林公园,环境优美。昔日穷乡僻壤,子侄求学困难,由是乡贤共商于一九三七年易书塾而创办立培小学。后几经迁建,一九七五年经晋江县教育局批准增设附中。一九八八年六月二十四日举行建校五十周年金禧庆典之时,座[坐]落于沙岗乡之校舍,经整修增建,面貌为之一新。鉴于学生勤勉奋进,生数日增,校风素质亦日益提高,犹忆念先贤创校之恳诚,虽几经艰难曲折犹勉力扶持之苦心,喜今朝家乡改革开放,经济文明建设亟需[须]培养人才。响应政府号召,旅居菲律宾之校董即发动筹建首峰中学之义举,获得深沪镇人民政府大力支持与上级有关领导批准,群策群力,于一九九三年十一月二十四日举行奠基典礼。校园占地面积四万五千零三十平方米,现建成科学楼、教学楼、尊师楼AB两座、大礼堂、聚膳楼、学生宿舍楼等七幢楼宇。工程总造价人民币一千五百五十万元,主要由首峰校董悉力捐献,部份[分]则由旅菲施氏族亲及世界临濮施氏族长乐捐而成;建设用地、运动场、校园绿化、围墙等配套工程由市、镇两级人民政府负责。于一九九四年八月一日动工,一九九六年十二月五日告竣,一九九七年仲夏举行落成典礼。兹将重建始末立碑垂念,策励后昆。

深沪镇人民政府

旅菲首峰中学校董会

首峰中学

一九九七年五月十一日立

【说明】

　　碑刻立于深沪镇首峰中学校园,宽 150 厘米,高 80 厘米,碑文楷书竖排。标题字径 5.5 厘米,正文及落款字径 3 厘米。

高登中学留芳碑

晋水之畔,泉南侨乡,高登兴学,惠泽邻里。

高登中学前身系高坑附中,创办于一九七六年九月,招本村学子;[一九]八〇、[一九]八一年洋埭、烟浦附中相继并入,服务区扩及高坑、洋埭、奄[庵]上、海尾、仙石等五个行政村。

谋教育事业之拓展,图经济社会之振兴,旅菲高登同乡会侨胞怀拳拳赤诚之心、报效桑梓之情,首议新建高登中学,即获旅港高登同乡热烈响应积极配合。各级领导、社会贤达关怀备至,竞相支持;广大乡亲群策群力,献让土地。于一九九三年破土奠基,历经半载有余,首座教学大楼欣告竣工;旋在市镇有关部门大力资助下,其他校舍及配套设施相继建成。因之,规模初[粗]具,校园优美,蕙兰并茂,桃李芬芳。

鉴海外侨亲及社会各界爱国爱乡,举学育才,感人至深,堪为典范,特镌碑为记,以彰扬勋德,激励后昆。

陈埭镇人民政府立

一九九七年五月

【说明】

　　碑刻立于陈埭镇高登中学大门内,宽120厘米,高80厘米,厚21厘米,碑文魏碑横排。标题字径5.5厘米,正文及落款字径2.3厘米×2.5厘米。记旅菲、旅港(中国香港地区)高登同乡会倡议、捐建高登中学事。碑名为编者加拟。

　　碑刻之右镌《捐资芳名》,23笔捐款分别来自旅菲高登同乡会侨胞、旅港(中国香港地区)高登同乡会同胞。

衙口中心小学建新校宇碑记

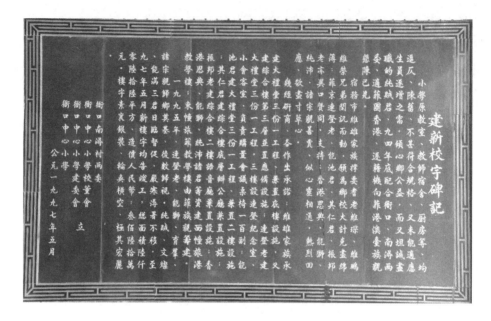

　　小学原教室、教师宿舍、厨房等，均逼仄、陈旧，不甚符合规格，又未能适应生员逐增之需。倾心乡公益，而又坦诚尽职的纯贼君，[一九]九四年底配合衙口、南浔两委，适菲国、[中国]香港，遂借机向菲、[中国]港澳台族亲恳陈己见。

　　宿务市维雄家族撑要耆老维琛、维鹏、维荣兄弟闻讯而动，愿为乡校大计克尽绵薄；菲京连登老、能池君、其仁君、振邦老亦异口赞同、支持，[中国]香港恩典、能狮、纯沛诸宗亲善贾，似心灵相通，热烈回应，欲尽寸草心。

　　几经研商，各作出承诺：维雄家族承建大礼堂三份[分]一工程，兼置底楼设施，又建综合楼第三层并置应备设施；连登老建大礼堂三份[分]一工程，三楼设连登纪念室、小会客室，负责购置会议桌椅一百副；能池君建大礼堂三份[分]一工程，兼置二楼设施；其仁君建综合楼底层办公厅兼置设施；振邦老建综合楼二楼语音厅兼置设施；香港恩典、能狮、纯沛诸君筹资建西幢旅港教学楼；东幢旅菲教学楼由菲族亲筹建。

　　一九九五年，连登老、能狮、育群诸宗亲归乡奠基，后数归视。纯贼、文灿、能满三君日临督促，严寒溽暑不移，至[一九]九七年五月新楼宇均告竣工，总面积陆仟零陆拾陆平方[米],造价人民币:叁佰陆拾万元。楼宇素裹银装、轮奂横空,极其宏丽。

衙口南浔村两委、衙口中心小学校董会、

衙口中心小学建委会、衙口中心小学立

公元一九九七年五月

【说明】

碑刻嵌于龙湖镇衙口中心小学礼堂外墙,花岗岩质,宽240厘米,高140厘米,外镶万字框,碑文楷书竖排。标题字径8.8厘米×9.3厘米;正文4段28行,字径5.2厘米。记旅外及旅居中国港澳台地区乡贤捐建衙口中心小学新校宇事。碑名为编者加拟。

施维鹏塑像碑志

维鹏老先生，名门哲嗣。幼习诗礼，首重孝悌之道。弱冠旅菲，素具陶朱①之才。云程发轫②，一日千里。

老先生精诚爱国，真挚怀乡。气度恢弘[宏]，深明教育兴邦、尊师重道之大义，倾注毕生心血。斯如奔腾洪流，激动人们心扉。乡民各界，叨承渥庇，无不口颂心维，莫馨感戴。爰万众联名，踊跃捐资，以立塑像，用褒其功，永志纪念。然则

老先生虚怀若谷，只务实际，不图虚名，婉却再三。屡经阐说，尤以令胞兄维琛老先生鼎力赞同，并不顾耄耋③之年，许以偕同旋里揭幕，迄今达成，方遂乡亲各界之夙愿。

魁伟塑像，屹立园院，亦屹立于民众心中，凝聚广大乡亲之深情。系伟绩之丰碑，树侨胞之典型，为民众之楷模，深孚众望。老先生对国家民族奉献之巨，精神之伟大，品格之崇高，与日月齐辉，永耀家乡。有联赞曰：

> 维系乡情重教尊师留典范，
>
> 鹏飞宇内虚怀厚道见精神。

斯乃维鹏老先生光辉形象之写照，愿后曹④继承并发扬之。

南侨中学老教师协会吴谨表撰

【说明】

碑刻嵌于龙湖镇衙口中心幼儿园中庭施维鹏塑像基座背面，呈梯形，高147厘米，宽99～152厘米，碑文行楷竖排。标题字径6.5厘米×4.2厘米；正文3段计16行，字径4厘米×4.5厘米；落款字径4厘米×4.5厘米；文末署撰稿者姓名。碑名为编者加拟。

　　塑像基座左侧署落款单位8个,分别为晋江市龙湖镇教委、晋江市南侨中学、南侨中学校董会、南侨中学老教师协会、晋江市衙口中心小学、衙口中心小学校董会、晋江市衙口中心幼儿园、衙口中心幼儿园家长会;塑像基座右侧署落款单位6个,分别为衙口村委员会、南浔村委员会、衙口教育基金会、施琅纪念馆董事会、衙口敬老协会、定光庵董事会,落款时间:公元一九九七年八月。塑像基座正面镌《德泽源流沃园英》。

【注释】

　　①陶朱:陶朱公,借指经商。陶朱之道:经商之道。

　　②云程发轫:远大前程开始起步。旧时祝人前程远大的颂辞。

　　③耄耋[mào dié]:高龄,高寿。耄耋之年,指人的八九十岁。曹操《对酒》:"人耄耋,皆得以寿终。恩泽广及草木昆虫。"

　　④后曹:后辈。

强民学校简史碑志

　　山青[清]水碧溪流远,毓秀钟灵俊杰多。我村地处滨海,昔日有私塾设立,即强民小学之前身。聘请刘国忠、施修俊二师,以宗祠为课堂。一九三八年按新制办理注册立案,敦聘施克明老师,学生仅三四十人。因感村民体魄矫健,故命名为强民小学。此后生数年年增长,即增聘居泉州乡亲谦六师,其父施国梁曾任泉州市议员。谦六往缅甸,由其兄祝三师继任。

　　一九四〇年日寇南进,侨汇断绝,学校停办。翌年,施华德夫妇从新加坡归国,适施文坛、施修锦亦由菲归里,未得返回。眼见莘莘学子辍学,遂见义勇为,继续开办,仅聘林安顺为校长,开办一年。无奈国步日艰,民生凋敝,侨属学生不得不弃学从农,因再停办。

　　一九四五年日本投降,归侨重返海外复业。第二年小学亦开门,侨亲修炎、子牙主持捐资助学,聘蔡考琛任校长,余天越任教导。嗣后接任为万幼廉、曾志成二师,前后期教学均取得一定成绩。

　　[一九]四九年以后,对海外联系颇有隔阂,经费困难,势有停顿之虞。幸得至现乡贤配合回乡智青如文炳、至烈、性琛、文墨、性森、荣华、性爆、秀英、性作、呈秀等校友留校执教。虽义务教学,但精神焕发,格外认真,故学生升学考试录取率达百分九十,名列学区前茅。因办学成绩可观,生数激增,课室不敷容纳,乡亲修茶主动献地,群众献工,侨属捐资,就关帝庙南畔兴建四室,结合古庙运用,可容学生一百多人。

　　一九五六年,修长先生由印尼回乡,目睹以宫庙为教室诸多不便,即捐伍仟元建校,再得菲律宾乡侨支援八仟。校董会成祖、王玺,村委会性习、至线相议,新校址于村东,群众献工支持,完成坐北朝南新课室六间。聘请施并铅为校长,吴贻萍任教导,锐意刷新校政,取得优异成绩。一九六二年学生参加升学考试,数学成绩破全县记[纪]录。上级政府曾通知各校向强民小学取经。此后五年均保持优良成绩,锦旗满堂。一九六三年,旅菲侨亲再捐贰万柒仟元,建设一列坐东看西之剧台和课室,扩大运动场。此为第二期建校。

一九七一年,县局指定开设初中,并改名为洪溪中学,接纳邻乡学生。从此,学校更日趋繁荣,教师辛勤教诲,学生认真用功,故质量稳定上升,誉播南疆。

一九七七至[一九]七九年间,由性作乡贤任校长,团结教师,励精图治,勤谨教导,因而初中投考高中各科成绩列全晋江前茅。当时学生八十一人,其中十一位入重点中学。初中毕业考试连续三年居全县前茅,经县评为先进学校。由于生数持续增加,教室再度拥挤,因此第三次争取建校。旅菲侨亲支持八仟,教育局拨款玉成,乡亲踊跃献工,兴建教师宿舍、办公室八间。文墨先生捐建水井壹口,使学校体系趋于完美。未几,菲律宾侨亲再捐伍仟元,上级亦补助复建坐西朝东四室。

从[一九]八七至[一九]九〇几年间,聘刘德品任校长,继续弘扬光辉传统,全县英语竞赛得个人第三名,[一九]八九年小学统考七科列全县优等,其领导作风颇有艺术。

据初步统计,从[一九]七四年至[一九]九三年,二十年中乡侨继续热心贡献者综合如下:

施至成先生将先辈奠仪利息献给学校作经费,使学生免费入学,并捐资铺建校埕,支付拾壹万伍仟元,并与垂铭先生合捐二万伍仟元,美化学校环境。

施性山先生捐建性山二层楼,开支贰万贰仟元;文坛先生捐献铁校门壹副,两人再合建厕所及设施,克己奉公,赢得好评。

吾校蒙国家、社会和侨亲关怀与支持,一切设备日臻完善,全体师生意志风发,正大踏步向前迈进,争取更好成绩,向国家和侨亲回报。

晋江市洪溪村委会、洪溪旅菲旅港澳同乡会、强民学校校董会同立

一九九八年十一月

【说明】

碑刻嵌于龙湖镇洪溪村强民小学大礼堂入门厅右墙,宽239厘米,高80厘米。标题篆书,字径4.2厘米×6.5厘米;正文楷书,字径2.6厘米×3厘米;落款字径4厘米×3.7厘米。

毓英中学芳泽大礼堂记

芳泽大礼堂乃金井镇沔洲村旅菲校友、菲律宾国际商业有限公司董事长王芳泽先生独资捐建。一九九八年元月奠基，翌年六月竣工。堂高三层，净跨度贰拾肆米，长陆拾伍米，建筑面积贰仟捌佰平方米；位于校园之中心，与图书楼、科学楼、教学楼、尊师楼联成一体。诸楼交相辉映，蔚为大观，益显毓英园之美。"芳泽大礼堂"五个大字由九十三高龄、德高望重的教育家、书法家、诗人梁披云先生亲笔题书。

　　王芳泽先生于一九五四年至一九五七年就读我校,毕业之后,进入陈嘉庚先生创办的集美学校深造,深得"勤朴诚毅"及"诚毅"两校校训之熏陶,刻苦用功,品学兼优。先生于一九五九年往港,一九六〇年定居菲律宾。由于克勤克俭、敬业乐业、艰苦奋斗、运筹有方,取得事业之巨大成就。曾任菲律宾奎顺市工商联合会理事长、毓英学校校董会董事长等职务。贤内助张丽鸿女士与之同心同德,甘苦相从,更显业隆德丰。贤伉俪自奉勤俭,而有关乡邦公益事业,则慨然捐助,久饶口碑。此次捐建斯楼,其爱国爱乡爱校之精神尤足为校友树立风范。爰勒石而为记,以志盛德,兼励后来。

金井镇人民政府、晋江毓英中学立

一九九九年仲秋

【说明】

　　碑刻嵌于毓英中学芳泽大礼堂入门厅,花岗岩质,黑石为碑,青石镶边,上嵌王芳泽先生半身正面影雕像。碑刻宽167厘米,高39厘米,碑文楷书竖排。标题字径3.5厘米×4.9厘米,正文字径2.8厘米×3.2厘米,落款字径2.1厘米×2.3厘米。碑名为编者加拟。

重建升文小学碑记

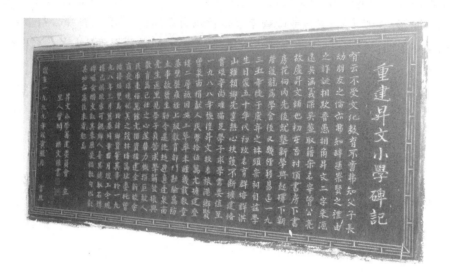

　　有云：不受文化教育，不啻①弗知父子长幼朋友之伦，亦弗知辞逊崇贤之礼。由之，诈诞相欺，鲁愚相角。升文二字来源远矣，涵义深矣！盖②取借宋名宰曾公亮③故庐"升文铺"也。初在吾村顶书房、下书房花向内先后就塾。新学兴起，择下新厝护龙为学舍，后又几经移易。迄一九三五年，徙于废弃之林头宗祠。自兹学生日众，五十年代初改名育群、培群、洪山。虽赖乡先达热心扶护，不断扩建，备尝艰辛，尚难满足学子求学需要。值至一九八八年恢复升文校名，旅港乡贤曾泉南捐献人民币拾伍万元，扩建叠楼二层。只因施工草率，未经几载，教室基壁裂痕。经上级教育部门勘验，为防止事故发生，勒令迁徙趋避。适逢泉南先生返里，见学子负苦求学，萌发振兴教育为己任之心，遂鼎力慨捐巨款人民币壹佰万余元，独资构建全新校舍。商定环境优美之茂林埔为址，委托曾鸿禧、焕双、马玲诸乡贤董其事，于一九九八年三月奠基，同年腊月竣工。今规模已俱[具]，校容可观。乡人喜其德，取石镌碑，嘱余撰文，叙其来历。爰志数句，以彰其功，亦为后来者勉焉。

升文小学筹建委员会立

里人曾阅撰文并书

岁在一九九九年戊寅腊月吉旦

【说明】

　　碑刻嵌于内坑镇亭顶村升文小学,宽 171 厘米,高 75 厘米,碑文楷书竖排。标题字径 6 厘米,正文字径 3.5 厘米,落款字径 3.5 厘米。

　　撰书者曾阅,原名曾焕阅,1934 年 10 月生,籍贯晋江亭顶村,中国民间文艺家协会会员,福建省书法家协会会员,晋江市文联顾问。

【注释】

　　①啻:但,只,仅。

　　②盖:大约,大概。

　　③曾公亮(999—1078),字明仲,号乐正,汉族,泉州晋江人。北宋著名政治家、军事家、思想家。

平山中学美因楼记

晋水泉山，人才辈出；爱国恋乡，懿行可风。

先乡贤庄材美先生偕夫人阮素因女士，早岁均负笈高校深造，学成南渡菲岛。昆仲三人于岷市创业，戮［勠］力①同心，首办商行，继兴汇局，后以三己公司为著，奋发蹈励，艰难玉成。先贤既兴商务，尤热心社会公益，美誉远播，厥功至伟。哲嗣庄长庚先生，秉承庭训，传扬家风，慨解义囊，兴建平山中学教学楼，名曰美因楼，凡人民币贰佰肆拾万元。其报本思亲之心，滋兰培蕙之志，里人同钦。爰文勒石，永彰其德。

泉州市人民政府市长　施永康
公元二〇〇〇年九月吉旦立

【说明】

碑刻嵌于平山中学教学楼，宽89厘米，高155厘米，碑文楷书竖排。标题字径5.5厘米，正文及落款字径4.5厘米。时任泉州市市长施永康撰文。碑名为编者加拟。捐资者庄长庚亦于该楼立碑《美因楼序》，碑文如下：

美因楼序

木之有本，水之有源；家山虽远，系之心田。乃为后人，报国思亲；叶茂根深，源远流长。

先严庄材美，博学儒雅，慷慨大度；先慈阮素因，身出名门，端庄贤淑。南渡菲岛，创业有成，治家教子，仁爱有方，且以社会公益为己任，而名重一时。谨承父志，传袭家风，为振兴桑梓，培育家乡英才，勉尽绵力，特捐资兴建平山中学教学大楼,命名为"美因楼",并辟美因纪念堂于高层,借以思亲报本,谨此为序。

男庄长庚恭立

公元二○○○年九月吉旦立

【注释】

①勠力:勉力、并力。通力合作。

陈孙楼家族捐建梧桐学校碑志

梧桐学校于一九九二年由陈孙楼家族捐建大礼堂、教学大楼、生活楼。于二零零[○○]一年捐建大门南侧四间和北侧两间平屋及梯间、南围墙装修、柒佰贰拾平方米的水泥操场。为表彰孙楼家族爱国爱乡爱教育之精神,特立此碑以志留念。

梧桐村委会立

二零零[○○]一年三月

【说明】

碑刻立于罗山街道梧桐小学,独立基础,两圆柱落地,中嵌碑板,斗檐覆顶。碑板宽93厘米,高80厘米,碑文宋体竖排。正文字径4.5厘米×3.7厘米,落款字径3.5厘米。碑名为编者加拟。两侧圆柱镌冠头联"孙裔知恩铭福泽,楼园志竹报春晖。"

毓英中心小学综合楼碑记

　　吴尊仁先生,晋江金井霞里人,生于公元一九三三年。四十年代就读于毓英小学,一九四七年前往香港经商,继而转赴日本、菲律宾发展。几十年来砺志奋发,苦心经营,终于事业有成。然其饮水思源、殷念母校教诲之情与日俱增。七十年代他加入旅菲金井毓英校友会,从此全力投入校友会及母校的建设大业,曾十年连任校[友]会理事长五届,成绩斐然,现被公推为永远名誉理事长。八十年代为毓英的复名历尽奔波,为体育馆的建成献以巨资。九十年代再在毓英园牵头捐建此楼,使校友会再度掀起捐建母校各种设施的热潮。在兴建各种设施期间,他不辞辛劳,拨冗回国六十多趟,对工程认真策督,一丝不苟。校园的一砖一瓦、一草一木,见证了吴先生的拳拳赤诚之心。爰镌石记之,以垂永远。

金井镇人民政府、毓英中心小学立

【说明】

　　碑刻嵌于金井镇毓英中心小学综合楼二楼"吴尊仁纪念室"内墙,宽209厘米,高37厘米,上悬吴尊仁先生半身照。碑文魏碑竖排。标题字径3.8厘米×4.2厘米,正文字径2.8厘米×3.2厘米,落款字径2.2厘米×2.8厘米。记旅菲校友吴尊仁先生捐建毓英中心小学综合楼事。碑名为编者加拟。

南侨中学施修国纪念楼碑记

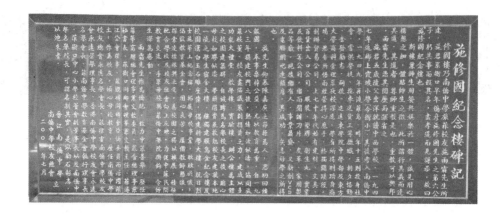

　　修国楼乃南侨中学旅菲校友施雨霜先生所建。施君系衙口早年侨彦施修国先生之第六公子，躬其事而假其名，尽孝道而见谦恭，故曰"施修国纪念楼"也。

　　斯楼兼师生用餐与娱乐于一体，诚见用心构想之细，体贴师生之微。此所谓行其义而达其道。其道者，尊师重教是也。重教可以兴邦，雨霜先生凭其阅历而深省之。

　　施君五岁随父出洋就读中西学校，一九四七年返乡上霞坡小学（今衙小），其后考入南侨中学。一九四九年再渡菲岛，时年十五则投身社会。尝供学徒、拖车送货工等微职，朝夕恪勤，奋发励志。嗣后，进远东学院中学部及东方大学商科管理系夜校深造。学有所得则跻身商场，思有所悟而经营得心应手。终独辟蹊径，创办贸易公司。上七十年代始有建材、文具、百货出入口公司，服装、塑胶、卫生丸、实业及饮料等公司，继而开办刀片、皮革、家用制品等厂。现后继有人，事业鼎盛，又新创 VCD 及电脑网吧连锁店。其成功，矢志好学之所得也。

　　施先生仰慕陈嘉庚之节操为人，思切回馈报国，奉事桑梓公益，尤以教育为重。自一九八三年捐建校门之后，热情如波似涛，协同旅菲校董、校友尽倡议策划捐资之力，建成以多功能大礼堂、教学楼、实验楼、办公楼为主体之校园建筑群。自被聘为名誉校长之后，贴心母校如胶似漆，带头捐资并敦勉校友建就本地一流之学生宿舍大楼,继独建颜乌金纪念楼及校园汉白玉石雕座像,倡建科学大楼、抗日烈士施华山纪念楼。拓展母校事业,耿耿于怀;倡设教育基金会,用心良苦。屡偕教师恳谈,探索达标振兴之道。为校园之得以扩展,积极配合学校及校友总会向上反映。力促中菲民间教育交流,手系母校与菲侨中学院挂钩,令师生深为感动。

　　雨霜先生作为侨胞,致力中菲善举,历任菲华商联总会理事兼文教委员、菲晋总理事兼秘书长、菲衙口同乡会理事兼文教主任、菲浔江公会理事、菲观嵝同乡会咨询委员而活跃菲土;作为校友,倾心母校教育,历任南侨中学校友总会永远名誉会长、菲律宾南侨中学校友会永远荣誉理事长、香港南侨中学校友会永远名誉会长、菲南侨中学教育基金会执行理事长、菲衙口中心小学校董会副董事长以及南侨中学名誉校长,可谓名副其实,是以勒石彰志,以迪来者。

晋江南侨中学、南侨中学校友总会立
二○○一年七月

【说明】

　　碑刻嵌于南侨中学第一食堂三楼,宽 265 厘米,高 100 厘米,碑文楷书竖排。标题字径 5.8 厘米×7.6 厘米,正文字径 3.5 厘米×3.3 厘米,落款字径 3.5 厘米×4.3 厘米。记旅菲校友施雨霜先生履历暨捐助南侨中学教育事业事。碑名为编者加拟。

陈清楠郭玉雪纪念大楼碑志

　　爱国始于恋乡，至德著于奉公。盱衡①陈本显先生一族，其百多年之故实②风范，乃恋乡怀土、急公尚义之俊杰硕彦也。

　　其先祖南渡菲岛，泊今已逾六代。其曾祖父陈增斜先生，素来热心公益，输财出力，居功甚伟，吏民钦赞。泉州府衙于一九〇九年授予"急公好义"牌匾，至今犹悬之于该祖宇门楣，历百年风尘而赫赫。

　　一九三四年九月二十三日，本显先生生于金井南埕村，三岁随父旅居菲岛。他聪颖好学，一九六〇年毕业于菲律宾马波亚技术学院，旋赴美深造，获美国耶鲁大学化工研究院硕士学位。他热心社团会务，先后荣任菲律宾菲华商联总会副理事长、菲律宾侨中学院董事长、菲华体育总会理事长等要职。他秉承急公尚义之传统，身居菲岛，心系故里，颇有乃祖、乃父之高风。

　　受慈父重托,为建造毓英中、小学各一幢清楠楼,本显先生不惮劳苦,多次由菲返里,对工程择址、勘测、奠基、质检,事必躬亲,襄教匡学,殚精竭虑。陈先生秉承庭训,永怀祖根,慨捐巨资兴建框架五层楼,踵事增华③。于二〇〇〇年一月奠基,二〇〇一年十月告竣,取名陈清楠郭玉雪纪念大楼,以缅怀劬劳④父母之深恩大德。恰逢毓英一一〇周年华诞,添喜增光,良可贺也。

　　双楼耸立,两代兴学;光前裕后,晋南丰碑。庠序焕彩,学子沐恩;功在当代,流泽千秋。为善则昌,本显家族一门俊秀,瓜瓞绵绵;恋乡奉公,身体力行;光耀梓里,德昭众生。爰勒斯碑,庶铭侨恩;彰其懿范,以励学子;敦品力[励]学,冀成栋梁。

晋江市毓英中心小学敬立
二〇〇一年十一月

【说明】

　　碑刻嵌于金井镇毓英中心小学陈清楠郭玉雪纪念大楼(教学楼)入门厅,花岗岩质,黑石为碑,黑石浮雕吉祥花卉为框。上部影雕陈清楠、郭玉雪半身像,下部为碑铭。碑刻宽160厘米,高70厘米,碑文竖排。标题行楷,字径3.7厘米×4厘米;正文魏碑,计5段,字径2.4厘米×2.9厘米;落款字径2.2厘米。

【注释】

　　①盱衡[xū héng]:观察,纵观。
　　②故实:有参考或借鉴意义的旧事。
　　③踵事增华:指继承前人事业,使之完善美好。
　　④劬劳[qú láo]:劳累,劳苦。

蔡实喜综合楼建楼碑记

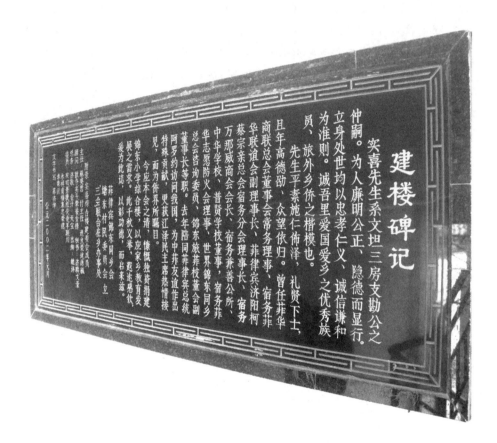

　　实喜先生系文坦三房支勘公之仲嗣。为人廉明公正,隐德而显行。立身处世均以忠孝仁义、诚信谦和为准则。诚吾里爱国爱乡之优秀族员、旅外乡侨之楷模也。

　　先生平素施仁布泽,礼贤下士,且年高德劭,众望依归。曾任菲华商联总会董事会常务理事,宿务菲华联谊会副理事长,菲律宾济阳柯蔡宗亲总会宿务分会理事长,宿务万那威商会会长,宿务兼善公所、中华学校、普贤学校董事,宿务菲华志愿防火会理事,世界锦东同乡总会咨询委员,锦东旅菲校董会副董事长等职。去年陪同菲律宾总统阿罗约访问我国,为中菲友谊作出特殊贡献,更获江泽民主席热情接见,而为侨界所瞩目。

今应本会之请,慷慨独资捐建锦东小学综合楼,以应家乡教育发展之需求。此千秋义举,遐迩感钦。爰为此志,以彰功德,而启来兹。

塘东村民委员会、菲律宾锦东同乡会、"三会"联合在乡办事处立

附录实喜综合楼建委会成员

主任:蔡英哲　　　副主任:进良　荣途　源毓

顾问:郭夺　实斗　荣誉　金榜　　　秘书:济聘　文景

总务:济敬　　会计:天宝　　出纳:继评

委员:友叻　景捷　经伦　爱平　联川

　　永祥　育福　泉忠　荣德　卓荣汉

文字书写:蔡济坤

公元二〇〇二年元月

【说明】

碑刻嵌于金井镇锦东华侨学校实喜楼,宽 153 厘米,高 63 厘米,碑文竖排。标题楷体,字径 6 厘米;正文及落款宋体,字径 3.3 厘米。碑名为编者加拟。

英林中学文炳玉清楼记

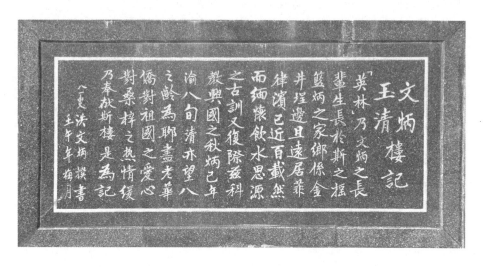

　　"英林"乃文炳之长辈生长于斯之摇篮。炳之家乡系金井埭边,且远居菲律宾已近百载,然而缅怀饮水思源之古训,又复际兹科教兴国之秋。炳已年渝〔逾〕八旬,清亦望八之龄。为聊尽老华侨对祖国之爱心、对桑梓之热情,缓〔爰〕乃奉献斯楼。是为记。

八一叟洪文炳撰书

壬午年梅月[①]

【说明】

　　碑刻嵌于英林中学文炳玉清楼前墙,宽180厘米,高72厘米,碑文行楷竖排。标题字径9厘米×11厘米,正文字径7厘米×9厘米,落款字径5厘米×6厘米。碑名为编者加拟。

【注释】

　　①壬午年梅月:2002年农历四月。

晋江职业中专学校大门碑志

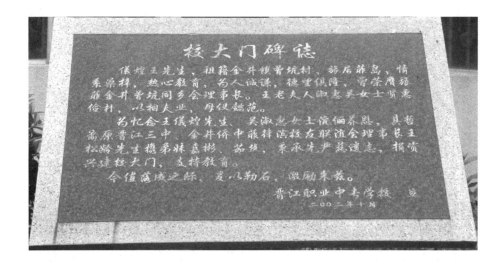

　　仪煌王先生，祖籍金井镇曾坑村，旅居菲岛，情系桑梓，热心教育，为人诚谦，德望俱隆，曾荣膺旅菲金井曾坑同乡会理事长。王老夫人淑惠吴女士贤惠俭朴，以相夫业，母仪懿范。

　　为忆念王仪煌先生、吴淑惠女士伉俪养恩，其哲裔原晋江三中、金井侨中菲律宾校友联谊会理事长王松龄先生携弟妹嘉彬、茹丝，秉承先严遗志，捐资兴建校大门，支持教育。

　　今值落成之际，爰以勒石，激励来兹。

晋江职业中专学校立

二〇〇二年十月

【说明】

　　碑刻立于晋江职业中专学校大门侧，宽105厘米，高62厘米，碑文行楷横排。标题字径6.5厘米；正文计3段9行，字径4厘米；落款字径4厘米。碑名为编者加拟。

毓英中学蔡建文科学楼志

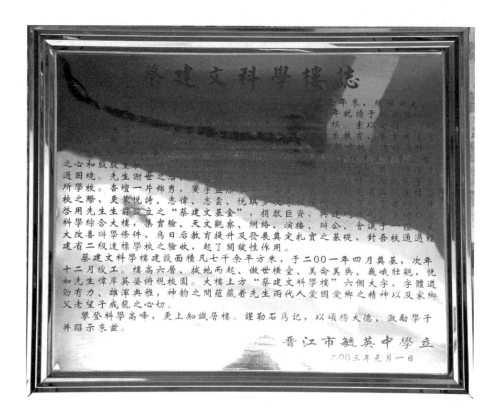

蔡建文科学楼志

……余年来，规模渐大……年就读于毓……模。素以爱国爱……集教育，继承……根……全仗先生……

之心和殷殷重……过困境。先生谢世之后……所学校。杏坛一片锦秀，黉宇益添……校之际，更蒙悦诗、志伟、志云、悦琪多次专程……启用先生生前设立之"蔡建文基金"，捐献巨资，典建现代……功……科学综合大楼，集实验、天文观察、网络、演播、办公、舍读于……大改善办学条件，为日后教育提升及发展奠定扎实之基础，对吾校通过福建省二级达标学校之验收，起了关键性作用。

蔡建文科学楼建设面积凡七千余平方米，于二〇〇一年四月奠基，次年十二月竣工。楼高六层、拔地而起、傲世横空、美奂美奂、巍峨壮观，恍如先生伟岸英姿俯视校园。大楼上方"蔡建文科学楼"六个大字，字体道劲有力、雄浑典雅，神韵之间蕴藏着先生两代人爱国爱乡之精神以及家乡父老望子成龙之心切。

攀登科学高峰，更上知识层楼。谨勒石焉记，以颂扬大德，激励学子并昭示来兹。

晋江市毓英中学立
二〇〇三年元月一日

毓英办学，经风历雨，屹立闽南，源远流长，百余年来，规模渐大，质量日升，被誉为闽海红旗。一代侨领建文蔡先生早年就读于毓英学校，勤奋刻苦，品学兼优，乃毓英学子"勤朴诚毅"之楷模。素以爱国爱乡热心公益流芳海外，蜚声故里。生前一向心怀祖国，情系教育，事业腾达之际抱定"取之[诸]社会，用诸社会"之宗旨，助教兴学，回报母校，造福桑梓。

一九三七年战争期间，毓英办学困难，举步维艰，全仗先生拳拳爱国之心和殷殷重教之情，以身作则带头捐款，并协助筹集办学经费，乃得度[渡]过困境。先生谢世之后，其哲嗣弘扬父志，兴学育才，继续资助毓英等多所学校。杏坛一片锦秀[绣]，黉宇益添芬芳。去岁适值毓英创建省二级达标学校之际，更蒙悦诗、志伟、志云、悦琪多次专程莅校，指导办学方向，并启用先生生前设立之"蔡建文基金",捐献巨资,兴建现代化、多功能之科学综合大楼,集实验、天文观察、网络、演播、办公、会议于一体,大大改善办学条件,为日后教育提升及发展奠定扎实之基础,对吾校通过福建省二级达标学校之验收,起了关键性作用。

蔡建文科学楼建设面积凡七千余平方米,于二〇〇一年四月奠基,次年十二月竣工。楼高六层,拔地而起、傲世横空,美轮美奂、巍峨壮观,恍如先生伟岸英姿俯视校园。大楼上方"蔡建文科学楼"六个大字,字体遒劲有力、雄浑典雅,神韵之间蕴藏着先生两代人爱国爱乡之精神以及家乡父老望子成龙之心切。

攀登科学高峰,更上知识层楼。谨勒石为记,以颂扬大德、激励学子并昭示来兹。

晋江市毓英中学立

二〇〇三年元月一日

【说明】

碑刻立于毓英中学老校区蔡建文科学楼一楼入口,钛金材质,宽75厘米,高60厘米,碑文楷书横排。标题字径3.7厘米×4.5厘米,正文字径1.5厘米,落款字径3.3厘米×2.5厘米。碑名为编者加拟。

阳溪中学科学楼建造碑志

我校创办于一九五六年。近半个世纪风雨洗礼，学校原群楼逐渐适应不了教育教学需要。在晋江市政府、龙湖镇政府、海内外校友、旅菲阳溪校董会及各界人士的关心、支持下，二零零零年起酝酿实施了学校整体改造工程。本栋教学楼为一期工程。

旅港校友会一片真情回馈母校，第三届会长施教明先生、理事长施华民先生率先垂范，携校友踊跃捐款，为教学楼建造募集港币壹佰肆拾柒万陆仟元，对母校整体改造作出巨大贡献。

教学楼建筑面积四千六百九十平方米，造价叁佰零陆万元人民币。二零零[〇〇]二年七月奠基，二零零[〇〇]三年八月竣工。兹将政府拨款、校友捐资芳名列左，以褒善举，以勖后贤。

（以下捐资单位及个人略）

晋江市阳溪中学立
二〇〇三年八月

【说明】

　　碑刻立于阳溪中学教学楼东侧一楼大厅,花岗岩质,白石两柱落地,状如抱鼓,承托黑石碑身;碑身四角凹入成双弧形;宽 190 厘米,高 120 厘米,碑文楷书竖排。标题字径 5 厘米×5.7 厘米,正文及落款字径 2.8 厘米×3.2 厘米。碑名为编者加拟。

洪祖杭大楼楼志

　　洪祖杭大楼系华侨大学综合教学大楼及法学院办公大楼。由全国政协委员、华侨大学第五届董事会副董事长、香港福建社团联会永远名誉会长、香港金保利投资有限公司及金丰盛投资有限公司董事长洪祖杭先生捐建。楼高八层，建筑面积 18738 平方米，设有 150、200、300 个座位的梯形教室 14 间，普通教室 17 间，可容纳 3900 位学生同时上课。并设有法学院办公室、教研室、实验基地、模拟法庭、图书馆法学分馆及微电脑室等，配备四部载人电梯。

　　洪祖杭先生祖籍福建晋江，系菲律宾喇沙大学名誉博士，在香港主要从事金融、证券、酒店、烟草、地产、电视传播和贸易业务等。洪先生一贯爱国、爱乡、热爱桑梓，致力弘扬中华文化，扶助与奖励莘莘学子，热心华侨教育事业及体育事业。几年来，洪先生先后捐资一亿三千多万元于国内［内地］教育及体育事业，赢得海内外人士赞誉，本楼由洪先生捐资陆百万元人民币兴建。先生乐善好施，热心教育事业，功高德厚，世人敬仰。特立此志，以资纪念。

华侨大学董事会立

二零零［〇〇］三年九月十二日

【说明】

　　碑刻嵌于华侨大学洪祖杭大楼（法学院）一楼大门侧，宽 82 厘米，高 121 厘米，碑文楷书横排。标题字径 5 厘米；正文计 2 段 20 行，字径 2.8 厘米；落款字径 2.8 厘米。

王金炳先生重建岱峰小学校园碑记

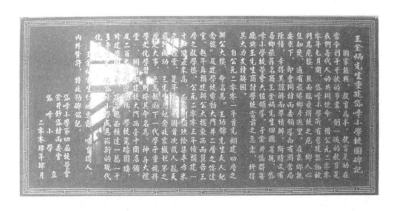

　　国家振兴,教育为本。教育是功在当今利于千秋的事业,创一流的教育是我们每代人的共同使命。惜公元二零零零[○○○]年七月间,岱峰小学所有旧建筑物被列为危楼,且面临受拼校之危。乡人心焦如焚,适有旅港乡彦返里,在众乡亲要求下,即会同村两委领导向有关当局陈情,幸得其谅解而准续办。斯时又有吾乡旅菲名商王金炳先生回国省亲,岱峰小学校董会六位领导,于金井侨联客厅与王先生商讨学校当前之急需,终得其大力支持解困。

　　自公元二零零[○○]一年首先翻建四层之办公大楼,命名为"王功锦先生夫人纪念楼",及建学校电动大门并二层之传达室。越年再捐建办公大楼东西两翼各三层之教学楼。公元二零零[○○]三年续捐建一十四点五米高、面积捌佰玖拾柒平方米之大礼堂。是年适逢祖国首次载人航天飞行成功,王先生为纪念此震撼世界之历史大事,更为鼓励下一代学子重视科学文化学习,则将其命名为"神舟大礼堂",同时翻建校大门西旁十间店铺,及二百米环形运动场、学校瓷砖围墙、修建学园路等,建筑总面积达一万一千多平方米,使岱峰小学成为崭新的现代化学校。

　　王金炳先生仁风惠露,哺育后人,内外赞许,特此勒碑铭记。

　　　　金井钞岱村两委会、岱峰小学第四届校董会、岱峰小学立
　　　　二零零[○○]肆年肆月

【说明】

　　碑刻在金井镇岱峰小学神舟大礼堂入门厅,宽163厘米,高82厘米,碑文楷书竖排。标题字径4厘米×3.5厘米,正文字径3.5厘米,落款字径3厘米。

三己基金会建校记

先乡贤庄材允、庄万里、庄材美三昆仲,早年南渡菲国,首营商业,继办汇兑业,后兴卷烟厂,事业有成,遂创立三己基金会,热心公益。长泰先生学成返菲,秉承父志,发展实业,创立华侨学校,传播中华文化,捐资参与庄杰文先生共同创办家乡之平山中学,兴建守耕礼堂、守耕办公楼、三己教学楼、平山食堂楼和尊师敬贤两座教师宿舍楼,初中部学校已具规模。长泰先生以其实业家、慈善家、教育家之高怀远见,倡议增办高中部,使其成为一所完全中学,斯议深得领导重视,已获福建省人民政府批准。长泰先生昆仲首捐贰佰陆拾万元兴建允鹤科学楼,长庚先生继捐贰佰肆拾万元兴建美因高中教学楼,三己基金会先后再捐资肆佰伍拾万元兴建南校门、现代化的体育场以及校内外道路与相关配套设施和图书楼,并经精心绿化美化,蔚然建成典雅庄重的理想校园。师生奋进,已荣获省达标中学。

饮水思源,感戴长泰先生这位老一辈奠基人和关心支持学校的各位乡贤,福建省人民政府为长泰先生的三位长辈立碑表彰。为颂扬其功德,特爱文纪事,勒石永志。

平山中学

公元二〇〇五年三月吉日立

【说明】

　　碑刻立于平山中学美因楼前园地,宽 125 厘米,高 89 厘米,碑文楷书竖排。标题字径 8 厘米,正文字径 4 厘米,落款字径 3.7 厘米。

石圳华侨中学新教学楼碑志

吉龙毓秀，圳水长流。石圳侨乡，地灵人杰。辉煌历史，灿烂侨光。英才乐育，百世流芳。吾村历代乡贤，素以尊师重教为荣。先后创办了平民学校、龙门学校、育德女校、成美小学、华侨小学、华侨幼稚园。方有英才辈出，名闻遐迩。

一九八二年秋，借改革开放之天时，借沿海侨乡之地利，拥海内外侨胞爱国爱乡之人和。旅菲石圳同乡会第三十三至三十六届理事长李昭拔先生率全体理监事鼎力合作，始创石圳华侨中学。经廿四年不懈努力，基础设施日臻完善，办学成绩卓然。

为适应新世纪教育现代化之需，现任理事长李世钦先生、常务顾问李鸿基先生率领全体理监事暨广大乡侨，承前启后，继往开来，慷慨解囊，再添新世纪教学楼，为石圳侨中再立丰碑。

石鼓传经早，圳流咏赋新。为丕振吾侨盛举，特立此碑，策励来兹。

石圳村两委会、石圳华侨中学立
二零零[○○]伍年（乙酉年）春

【说明】

碑铭立于石圳华侨中学教学楼前，白石为座，白石为柱，斗檐覆顶。碑身上部影雕新教学楼正面图，下部为碑刻。碑刻宽170厘米，高158厘米，碑文楷书竖排。标题字径9.8厘米×10.8厘米；正文计4段，字径4.6厘米×5厘米；落款字径2.3厘米×2.9厘米。记旅菲石圳同乡会捐建石圳华侨中学新教学楼事。碑名为编者加拟。

英林中学扩建碑记

　　一九六〇年春，鉴于桑梓文化教育落后，旅菲英林同乡会总会（现易名菲华英林洪氏家族总会）发动热心教育事业之乡侨捐资创建英林中学，择山仔头现址，建有二层石结构办公楼一幢，石墙木架构瓦顶教室十间，瓦房宿舍及厨房、操场等配套设施，校园面积三十余亩，学校规模初［粗］具。

　　一九八五年秋，旅菲乡侨又于办公楼后扩建二层石结构教学楼一座，分设办公及图书各一厅，教室十二间，急济该时所需。

　　为适应不断发展之教学需求，从一九九三年起，扩充容量，拆除初建之石结构办公楼、教室、宿舍等，建成东西两座三层教学楼及五层师生宿舍楼、礼堂和食堂膳厅。一九九八年复办高中后，扩大校园面积近百亩，重新规划，拆除［一九］八五年所建之教学楼（将捐资者芳名重镌于西面新建之宿舍楼 B 座），相继建成教学、科技、办公、图书、宿舍楼群和运动场等，并添置一系列教学设备，捐资额达一千八百余万元人民币。

　　与时俱进，旧貌新颜。如今，巍峨壮观的花园式校园展现于英山之麓，给师生们提供了优美舒适的教学环境。为颂扬海内外乡亲和各届校董、校友重教兴学之义举,激励社会贤达更加关心学校建设,值文化荣誉廊建成之际,谨将历次捐资者芳名统一排列,重新勒石为记,以彰显其功绩而垂范于后人。

英林中学第八届董事会立

二〇〇五年六月

【说明】

碑刻嵌于英林中学文化荣誉廊,宽 276 厘米,高 151 厘米,碑文魏碑竖排。标题字径 7 厘米,正文及落款字径 2.6 厘米。

姚庆宏实验楼碑记

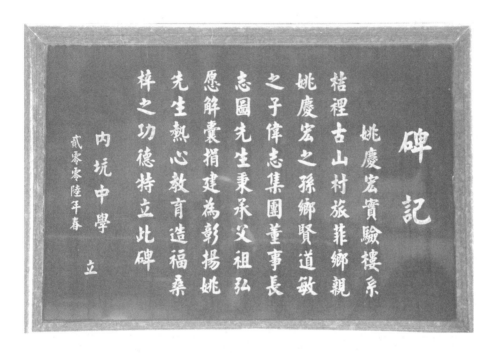

姚庆宏实验楼,系桔里古山村旅菲乡亲姚庆宏之孙、乡贤道敏之子,伟志集团董事长志图先生,秉承父祖弘[宏]愿,解囊捐建。为彰扬姚先生热心教育、造福桑梓之功德,特立此碑。

内坑中学立

贰零零陆年春

【说明】

碑刻嵌于内坑中学姚庆宏实验楼外墙,宽122厘米,高80厘米,碑文楷书竖排。标题字径8厘米;正文计8行,字径6厘米;落款字径5厘米×5.3厘米。碑名为编者加拟。

震瑶小学建校碑记

我震瑶小学创设于公元一九一七年,乃旅菲乡侨会同家乡有识之士合并村中三所旧式学堂而成,校址设于旧宗祠,初设即为完全小学。斯时新文化初兴,震瑶小学之创设实为开风气之先。建校后,除日寇侵占菲岛侨汇中断外,办学经费多为旅菲乡侨接济。至上世纪七十年代初,因生数日多,陈旧祠堂愈显逼仄,学校只得借用民房作为教室。旅菲乡侨发扬爱国爱乡光荣传统,集腋成裘,募集人民币十三万元,建成石结构教学楼一座,宏伟壮观甲于晋江。上世纪八九十年代后,旅港乡人初显经济成就,对家乡建校办学渐有贡献。然鉴于政府对学校公共设施抗震之强调,原来石结构教室已不符要求,旅菲、[中国]港澳及村中急公好义之士,应 2004—2007 届震瑶小学校董会董事长许经卡先生之精诚劝募,众志成城,再捐数百万元巨资。副董事长许辉耀先生不辞辛劳,精心督工,终建成本座全框架结构教学楼,美仑[轮]美奂,甚于当年。历览捐资者碑铭、簿册,考察校史、口碑,本次捐资者中,有支持震瑶办学事业,由祖及孙已至第三代者,可谓绳绳继继[1]、克绍箕裘[2];有数十年如一日,始终慷慨认捐可谓痴心不改者;捐资者已由最初乡侨群体拓展至旅港、澳乡亲及内地后起新秀,说明先贤百年树人宏志正在实现,我震瑶小学的事业正在得到更多人的重视。一切事迹难以尽述,至于捐资者芳名自当泐之于石,裨垂之久远,以兹来策。

震瑶小学校董会

公元二零零[〇〇]六年五月

【说明】

　　碑刻立于龙湖镇石龟村震瑶小学操场,花岗岩白石为座,黑石为板,外镶红石为边,梯形,宽128～148厘米,高90厘米,碑文楷书横排。标题字径6厘米×6.8厘米;正文计16行,字径3.2厘米×3.5厘米。记震瑶小学办学史暨海内外乡亲二次捐资建校事。碑名为编者加拟。

【注释】

　　①绳绳继继:指前后相承,延续不断。

　　②克绍箕裘:出自《礼记·学记》,比喻子孙能够继承祖业。

永和中学华杭楼碑志

　　杏山出俊杰，华杭堪其一。王华杭先生一九一七年生于玉溪村，早年携妻蔡映雪女士旅菲谋生，努力打拼，渐获渐丰。先生恋乡怀土，急公尚义，团结侨亲，誉驰菲岛，光耀梓里，惠及千秋，乡人钦仰。

　　一族俊秀，绵绵瓜瓞。华杭伉俪教子有方，六子女均业著名成。次子国正，聪颖好学，开拓进取，学业上获双硕士学位，事业上同其妻许佩珍女士创立了菲律宾第一面粉股份有限公司等多家企业。国正先生虽出生海外，却心怀祖国，情系桑梓。曾荣任旅菲永和各乡联合会永远荣誉会长、永和中学菲律宾校友会创会会长、旅菲各校友会联合会常务理事、菲律宾各宗亲会联合会常务理事等荣职。为襄教匡学，辅家乡发展，曾捐设菲律宾华文教育等基金会及诸多公益事业。二〇〇四年十月，捐资六十万元建永和中学教师楼一幢，命名为华杭楼，以缅怀令先尊养育深恩。为激励师生，冀成栋梁，谨此勒石，世代流芳。

晋江永和中学敬立
二〇〇六年六月

【说明】

碑刻立于永和中学华杭楼前,独立基础,整石为座,承托书卷式碑身。碑身宽92厘米,高60厘米,碑文竖排。标题隶书,字径4.5厘米×3.2厘米;正文及落款宋体,字径2.2厘米。碑名为编者加拟。

龙侨中学建校碑志

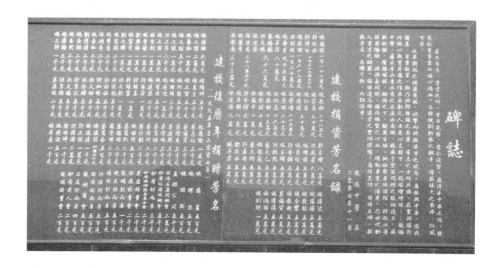

古来庠序，育才之所。昔日先哲、当今俊贤，为传承中华文化，发展教育事业而呕心沥血。不辞披荆斩棘之艰辛，传薪接火之劳瘁，仁风可崇。

改革开放之浩荡东风，吹响向科教进军之号角。为振兴中华，固我国基，首重教育。斯乃兴邦强国之要着，有识之士所共识。在党与国内外热心教育并为之作出奉献之人士悉心支持下，一颗璀璨明珠——龙侨中学，矗立于山青[清]水秀之石厦西南隅，镶嵌于碧波闪烁之龙湖边上。崭新校园，层楼峻拔，骄阳之下，靓丽生辉。她凝聚着施议程、许秋水等旅菲侨胞、[中国]港澳台同胞、国内[内地]乡贤之心血，跃动着党之阳光，乃世代树人育才之渊薮。谁能遗忘缔造者之丰功伟绩！为旌其功，用特立碑。敬镌芳名，永耀千秋，而劭后曹。

龙侨中学立

二零零[〇〇]七年十一月

建校捐资芳名录

施议程	一百一十二万元	许秋水、许清白	二百三十九万五千元
施教灿	一百六十二万元	洪祖杭	一百二十万元
施寿生	九十五万元	施并深	八十万元

蔡锡鑪、洪良鹏　六十六万元

施连登、施连杰、施丽青　三十八万五千元　　施教南　三十三万元

施教柱　三十一万元　　　　　　　　　　施家万　三十万元

施仁寿、施清谋　三十万元　　　　　　　施学檀　二十五万元

施荣辉　二十万元	施纯昌　十六万元	施教树　十三万元
施教拔　十万元	施议步　十万元	许金枪　九万元
施并树　八万元	施建德　八万元	许自灿　八万元
洪我景　六万元	施灿悦　五万元	施良吟　五万元
许金镇　五万元	施玉麟　五万元	洪祖粒　五万元
蔡天乙　五万元	施懋庭　五万元	蔡文彬　五万元
许益安　五万元	刘扶西　五万元	施并票　五万元
施清波　五万元	施议榜　五万元	施教钩　五万元
施金銮　五万元	施教快　五万元	蔡锡宣　五万元
施鸿雄　五万元	施钊炮　一万元	

【说明】

　　碑刻嵌于龙侨中学原教学楼墙壁,红石为底,周绕深红色板材外框,高146厘米许,宽约520厘米。顶部嵌钛金字"维桑与梓　必恭敬止"。碑文行楷竖排,分三节,首节为《碑志》,二节为《建校捐资芳名录》(即上文),三节为《建校后历年捐赠芳名(一九九五年至二零零[〇〇]七年)》。版面尚留一半供补志。碑名为编者加拟。

　　二节《建校捐资芳名录》中,侨胞施议程、许秋水等捐款计43笔1266万元。

厦门大学自钦楼记

旅菲侨商许自钦、林丽明伉俪儒商成业,力行善事,助学不倦,福荫广被,称誉海内外久矣。公元一九九二年,许氏贤伉俪慨捐厦门大学学生活动中心,巍巍华宇,令厦大学子得一游艺健身、交友敦义之嘉会。许氏创始之功,堪称楷模。二零零[○○]八年,厦门大学校方拓基增宏,更彰校主嘉庚培育全才之雅愿。前有许氏倾个人之力兴举,继有校方斥资襄成,官私合力,洵为典范。值二零零[○○]八年四月六日落成,兹珉以旌许氏之德,且为向义者欢。

厦门大学立

二零零[○○]八年四月六日

【说明】

碑刻立于厦门大学自钦楼(学生活动中心)前。无标题,碑名为编者加拟。捐资者许自钦、林丽明伉俪系福林村旅菲乡贤。

许文亭捐资教育碑记

　　爱国侨领、旅缅乡贤、缅华慈善会会长许文亭先生，一生情系桑梓、热心公益教育，早于一九八六年独资兴建原教室一座。现因教育发展需要，于贰零零柒年乐捐人民币贰拾万元，资助翻建前埔小学科技楼。为弘扬乡侨爱国爱乡、乐育英才之精神，特立碑为传。

前埔村两委会

前埔村老人会

前埔村小学

二〇〇八年五月立

【说明】

　　碑刻嵌于安海镇前埔小学科技楼一楼，宽100厘米，高59厘米，碑文行楷竖排。正文字径3.5厘米，落款字径2.2厘米。碑名为编者加拟。

灵水中学碑记

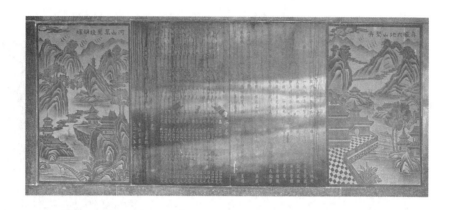

　　灵水中学自一九五七年创办伊始，即与灵水小学同址。随规模扩大，场地所囿，择址迁建亟成急务。一九八一年乡贤吴修谭先生为中学迁建倡导奔波。承蒙灵水、曾林村民热心支持，献地三十三点六亩，又荷旅外侨亲闻风相应，慷慨捐输，至一九八四年建成面积七百二十平方米二层石结构教学楼一幢，全校师生遂乔迁于新校址。一九九一年教学楼扩建，加盖为三层。学校礼堂之兴建由旅印尼乡亲吴杏元先生倡议带头捐资，并垂青于众侨亲竭力相持，于一九八五年堂宇厥成。于是校园焕彩，文风昌隆，敦品励学，桃李成蹊。

　　由于该两座建筑物属石头结构，根据上级政府关于学校安全工程统一要求，于二〇一〇年暑假按规定拆除。

　　为感念旅外乡亲爱国爱乡、热爱教育、乐善好施、兴学育才之美德，爰将捐资芳名勒石列左，以铭以彰，并励来兹。是为之记。

　　教学楼捐资芳名（略）

　　礼堂捐资芳名（略）

晋江市灵水中学敬立

二〇一〇年十二月

【说明】

　　碑刻立于灵源街道灵水中学旧大门内，独立基础，两侧双宝珠圆柱，中作橱窗式碑板，平檐覆顶。碑板序文部分宽80厘米，高105厘米，碑文楷书竖排。标题字径6厘米×4厘米，正文字径3厘米，落款字径2.8厘米。碑名为编者加拟。

内坑中学钳福楼碑记

碑记

钳福楼系旅菲侨胞姚庆源先生于内坑中学五十华诞之际捐资兴建又为感念其父辈姚嘉钳姚嘉福养育深恩而命名也庆源先生幼年即居菲岛勤奋励俭事业有成心系桑梓尤为发展教育慷慨奉献精神可嘉特立此碑铭志

内坑中学立
二〇一一年元月

钳福楼系旅菲侨胞姚庆源先生于内坑中学五十华诞之际捐资兴建，又为感念其父辈姚嘉钳、姚嘉福养育深恩而命名也。庆源先生幼年即居菲岛，勤奋励俭，事业有成，心系桑梓，尤为发展教育慷慨奉献，精神可嘉。特立此碑铭志。

内坑中学立

二〇一一年元月

【说明】

碑刻嵌于内坑镇内坑中学钳福楼外墙，宽 128 厘米，高 80 厘米，碑文魏碑竖排。标题字径 8 厘米×7 厘米，正文字径 5.5 厘米，落款字径 4.3 厘米。碑名为编者加拟。

紫坂小学蔡廷杯蔡廷旋教育基金会碑记

紫坂小学创办已 70 多年，有着"学府蓓蕾争春，桃李满天下，校友尽英才"的光荣历史。今先辈蔡廷杯之孙，乡贤蔡钟和之子——蔡其尧先生继承长辈之志，弘扬尊师重教的优良传统，首期注资人民币贰佰万元，成立紫坂小学蔡廷杯蔡廷旋教育基金会，旨在奖励教书育人成绩突出的教师和品学兼优的学生，资助扶持贫困子女上学，振兴农村教育事业，推动家乡经济社会发展。为承上启下，继往开来，特立此碑铭记。

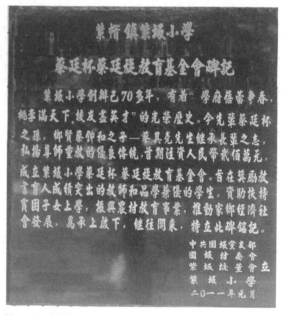

中共园坂党支部、园坂村委会、紫坂校董会、紫坂小学立

二〇一一年元月

【说明】

碑刻嵌于紫帽镇紫坂小学教学楼一楼走廊墙壁，宽 130 厘米，高 137 厘米，碑文楷书横排。标题 2 行，字径 7 厘米×8 厘米；正文计 8 行，字径 5 厘米×8 厘米；落款字径 2.5 厘米。碑名为编者缩拟。

英仑幼儿园大楼志

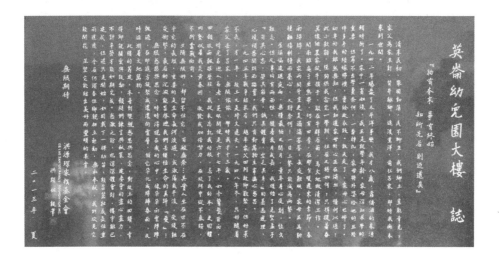

"物有本末,事有终始。知所先后,则近道矣。"

清末民初,举国动荡,民不聊生,我们乡土,岂能幸免?家父为家生计,背井离乡,远渡重洋,前往吕宋,那时我尚未来到世间。

一九四二年爆发了太平洋事变①,我才八岁,靠侨汇的泉源顿时断了。家中一贫如洗,我正是就学年龄,家母深知求学的重要,但筹不出学费奈何?一番挣扎,家母将外婆给她的且陪伴多年的嫁妆棉袄,卖给故衣贩。贩夫走了,家母心也碎了。幼年的我虽然无知,但我知道家母的心正在滴血,情何以堪?此小款额,仅够供我念完一学期,往后又将如何?只得提着畚箕像个农家放牛孩子,跟在牛群后面,为大地做清洁工作。

闽南虽处于亚热带,仍有四季,在那乍暖还寒的季节,春雨绵绵,我家两间斗室更是滴滴答答。长夜难眠,家母正为新粮难接剩粮而忧心,又将奈何!一日三餐只能减为两餐。

屋漏偏逢连夜雨,无粮最怕又闰月。童年身心受创,恒久难忘。但凡事均有两面性,随着岁月成长,我领悟了先圣孟子"苦其心志,劳其筋骨,饿其体肤,空乏其身……"的忧患道理,心境顿感开朗而踏实。我们只有对万物主宰满心感恩。

一九四五年战争结束后，越年家父回到故乡欢聚。但好景不长，才一年，故土又是烽火连天。一九四八年冬，只好随着家父去了吕宋。无限依依，那时我才十三岁。

时光易逝人易老，晃眼间便是六十七年。如今鬓发皆白，回顾风雨飘摇历程，我从未忘记我的根，忘了我的本，更因体内蛰伏着我炎黄基因，激发我加倍努力，在坎坷中从不气馁，不断奋战向前。

夕阳无限好，却留不住它，百般无奈……其实人生在世，不在乎它的长短，重要的是生命长河流过，或激荡或平淡，受侵蚀受冲击！最后的沉淀能否启迪我们去领悟生命的真谛"爱"！

无限感恩与思念，时时浮现在我的心中，像朵朵白云阵阵飘过。在那远方凝聚成浓浓的云层，愿它孕化成绵绵春雨，及时滋润着大地万物。

此楼的筹建，本着对双亲感恩与思念，对故土的回馈，幸得乡亲关爱与鼓励，顾问们谏言与献策，建委会的尽心尽力，不计辛劳才能如期完成。感激之余，也深深体会到，楼宇虽已建成，但这只是开始，如同栽下一棵幼苗，能否苗壮成长任重而道远。今后仍须各位乡亲相互勉励，无私奉献，我们欣见它能开花，并望它能结出美好而丰硕的果实。

无限期待。

洪源琛家族基金会

洪显祖亲笔

二〇一三年夏

【说明】

碑刻嵌于龙湖镇英仑幼儿园大楼，花岗岩黑石，碑板宽153厘米，高81厘米，碑文行书竖排。标题字径3.3厘米×4.5厘米，正文字径1.7厘米×1.9厘米，落款字径1.9厘米×2.4厘米。碑文系捐资者旅菲乡贤洪显祖先生亲撰，记童年艰辛生活及捐建英仑幼儿园大楼的初衷与期望。

【注释】

①太平洋战争于1941年12月8日爆发。

晋江安海职业中专学校建校碑记

教育是国家兴盛之本,科技为万业发展之源。时逢世纪交替之时,为顺应经济社会发展之需,市、镇党政决定兴建安海职业中专学校。

学校择址于镇西郊塔仔山北麓,征用土地有壳厝村 48.68 亩、曾埭村 26.93 亩、西边村 25.51 亩、水头村 20.468 亩、许田村 4.5 亩,总计 126.088 亩。涉地村民热心教育,顾大舍小,使征地平地,顺利推进,其高风美德,堪赞堪佩。

时任镇党政领导殚精竭虑,多方筹措建校资金,并亲赴海外奔走鼓呼,深入发动,其兴教强镇,拳拳之心,略见一斑。旅外[、旅港]之安海乡贤,闻风而起,慷慨解囊,共襄盛举:港胞颜乾成、陈有德、陈山成和新加坡侨亲黄加种四位贤达分别独资乐捐办公楼、教学楼、实验楼及图书楼各一座;新加坡侨亲张天章、姚庆烧、颜期伟和颜呈瑞四位贤达合捐体育馆一座;菲律宾安海公会侨亲郑永丰、黄福清、王经纶及诸贤达合捐教学楼一座;侨亲颜期巢、颜水来、颜庭阶昆仲合捐教师宿舍楼一座。三地乡贤,情系桑梓,重教兴学,其嘉风懿德,永载史册。

工程始于一九九五年元月,同年秋学校初成招生(安海鸿江中学亦同时挂牌招生,后于二〇一二年七月撤并停办)。施工期间,筹建组成员恪尽职守,倾注心力,工程督建,亲力亲为。昔荆棘丛生之所,坟茔遍布之地,遂成传道授业之殿堂,蓝领精英之摇篮。

时光荏苒,岁月流金,今日学校,楼宇焕然,设施臻善,书声永续,崛起为晋邑职教品牌。兹为感念政府兴教开创之馨行、侨胞重教襄助之懿德、干群支教建业之义举,爰将建校历程与乐捐芳名勒石造碑永为志。是为记。

附:建校捐资芳名(金额均为人民币)

陈有德先生　壹佰零肆万元　　颜乾成先生　壹佰万元

陈山成先生　壹佰万元　　　　黄加种先生　捌拾万元

郑永丰先生　叁拾万元　　　　黄福清先生　叁拾万元

王经纶先生　叁拾万元

张天章、姚庆烧、颜期伟、颜呈瑞等先生合捐壹佰零肆万元

晋江安海职业中专学校

公元二〇一三年十月立

【说明】

碑刻在晋江安海职业中专学校内,宽 465 厘米,高 320 厘米,碑文隶书竖排。标题字径 9 厘米×6.5 厘米,正文及落款字径 6 厘米×4 厘米。碑名为编者加拟。

毓英中心小学施家万大楼碑志

菲华侨领施文界先生,亲睹父亲施家万艰难创业,感念父恩,业成不忘桑梓,情倾家乡。时值家父[其父]八十大秩,为发扬其父乐善好施之风,于1998年捐建施家万大楼,建筑面积1734平方米,泽被师生,长贻毓小。爰树斯碑,以泐其功。

晋江市金井镇毓英中心小学立

二〇一四年五月

【说明】

碑刻嵌于金井镇毓英中心小学施家万大楼外墙,花岗岩质,黑石为碑,四周白石凸出墙面,作橱窗状。两柱凹雕竖线,上下梁如檐如台。碑刻宽150厘米,高70厘米,碑文横排。标题楷书,字径6.4厘米×5.5厘米;正文行楷,计5行,字径4厘米×3.8厘米;落款字径6厘米×4.2厘米。碑名为编者加拟。

施文界(1947—2020),祖籍晋江金井洋下村,菲律宾福昌渔网集团董事长。曾任菲华商联总会理事长、世界临濮施氏宗亲总会副理事长等社会职务。

曾文广科技楼碑记

内坑中学首届董事会曾文广董事长,热心公益,造福桑梓,遐迩闻名。上世纪六十年代,曾老先生即倾力为我校捐建教室、添置设备。本世纪初,曾老先生虽年逾九秩,仍率哲嗣松岩、松院、子颜捐资人民币壹佰万元,兴建曾文广教学楼。其哲嗣弘扬父辈宏愿,于二○一○年母校五十校庆时,再捐人民币叁佰万元,兴建曾文广科技楼。曾老先生家族为家乡教育事业贡献巨大,功德显赫。特立此碑以铭志。

晋江市内坑中学、内坑中学董事会谨立

二○一四年九月

【说明】

碑刻立于内坑镇内坑中学曾文广科技楼前广场,景观石为碑,碑文竖排。标题字径 7 厘米,正文字径 5.2 厘米,落款字径 4.5 厘米。

守耕楼材荐楼重建碑记

三光天村旅菲侨领庄长泰先生、庄杰文先生爱国爱乡,乐育英才,1989 年秋捐建平山中学。为纪念先祖懿德,首期工程命名为守耕楼、守耕堂、材荐楼、三己楼等。因近年办学规模扩大之需,经与侨胞酌商并获政府批准,翻建原守耕、材荐两楼并守耕堂为科技综合楼。为铭记侨胞建校兴学功绩,特沿命新楼曰守耕楼、材荐楼。

新楼重建工程于 2013 年秋奠基,2014 年告竣,耗资 1300 万元,建筑面积6753.2 平方米。新楼六层,通高 21.7 米。底层特置运动消防两用之泳池。框架结构,沉雄劲挺;红瓦覆顶,古朴庄严。既袭旧楼气韵,更具盛世精神。新楼与三己楼、允鹤楼、美因楼、三己基金会纪念大楼比肩而立。参差错落,得梅岭临眺之意;回环往复,多学苑探寻之趣。百年大计,尽可思谋筹划;莘莘学子,皆得习悟演练。

今新楼落成,乃千古教育铸业,洵吾校之大幸事也。爰述楼之沿革及重建始经[终],以示后昆。鉴古观今,期无愧于侨胞;凭高望远,当励志在日月。特立此碑,永志纪念。

晋江市平山中学立

公元二零[〇]一四年十二月吉旦

【说明】

碑刻嵌于平山中学材荐楼北墙,宽 516 厘米,高 190 厘米,碑文宋体横排。

标题字径9厘米,正文及落款字径5厘米。自左至右分列《守耕楼材荐楼重建碑记》《材荐楼碑记》《守耕纪念堂碑记》3方,其中《守耕纪念堂碑记》《材荐楼碑记》立碑时间为1990年9月,撰稿者为时任晋江县县长施永康。碑文如下:

守耕纪念堂碑记

庄汪乞先生,字守耕,晋江青阳人。少时家贫,渡菲谋生,为人诚信,辛勤创业。治家严谨,教子有方。出三子,长材允,生于清光绪己丑年;次万里,生于光绪己亥年;三材美,生于宣统己酉年。因俱生于己年,人皆誉称"三己"。三昆仲德美才俊,善继父志,奋发运筹,鸿[宏]图大展,在菲创办三己公司,慰[蔚]成侨界巨擘。其后又创立三己基金会。祖孙三代,深怀桑梓。为家乡兴建三己公路等公益事业,贡献殊多。去年复捐巨资,创建平山中学,兴办教育,培植英才,造福桑梓后代。其爱国爱乡精神,至为可嘉,遐迩永钦。守耕先生甲戌年于故乡三光天仙逝,享年七十岁。兹值纪念堂落成之际,特志事略,以昭其德,永垂纪念,并励后人。

晋江县县长　施永康　立

公元一九九零[〇]年九月

材荐楼碑记

庄材荐先生,晋江青阳三光天村人,早年家境清贫,以农为业,忠厚勤朴。生二子,长杰文,次杰细,皆颖慧过人,颇得乡亲顾爱。

杰文先生年十二渡菲,禀守庭训,奋力营谋,创永安贸易公司。鸿猷昌隆,秉承父志,心系桑梓。曾先后捐资修路等公益事业,在菲颇孚众望,为乡亲举任旅菲锦绣庄氏宗亲总会理事长,任内领导群贤,捐献巨款兴建锦绣大厦。今又倡议捐建平山中学,乐育英才,造福后代。

杰文先生爱国爱乡,赤子丹心,孝思深远,至值表扬,特将斯楼命名为"材荐楼",勒石志念,流芳千古。

晋江县县长　施永康　立

公元一九九零[〇]年九月

永和中学映雪楼碑记

爱国始于恋乡，至德著于奉公。盱衡王华杭先生家族，热心公益，嘉惠桑梓，慷慨捐建"华杭楼"，以解学校住宿之困。仁风可钦，义举堪歌；师生感戴，乡邻赞颂。

国正先生，勤学奋进，拓展海外，事业卓著。然念母校情笃，寸草春晖，襄教匡学，秉持"敬教兴学，建国大本；兴贤育才，为政先务"之卓识，奔波两地，不辞劳顿。莅校关怀，踵事增华，复乐捐人民币八十万元，兴建图书楼，署名"映雪楼"，以缅其先慈劬劳之恩。

双楼巍立，华杭映雪；伉俪芳名，丰碑永存。书香满园，广益薪传；功在当代，福泽千秋。值此黉宇告竣，华堂毓秀，杏坛扬芬，邑人共庆。爰树碑以彰其功，以褒其德，亦勉励莘莘学子，诚毅勤学。冀成硕彦，报效邦国，光耀梓里，庶

125

慰侨心焉。

永和镇人民政府、晋江市永和中学立

公元二〇一五年五月吉旦

【说明】

碑刻立于永和中学映雪楼（图书楼）前，独立基础，三层白石为座，承托书卷式黑石碑身。碑身宽 92 厘米，高 60 厘米，碑文楷书竖排。标题字径 4 厘米，正文及落款字径 2.3 厘米。碑名为编者加拟。

兴建石圳幼儿园碑志

石圳幼儿园创办于公元一九五八年，至一九六二年停办，一九七九年复办为成美小学学前班。

公元一九八八年五月，由旅菲、旅港[中国香港地区]乡贤李昭贺、李金谱、李清涵、李长沙、李辉煌等十位先生捐资在其家族祖宅(圳中区二十六号)兴建一座三层新园舍，条件良好，办园初[粗]具规模，易名为"石圳幼稚园"。至此三十年间，在海内外乡贤的支持和该园教师的努力下，成绩斐然。李长沙、李清涵等乡贤热心公益、热心教育的义举永远载入石圳的光辉史册。

二〇一二年，因"幼稚园"园舍为石混结构，经政府鉴定，难于[以]达到抗拒大地震耐力。石圳幼儿的学习环境牵动着石圳海内外乡贤的心。二〇一三年二月由旅菲同乡会、旅港同乡会、旅澳同乡会以及石圳村两委会、石圳老年人协会、石圳教育发展基金会、石圳幼稚园等组织成立了以李俊钦为主任的石圳幼儿园建委会。乡贤踊跃捐资，政府拨款监建，使工程顺利进行。

石圳幼儿园于二〇一三年六月奠基，二〇一五年八月动工，二〇一六年八月顺利竣工。新园占地面积七仟九佰四拾八平方米，建筑面积四仟五佰二十五平方米，宏伟壮观，环境优美，功能设备齐全，为本村及周边村庄幼儿的启蒙教育创造了更加优越的条件，步入了金井镇公办幼儿园的前列。

石圳幼儿园的顺利兴建，再次体现了石圳海外侨胞及港澳同胞兴教助学的优良传统和爱国爱乡的赤子情怀，是功德无量的又一壮举！

谨此为志。

石圳村两委会、石圳幼儿园建委会立

公元二〇一六年八月

【说明】

碑刻立于金井镇石圳中心幼儿园，独立基座，承托碑身。碑板宽172厘米，高69厘米，碑文隶书横排。标题字径5.5厘米×4.5厘米；正文计5段，字径3.3厘米×2厘米；落款字径3厘米×2.5厘米。记石圳中心幼儿园办园沿革。

侨声中学尊师楼碑记

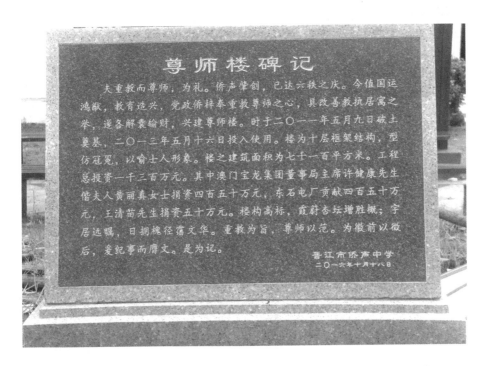

夫重教而尊师，为礼。侨声肇创，已达六秩之庆。今值国运鸿猷①，教育造兴，党政侨梓重教尊师之心，具改善教执居寓之举，遂各解囊输财，兴建尊师楼。时于二〇一一年五月九日破土奠基，二〇一三年五月十六日投入使用。楼为十层框架结构，型仿冠冕，以喻士人形象。楼之建筑面积为七千一百平方米。工程总投资一千三百万元。其中澳门宝龙集团董事局主席许健康先生偕夫人黄丽真女士捐资四百五十万元，东石电厂贡献四百五十万元，王清苗先生捐资五十万元。楼构高标，霞蔚杏坛增胜概；宇居远瞩，日拥槐径蔼文华。重教为旨，尊师以范。为徽前以征后，爰纪事而膺文。是为记。

晋江市侨声中学

二〇一六年十月十八日

【说明】

　　碑刻立于东石镇侨声中学尊师楼前,宽 121 厘米,高 83 厘米,碑文横排。标题隶书,字径 7 厘米×4.5 厘米;正文楷书,字径 3 厘米;落款隶书,字径 3 厘米×2 厘米。碑名为编者加拟。

【注释】

　　①鸿猷:鸿业,大业。

闽台同根两岸一家亲

　　安海前埔（钱坡）许厝一分房许式生乃开基祖许文声之十九世孙也，于清乾隆中期举家渡台谋生，定居新北市新庄西盛里许厝，子孙繁衍蔚为望族。其派下裔孙许鸿彦宗长等，首次于公元一九八八年组团回大陆故里寻根访亲谒祖，两岸亲人欢聚一堂。台亲尔后经常返梓谒祖省亲，慷慨解囊，帮助祖乡教育事业，集腋成裘。迨公元一九九五年，将以前小学旧校舍翻建成前埔小学式生教学楼。现因教育发展所需，且原来系两层半混合建筑，已不适用，经上级政府部门批准，重新翻建成五层框架式多功能教学楼。为感念渡台式生派下裔孙关怀桑梓、热心公益、尽力支持教育之深情，特立碑以永志！

前埔村两委会　前埔村老人会　前埔村小学
公元二〇一七年八月立

【说明】

　　碑刻嵌于安海镇前埔小学教学楼一楼外墙，宽106厘米，高64厘米，碑文楷书竖排。标题字径3.5厘米，正文及落款字径2.3厘米。碑刻左上角影雕原旅居乡亲捐建的式生教学楼正面照。

捐建首峰小学大门墙围碑

首峰坵头中国百宏集团施能朝家眷,凤素热忱公益,倾情家乡教育事业。其继捐建首峰中学施能朝许淑智图书楼、首峰小学施能朝许淑智综合楼之后,又捐建首峰小学校门及墙围,并铺设塑胶运动场。其功其德,足钦足式,特立石昭垂。

首峰村两委会、首峰小学、首峰校董会全立
公元二零一七年岁次①丁酉孟冬谷[榖]旦②

【说明】

碑刻嵌于深沪镇首峰小学大门外墙,宽 169 厘米,高 80 厘米,碑文隶书竖排。标题字径 8.5 厘米×5 厘米,正文字径 5 厘米×3.6 厘米,落款字径 5 厘米×3.6 厘米。碑名为编者改拟。

【注释】

①岁次:表示年份的传统用语,用于书面(干支)纪年。
②榖旦:良辰;晴朗美好的日子。旧时常用为吉日的代称。

兴建首峰小学校舍记

首峰小学,踞岗峰而襟沪湾,倚芳林以连康衢。得地利之钟毓,承书馨之陶甄,树木树人,春风绛帐,弦诵缤纷。其华灼灼于晋南,其声振振于海宇。

追惟教化,源远流长,薪传火继,衔华佩实。一九三七年,际值国步维艰,里中施性普、施性钦、施性利等贤达顺时乘势,倡导兴教育才,以强国富民。于是黉门肇启,菁莪^①造士,创办"培才小学",址位宜富寮,且于奎庵寮设有分部。一九四一年,经晋江县国民政府批准,列为公立校,易称"首峰保国民小学校",移址坫头,继而于西脚寮设有分部。新中国成立后,学校更名"首峰小学",由是谱写办学新篇章。

鉴于社会发展,原有之校舍及设备已难与时代相适。一九七二年,旅港施性钦等有识之士,乃赴菲共襄学校发展鸿猷。荷承乡侨施性攀、施能札、施性秋、施能钩、施性套、施能捷、施天赐、施至塔等翘楚慨解义囊,海内外群起和应,辄遴择今址兴建新校园,复承旅菲施纯芳、施性套、施能瑞、洪嫦娥等侨亲捐建运动场。其格局之宏大,配套之完善,设备之齐全,乃一方屈指可数。一九七五年,增设初中部,谓之"首峰学校",堪称办学里程碑。一九九五年,初中部析出,另建首峰中学。翌年,学校恢复"首峰小学"之名而沿称。

岁月遭递,历史新揭。校舍建筑悠经风侵雨蚀,多有破损,尤因墙体与屋盖皆为石结构,而不适时代。二零零[○○]八年,首峰村两委会与首峰校董会,广咨民意,议决拆旧鼎新。承蒙海内外同心协力,踊跃输将,尤其旅菲侨亲洪嫦娥女士率哲嗣施纯永与施纯民捐建"施能扎洪嫦娥教学楼";百宏集团施能朝许家族捐建"施能朝许淑智综合楼",辅以校门墙围、铺设运动场;旅港施文远乡彦捐建"施性不昊清甜综合楼"。而海内外之热心人士,则景行行止,集腋成裘,添砖加瓦,共举大计。三栋楼宇巍峨崇闳,堂皇大观,有机组合,构成校区之主体。春秋二度,学校各建筑项目次第告竣。新校园占地面积八千余平方[米],建筑面积七千余平方[米],投入资金一千二百余万元。

首仰杏坛八十春秋图远举,峰扬木铎三千黄甲启新程。二零[○]一七年十月,举行建校八十周年洎新校舍落成庆典,盛况空前,效应深远。回眸办学之历程,筚路蓝缕,风雨砥砺,载瞻办学之效益,桃秾李艳,绮英硕果。感戴办学之功德,瑰意琦行,河岳昭鉴。爰立贞珉用叙缘由,并泐献捐芳名于左,以垂徽而勖勉。是为记。

首峰村两委会、首峰小学、首峰校董会仝立

公元二零一七年岁次丁酉孟冬谷[毂]旦

【说明】

碑刻嵌于深沪镇首峰小学教学楼外墙,碑文部分宽 179 厘米,高 116 厘米,隶书竖排。标题字径 5 厘米×3.3 厘米,正文及落款字径 3.5 厘米×2.3 厘米。

【注释】

①菁莪:指育材。《毛诗序》:"《菁菁者莪》,乐育材也,君子能长育人材,则天下喜乐之矣。"

晋江一中紫祥篮球馆碑记

紫祥篮球馆面积一千三百余平方[米]，设计精良，功能完善，乃体育场锦上添花之筑也。

馆筑缘起壁立庄氏宗亲铭通、国仁、荣旋、清泉、秋波诸公建言，庄公紫祥闻之即应之、诺之，讫有此馆。

馆之名者，创香港中道集团，宏图伟业，乃十五届世界杰出华人奖之荣获者也，又心系桑梓，热于公益，承祖德馨，美哉盛哉。

刻石为铭，以志传芳。

晋江市第一中学谨立

二零[○]二一年十二月十九日

【说明】

碑刻嵌于晋江一中紫祥篮球馆前墙，宽 126 厘米，高 81 厘米，碑文行楷横排。标题字径 6 厘米，正文字径 2.8 厘米，落款字径 2 厘米。碑名为编者加拟。

壬寅重葺霞浯小学记

  人文之兴,首重教育。浯里庠序之设,始于民国甲戌(一九三四年),共和癸卯(一九六三年)迁建于现址,丙寅(一九八六年)侨胞兴建二层教学楼,壬申(一九九二年)建教师宿舍楼。越辛巳(二零零[〇〇]一年),校舍悠经风雨,有倾圮之危,第八届校董会及建委会主持,集海内外之力,整体拆除重建(教师宿舍楼除外),凡三载,立现有之格局。自肇始以来,历届校董会屡有增修,岁在壬寅(二零[〇]二二年),建筑外墙间有砖落,睹者忧焉。霞浯慈善协会主事,重修外墙及操场,并更新教学设施,阅二月,焕然一新,薪传火继,吾校始克大备。夫门墙之筑,杏坛之兴,蒙侨胞乡彦竭诚而为,踊跃输将;董事同仁恪尽职守,不辞劳苦,其功其德,足颂足式。兹列倾诚芳名于左,用以[于]昭垂。是为记。

霞浯小学 霞浯社区两委会

公元二零[〇]二二年岁次壬寅菊月

【说明】

  碑刻立于西园街道霞浯小学大门口,宽199厘米,高100厘米,碑文隶书竖排。标题字径4厘米×2.5厘米,正文及落款字径2.2厘米×1.7厘米。序文之左列捐资芳名。两侧镌对联:"霞光普照慈凌志,浯水长流善育才。"

南侨中学施能茂教学楼碑记

施能茂教学楼楼高六层，建筑面积柒仟六百平方米，共含四十八间配置现代化教育设施课室及六间教师办公室，框架钢筋混凝土结构，八级抗震设防，且配有现代消防设施、电梯，是本校园建设的新里程碑，使本校全部教室抗震达标。斯楼于 2020 年 10 月奠基，2021 年 12 月峻［竣］工，旋即交付使用。本教学楼系由校友刘志仁先生捐资人民币 530 万［元］，配合市、镇人民政府兴建。

刘志仁先生 1961 年秋由石厦光夏小学保送至本校就读，尊师守纪，品学兼优，笃信知识改变命运，遨游书海，巧思勤问，曾是本校为缩短学制跳级升读大学的试验生。"文革"归田务农，仍自学不辍，［19］84 年初获厦门大学优秀函授文凭。

刘志仁先生赓续感恩的中华美德，极具家国情怀，重诺守信，历来对各母校、家乡、社会均有不俗捐输，对本校的数次赞助，更具引领作用，早年已参与捐建本校的尊师楼、奕尚楼，是次再捐建本教学楼兼为纪念其岳父施能茂。令岳丈生前为本校所里之知名人士、本校早期校董，积极参与筹资策划，延揽优质师资，对本校贡献良多。

刘志仁先生乃第 26 届香港福建希望工程基金会主席，获聘为世界晋江同乡总会名誉会长，香港福建同乡会、旅港厦门大学、香港南侨中学校友会等社团永远名誉会长。其诸多励志报恩之举，事迹卓著，美名遐迩，足范来者，百世流芳。谨书此以志，勒石以铭。

晋江市人民政府　龙湖镇人民政府　南侨中学

2022 年仲春敬立

【说明】

碑刻嵌于南侨中学施能茂教学楼一楼通道,花岗岩质,黑石为碑,红石雕线条状镶边。碑身宽 168 厘米,高 110 厘米,碑文隶书横排。标题字径 6 厘米×4.5 厘米;正文计 4 段,字径 3.5 厘米×2.5 厘米;落款字径 2.3 厘米×2 厘米。碑刻右侧嵌施能茂教学楼彩雕。碑名为编者加拟。

第二辑

文体医卫

李昭进先生创建峻山华侨文化中心碑志

吾乡位于晋江之东南，背山面海，溪流蜿蜒，钟灵毓秀之地也，故人才辈出，而昭进先生则为后起中之翘楚者。君为吾乡前辈汉览公与陈太夫人谧心娘之哲嗣，公元一九二七年生于故里，一九三七年南渡菲岛习商。值世界第二次大战[①]发生，滞留是邦，苦学不辍，中英文均具良好基础。战后一九四五年回国侍亲，越年奉慈命与后垵乡林氏培清结缡[②]。夫人端庄贤淑，而君俊逸持重，咸羡珠璧联辉。隔岁，长男伟廉诞生，今已成家立业，定居美国洛杉矶埠。君于一九四七年创立时代木厂，缘木材为菲岛天然资源，林产丰富而需求极广。君洞悉机先[③]，继又创设菲律宾木业制造有限公司。其具毅力与远见，

且善于经营，努力不懈，事业蒸蒸日上，成为木业界巨子。财望既孚，进而兼营地产置业公司，运用得宜，所盈益丰。然君胸怀大志，更拓展美国企业，创置地产公司于华盛顿州。其高瞻远瞩与恢宏抱负，实鲜其俦。谚曰：取之社会，用之社会。君深明此义，故凡公益福利事业，无不慷慨输将，舆情交誉，声望日隆，历任菲华商联总会常务理事、大岷区北黎刹总商会理事长、菲律宾木商公

会理事长、北黎刹育仁中学董事长、旅菲石圳同乡会理事长,领袖群伦,功绩卓著。君虽身居异邦,而心系故土,年来屡次返国,瞻望锦绣河山,目睹祖国各方面伟大成就,深感时代进步,必须提高文化水平,以配合建设步伐。乃献资建立峻山华侨文化中心,借此加强中外文化交流,培植青年,为国储才,并以纪念其先人之遗徽。乡人咸感其德,乃勒石以志。

石圳村委会立

公元一九八七年十月十二日

【说明】

碑刻嵌于金井镇石圳村圳山华侨文化中心大门右墙,宽 65 厘米,高 133 厘米,碑文楷书竖排。标题字径 5 厘米,正文字径 2.8 厘米,落款字径 3.5 厘米。

【注释】

①世界第二次大战:此应指二战中之太平洋战争(1941—1945 年)。

②结缡:成婚。

③机先:事机萌动未发之时。

溜江文化中心楼记

一九八六年中秋佳节，旅菲侨胞王日成、陈德访先生相携返梓，倡建文化中心大楼。越年春奠基，是冬落成。全国人大常务委员会副委员长叶飞为楼题名。

斯楼建于村之中央，同溜江小学、陈明玉幼儿园联成一体，俨然成为村中一景，蔚为壮观。其楼主体三层，占地面积一千平方米，建筑面积一千八百平方米，别具一格。登斯楼，俯瞰全村高楼新厦，连云映霞，错落有致。远眺大海，一碧万顷，沙鸥翔集，渔帆点点，令人心旷神怡。高楼之顶，装置渔海指示灯，金光闪闪，导引夜航，不愧为镶在东海之滨的一颗瑰丽明珠。

王陈二老，乃姻亲兄弟，少小渔海为生，冒严寒酷暑之艰，历惊涛骇浪之险；青壮相继渡菲，胼手胝足，披荆斩棘，数十年如一日，积锱铢成巨镒。素来关怀桑梓，泽被乡人，遐迩闻名，有口皆碑。及以自幼受中华民族文化之熏陶，深知复兴文化可以造就人才，振兴家祁[邦]；冀后辈能承先感后，继往开来，似前辈之高风,励后起之图强。深记忧劳可以兴国,逸豫可以亡身。爰为勒之金石,播以诗声,诗曰:穷天苍苍,浩海泱泱。二老之风,山高水长。

泉州市宣传部长庄晏成、泉州市文联主席许在全撰文

泉州市书协主席丁明镜书

公元一九八八年元月立

【说明】

碑刻嵌于金井镇溜江文化中心一楼大厅,宽 170 厘米,高 129 厘米,碑文行书竖排。标题、正文及落款字径 4 厘米。

昌生纪念医院碑志

旅菲爱国侨胞张温助先生一贯热心公益事业，曾于一九七五年捐建昌生医院。后为扩大规模，于一九八九年十月捐资人民币捌拾万元重新兴建此座昌生纪念医院，于一九九零[〇]年十一月竣工。为彰扬其事迹，特立斯碑，并镌张君所撰文章于后，以励来兹。

深沪镇人民政府、
深沪镇侨联会立

附：张温助先生文章

先严张府君讳昌生，于一八八零年九月九日诞生于我乡深沪，一九二五年十二月十二日殁于家乡，终年仅四十六岁。英年早逝，壮志未伸，识者惜之。

先严身后遗有余等兄弟五人，姊妹二人，均犹龆龄[①]，幼弟更在襁褓之中。幸赖先慈荷顺坚毅，母兼父职，教养长成。虽以未及绕膝承欢、多聆训诲，引为终身憾事，而由先慈口中获知先严为人慷慨，任侠尚义，虽离乡背井、远渡重洋而心怀桑梓，无时

或忘对乡亲善举,尤心解囊襄助,毫无吝啬。余兄弟姐妹等每以有父如此,足引为荣,心向往焉,而无形中亦深受激励熏陶矣。

盖人应以行有余力、回馈桑梓,以示不忘本源。者番②托庇椿萱福佑,有幸兴建此座昌生纪念医院,非敢有所炫耀,盖欲以略表对先严之孺慕孝思,更以继先严未竞[竟]之志,以彰显先严热爱桑梓之德意云尔。

抑有进者,医者仁术也,博爱之谓仁。深盼此医院有所补益于我乡人君子,更盼在此获受补益者,亦转而有所补益于我乡里社会。如是,辗转循环,互爱互助,庶几渐臻于大同矣。企予望之。

张温助撰

一九九零[〇]年十一月

【说明】

碑刻嵌于深沪镇中心卫生院,宽 104 厘米,高 165 厘米,碑文魏碑横排。标题字径 6 厘米,正文及落款字径 3 厘米。

【注释】

①龆龄[tiáo líng]:七八岁,童年时代。唐杨炯《中书令汾阴公薛振行状》:"龆龄之际,羞言霸道;词赋之间,已成王佐。"

②者番:这番;这次。宋晏几道《少年游》词之三:"细想从来,断肠多处,不与者番同。"

英林镇中心卫生院怀乡楼碑志

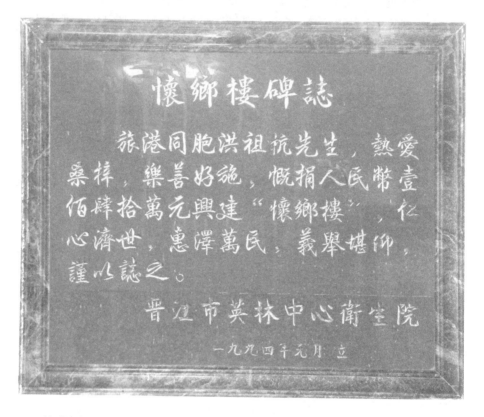

旅港同胞洪祖杭先生,热爱桑梓,乐善好施,慨捐人民币壹佰肆拾万元兴建"怀乡楼",仁心济世,惠泽万民,义举堪仰,谨以志之。

晋江市英林中心卫生院

一九九四年元月立

【说明】

碑刻嵌于英林镇中心卫生院怀乡楼一楼大厅,宽101厘米,高79厘米,碑文楷书横排。标题字径8厘米;正文5行,字径6厘米;落款字径6厘米。

兴建石圳华侨体育中心碑志

吾乡爱国楷模菲国侨商巨子李昭进先生，幼聪颖，性和蔼。既长，德才兼备，沉毅精明。初营木业，循序渐进，因运筹得法，故鸿猷大展，及至拥获美国华盛顿州巨型地产业之经营。

先生胸怀豁达，待人至诚至信，不因财富望高而自傲，故神交四海，朋及五洲，备受菲华政府及侨界推崇，相继任职菲律宾大岷区北黎刹总商会理事长、菲律宾育仁中学董事长、菲律宾木商公会理事长、菲律宾驻厦门名誉领事，厦门市人民政府经济顾问，北京燕京华侨大学永远名誉董事长、教授等。

先生毕生倡导文化、教育、体育兴国强民，身先作则，先后独资捐建峻山文化中心大楼、石圳华侨学校及设立文化基金会，蜚声海内外。

然而先生喻绵薄之力乃国人之责，兴犹未尽，再捐巨资创建石圳华侨体育中心，以强民兴邦，建设侨乡，改观村容，造福桑梓。游子之志，昭彰世代，值此落成之时，爰以为志。

石圳村委会立

一九九五年七月七日勒石

【说明】

碑刻嵌于金井镇石圳村华侨体育中心，黑石为碑，四周青石加框，斜面凹入作相框状。宽71厘米，高137厘米，碑文楷书竖排。标题字径4厘米×4.6厘米；正文计3段13行，字径3厘米×3.4厘米；落款字径4厘米×4.5厘米。

147

龙湖庙始建考

龙湖古庙,地处晋江东海龙湖之滨,倚山临水而建,面前一泓碧澄丝波,极饶自然风光之胜。庙虽非雄伟,却显得庄严幽静,中祀龙神,为往昔祈雨处也。

考庙之始建历史,据泉州府志载称:

系建于元朝至顺二年(公元一三三一年),唯另阅《西山杂记》①记述:早在宋代绍兴二十二年(公元一一五三年)②[至元文宋至顺二年]修。入史籍别有记载,远在南宋道乾四年(公元一一六七年)③王十朋知泉州府尹,曾率官民到此祈雨,更可证明庙自古已有,现存庙中碑记铭文,多属前清竖立,其中有康熙四十五年《祈雨颂德》碑记,雍正九年所立之官湖碑文,以及同治元年与道光十八年二次重修石碑。由此可见,此庙初建迄今,当在八百年以前,实极具历史价值的古迹。

十年浩劫,龙湖庙受到严重破坏,龙神塑像,亦遭捣毁。加之年久失修,栋

148

梁蛀蚀,拜亭倾圮,屋身濒于倒塌,形成荒废不堪。

近年来地方政府为发展旅游业,开放各处可供观光胜地。凡属有历史性文物遗迹,获得优先进行维修。龙湖庙具备此种条件,因此里中耆老呼吁海内外同乡,发动捐资重修。如今崭新庙宇,一改旧观,增高三尺,结构坚实巩固,可保持于久远,加上周遭美化建设,已初具规。名湖古刹,互相辉映,千古景观,将为香客游人馨香顶礼之圣庙,岂止徜徉湖光山色而已!

乡裔八十八老叟龙宣谨志

一九九六年岁次丙子春

【说明】

碑刻嵌于龙湖镇龙玉村龙王庙前环湖公园围墙上,瓷砖烧制拼贴,宽39厘米,高197厘米,碑文隶书横排。标题字径12厘米×9.5厘米;正文计5段,字径5厘米×4厘米;落款字径6厘米×4.8厘米。

撰文者许龙宣,旅菲龙玉村乡贤,龙湖庙(龙王庙)重建及晋江农业机械化学校主要捐资者和倡建者,著有《分类注释闽南谚语选》《晋江地方掌故》等集,曾受聘为《晋江市志》"三胞"顾问。

【注释】

①《西山杂记》:应指清蔡永兼所著《西山杂志》。

②绍兴二十二年(公元一一五三年):应为公元1152年。

③道乾四年(公元一一六七年):应为乾道四年(公元一一六八年)。

长存公园碑志

　　英林村旅港同胞洪长存先生古道热肠,慨捐人民币陆佰捌拾万元建此公园,一九九六年菊秋奠基,翌年初冬竣工。

　　公园因地造景,抚石依泉,亭阁翼然,松风竹影,鸟语花香,藤萝掩映,芳草如茵。乃怡冶情趣,涵养德性,览游休憩之胜境,亦神州大地乡镇难得之园苑佳构也。人们当念其得之不易,而倍加珍惜爱护。

　　洪长存先生生于斯长于斯,爱国爱乡,热心公益,有口皆碑。为彰其善举,谨志之。

晋江市人民政府立

一九九七年十二月

【说明】

　　碑刻立于英林镇长存公园,整石为座,承托书卷式碑身,宽 262 厘米,高 176 厘米,碑文隶书竖排。标题镌于书卷之右,字径 30 厘米×15 厘米;正文列于书卷之左,字径 6 厘米×4 厘米;落款字径 6 厘米×4 厘米。

晋南医院碑记

晋南侨乡，人烟稠密，开放改革，经济腾飞。区域内各类公共设施日臻完善。然医疗设施简陋，伤患病痛动辄需远送外地就医，夜半病急，多有不便，尤为苦甚！有鉴于此，施子清、洪祖杭二君主动联手请缨，慷慨捐资叁佰捌拾万元人民币倡建本院。

清杭二君之善举，深受省市镇诸级政府重视，即予积极配合支持。一九九五年十一月二十八日奠基，翌春动工兴建；历近四年，建成这座宽敞亮丽、美观实用之医院主体建筑物。院区占地20100平方米，门诊大楼、住院部总建筑面积5420平方米，围墙周长600余米。清杭二君出钱出力，不辞辛劳，屡临现场，关心质量，催促进度，煞费心力。建筑期间，蒙刘志仁先生精心运筹，认真负责，任劳任怨，功不可没。

清杭二君，急公尚义，真诚奉献，功昭日月，德望可崇。愿广大医护业者，精修医术，树人树德，严规医风，肃清陋习，宅心济世，虚怀巧手，视投医者如父母至亲……毋负清杭二君之殷殷期望！

清杭二君，倡建本院，英名德行，流芳万世，永泽后代，永勖后人，谨铭石永志之。

晋江市人民政府

一九九九年九月立

151

【说明】

碑刻嵌于晋江市医院晋南分院大门外墙，宽 270 厘米，高 120 厘米，碑文楷书横排。标题字径 14 厘米；正文计 4 段，字径 4.5 厘米×6 厘米；落款字径 5 厘米×6 厘米。记龙湖镇旅港乡贤施子清、洪祖杭捐建晋南医院事。

许天真女士生平简介

本院创办人，原董事长许天真女士，生于英墩村，青少年时代，艰苦求学。一九五〇年毕业于福建医学院。[一九]五一年与陈碧枢先生结为伉俪，定居香港。曾任泉州惠世医院香港福建同乡会医疗所医师，并兼任多个社会公益事业团体的职务。碧枢、天真夫妇同心同德，爱国爱乡，以"人生价值在于奉献"为座右铭，积极动员菲侨蔡琼霞女士捐建福医大附属二院"爱国楼"，会同校友捐建培元中学"香港楼"；捐赠培元中学旅行车及许多教学设备；捐赠福医大附二院、泉州一院多项医疗设备；合资捐建英墩中小学校舍及围墙

等。碧枢先生仙逝后，天真女士不遗余力，捐建惠安一中"图书楼"、玉围幼儿园校舍，并同侄辈合资捐建侯卿中学"聚碧楼""碧枢楼"。一九九六年捐资300万元创办"英墩华侨医院"。为扩建住院大楼，于一九九九年六月，不顾八十高龄，带病赴菲筹资，不幸病逝。她"鞠躬尽瘁""无私奉献"的精神，感人至深，特立此碑，永世垂范。

晋江市英墩华侨医院董事会立

二〇〇〇年元月

【说明】

碑刻立于永和镇英墩华侨医院国医馆大厅,系许天真女士塑像基座。宽68厘米,高85厘米,碑文楷书横排。标题字径3.5厘米×4厘米,正文及落款字径2厘米。

晋江市英墩华侨医院由许天真女士于1996年创建,2005年3月捐献给晋江市政府,成为公立非营利性医院。

英林医院洪麒麟思亲楼碑铭

英林医院思亲楼系浪花集团公司旅菲侨胞洪麒麟先生慷慨捐资筹建。占地面积 700 平方米，建筑面积 3576 平方米，于 2000 年 8 月奠基，2001 年 12 月竣工。为表彰其爱国精神，特勒石铭文。

晋江市英林医院
2001 年 12 月立

【说明】

碑刻在英林镇中心卫生院思亲楼一楼大厅，系洪麒麟先生半身塑像基座铭文。基座上宽 63 厘米，下宽 83 厘米，高 103 厘米，碑文隶书横排。正文 7 行，字径 6 厘米×3.5 厘米，落款字径 4 厘米×2.7 厘米。碑名为编者加拟。

祖昌体育馆记

夫体育者,强健体魄之锻炼也。古人云:百骸之动,动而去病。生命源于运动,譬犹户枢不蠹,流水不腐①。是以为振兴中华,造福晋江而健身,乃祖昌体育馆兴建之所本。陈先生祖昌,乐善有怀,力助襄事②,谊切桑梓,泽溥梓亲,诚可嘉也。

盖祖昌体育馆,结构恢宏大方,布局自然流畅,煌煌然呈现代气派,沐世纪曙光,美我侨乡以添锦绣,焕我古邑以彰俊彩。履兹馆者,揽[览]海阔天空之概,睹龙腾虎跃之姿,能不欣欣鼓舞,跃跃欲试?蕴含其间之乡心体魄,将如日升月恒,交映生辉,光耀于世。

工竣之日,有感于斯,爰以为记。

岁次壬午年葭月③立

【说明】

碑刻立于晋江市祖昌体育馆前,宽130厘米,高80厘米,碑文魏碑横排。标题字径5.5厘米;正文计3段10行,字径3.5厘米。

祖昌体育馆于2000年12月投建,2002年12月竣工,投资4500万元,其中晋江金井溜江村旅菲华侨陈祖昌先生捐资 1000 万元。该馆由体育馆、训练馆、地下训练房等组成,总建筑面积 1.7 万平方米。

【注释】

①户枢不蠹,流水不腐:出自《吕氏春秋·尽数》:"流水不腐,户枢不蠹,动也。"意指长流的水不发臭,常转的门轴不遭虫蛀。户枢:门轴;蠹[dù]:蛀蚀。比喻经常运动的东西不易受侵蚀,也比喻人经常运动不易生病。

②襄事:成事,帮助办事。

③壬午年葭月:2002 年农历十一月。

英林中心卫生院纪念亭碑志

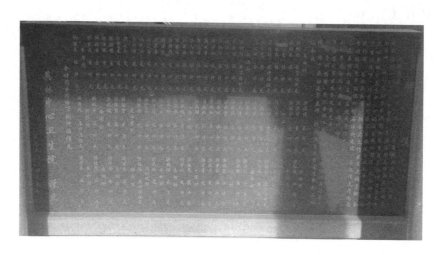

　　本院原病房楼于一九八〇年夏竣工并投入使用,建筑面积一〇一二平方米,系由菲华英林洪氏家族总会第卅、卅一届理事长洪溯彬先生暨全体理监事秉于热心桑梓公益事业,发动旅菲族人捐建。在当时医疗卫生状况下,对英林地区卫生保健事业起着重要的促进作用,为救死扶伤、服务大众作出重大的贡献。鉴于该楼属于早期设计的石结构建筑,与现代医疗规范要求未能相适应,且使用年限已久,承重构件明显变形,不符合抗震要求,难以保证居住安全。二〇〇一年经泉州市建委鉴定为危房,故于二〇〇二年十一月整幢予以拆除。为纪念族人爱乡之举,颂扬侨亲行善之德,特于原址建亭立碑,将原捐资者芳名重新勒石附志如次:

　　(以下捐资芳名略)

　　合计菲币肆拾万捌仟伍佰元

英林中心卫生院谨立

公元二〇〇四年五月

【说明】

　　碑刻嵌于英林镇中心卫生院纪念亭,宽170厘米,高82厘米,碑文楷书竖排。标题字径4厘米,正文字径2厘米,落款字径4厘米×3厘米。记菲华英林洪氏家族总会捐建病房楼事。碑名为编者加拟。

"爱国楼"碑记

爱国华侨陈延奎、蔡琼霞伉俪，旅居菲埠，情系桑梓。改革开放初期，目睹家乡医疗设施简陋，于一九七九年慨捐人民币柒拾贰万元，兴建面积叁仟零贰拾捌平方米的晋江医院门诊大楼，命名"爱国楼"。二十余年来，"爱国楼"彰显救死扶伤作用，共接诊肆佰余万人次，深得民众好评。然岁月流逝，风雨剥蚀，已显旧态之大楼亟待重新装修。陈永栽先生秉承父母遗愿，于二〇〇四年再捐人民币贰佰万元，将大楼装饰一新，与周围设施浑成一体，为广大民众提供舒适的就医环境。感戴爱国华侨的无量功德，爰勒石志之。

晋江市医院

二〇〇四年八月六日

【说明】

碑刻嵌于晋江市医院旧址"爱国楼"，宽162厘米，高81厘米，碑文隶书横排。标题字径7厘米×6厘米，正文及落款字径3.5厘米。

晋江县医院原设在下行村(今青阳街道霞行社区)。"爱国楼"于1983年7月1日奠基，1984年10月1日竣工。1988年3月，医院从下行村整体搬迁至新华街392号。自此，"爱国楼"成为晋江市医院的别称，亦成为晋江的地标性建筑。

安海医院树碑后记

安海医院是在中国共产党英明领导及各级政府重视支持下,由归国华侨倪女士倡建并获海内外侨胞、社会贤达鼎力资助而兴建发展的一所侨乡综合性二级医院。1957年建院以来,历经近50春秋的光辉历程,为晋、南一带人民卫生健康事业作出应尽的努力与贡献。现因原建病房楼、科学楼为泉州市职能部门鉴定为危房建筑,并于2005年拆除重建。为缅怀医院倡建者及广大爱国华侨爱国爱乡、兴医为民义举,特保留旧病房楼部分遗址,借作纪念。倪端仪女士一生热衷社会公益,兴医为民,造福桑梓,为华侨杰出之代表。其爱国精神、桑梓情怀为后辈立下不朽的丰碑,留下永恒的纪念,亦为我院全体职工树立光辉的楷模与榜样,将永远激励我们不断走向新的辉煌。因而特为其雕像勒石烫金,以志千秋而不朽。是为记。

安海医院

二〇〇五年十一月立

【说明】

碑刻立于安海医院,宽68.5厘米,高136厘米,碑文宋体横排。标题字径7厘米×8厘米,正文及落款字径3厘米。碑名为编者加拟。

西湖文化活动中心碑记

西门、湖池北倚灵山，南临古镇，地灵人杰。原老年协会会址年久珊圮。为让老年人文化活动有所，村两委、老年人协会共襄善举，兴建老年文化活动中心。一呼百诺，社会贤达、海外侨胞、港澳台同胞等热心人士踊跃解囊，集腋成裘。于二零零[○○]五年五月奠基，二零零[○○]六年元月竣工。整座建筑面积六百多平方米，雅致壮观，糜[耗]资四十余万元。文化活动中心与村委会、早毓小学并列于西门、湖池之间，竞相媲美，把两村连为一体。为感其德，勒石以志，以昭后人，并附捐资芳名。

西门村两委会、活动中心筹建会立

二零零[○○]六年元月

（以下捐资芳名略）

【说明】

碑刻嵌于安海镇西门村西湖文化活动中心一楼右墙，宽 122 厘米，高 155 厘米，碑文竖排。标题字径 5 厘米×6 厘米，正文及落款字径 3 厘米。

161

三坑村全民健身公园碑志

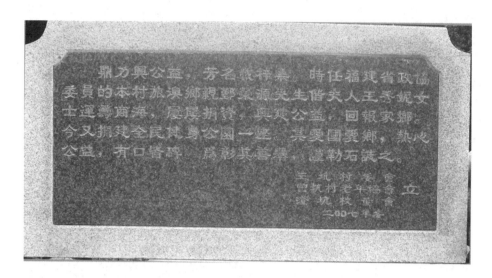

鼎力兴公益,芳名载梓桑。时任福建省政协委员的本村旅澳乡亲鄞荣源先生偕夫人王秀妮女士运筹商海,屡屡捐资,兴建公益,回报家乡。今又捐建全民健身公园一座。其爱国爱乡,热心公益,有口皆碑。为彰其善举,谨勒石志之。

三坑村委会、曾坑村老年协会、澄坑校董会立

二〇〇七年冬

【说明】

碑刻立于金井镇三坑村全民健身公园,宽108厘米,高47厘米,碑文隶书横排。正文字径4厘米×3.5厘米,落款字径3厘米×2.5厘米。碑名为编者所拟。

健康广场碑记

夫之碑也,爱群乐善,公益义举,备受称誉。全国政协委员、澳门宝龙集团公司总裁许健康先生,初以歧[岐]黄之术,客居敝村。先生为人取善辅仁。后移居澳门,弃医从商,智珠在握。先生心志相孚,乐善好施,怀思旧里邻之情谊,慨然解囊,资助人民币25万元首创老人健身休闲之处,设有亭榭花圃,两旁铺彻[砌]水泥路等设施。先生之谊山高水远,故以先生命名立碑铭传。

安海苏厝村老人协会立

二零零[○○]八年元月六日

【说明】

碑刻立于安海镇苏厝村健康广场,临宝龙亭。宽120厘米,高81厘米,碑文楷书横排。标题字径5.5厘米×6厘米,正文字径3厘米×3.5厘米,落款字径2.2厘米×2.5厘米。

新建南霞美老年人体育健身活动中心碑记

丁亥腊月,南霞美老年人体育健身活动中心落成于村委会院内,门球场与健身器械分列大院两侧,布局合理,活动便利。门球趣味、娱乐与健体相融;器械神奇,锻炼而强身尤著。娱岁暮之时光,孚老年人之体质。体育健身,活动文明,延年益寿,其益无穷。诚吾村老年人之福,全村乡亲之幸。建此公益者,吾著名旅菲侨亲杨妈愿先生、杨德扬先生是也。二位于本村公益,于老人慈善事业贡献殊多,此为其又一公益壮举,亦为其对本村老年人又一大贡献。善哉二贤,造福桑梓,功德无量,名扬遐迩,永铭众心矣。是记。

南霞美村两委会、老友会同立

二〇〇八年二月吉日

【说明】

碑刻立于陈埭镇南霞美村老年人体育健身活动中心,宽 69 厘米,高 126 厘米,厚 13 厘米,碑文宋体横排。标题字径 3.5 厘米×4.5 厘米,正文字径 2.7 厘米×3.2 厘米,落款字径 2.5 厘米×3 厘米。

安海医院纪念碑记

公元二〇〇七年，时值安海医院建院五十周年之际，"安海医院生命救助发展基金"在全省首创成立。此举得到各级政府支持，共获海内外侨亲及社会贤达踊跃捐款柒佰余万元，其中晋江市大慈善家许书典先生捐资贰佰贰拾捌万元人民币，荣膺"安海医院生命救助发展基金"荣誉会长。兹为弘扬许公热心公益、扶危济困的行善精神，纪念许公造福桑梓、博施济众的高贵品德，安海医院及"安海医院生命救助发展基金"特勒石志念，以启迪世人。许书典先生感天动地之嘉行善风将永垂青史。

安海医院
安海医院生命救助发展基金
二〇〇八年四月十五日敬立

纪念碑记

公元二〇〇七年，时值安海医院建院五十周年之际，"安海医院生命救助发展基金"在全省首创成立。此举得到各级政府支持，共获海内外侨亲及社会贤达踊跃捐款柒佰余万元，其中晋江市大慈善家许书典先生捐资贰佰贰拾捌万元人民币，荣膺"安海医院生命救助发展基金"荣誉会长。兹为弘扬许公热心公益、扶危济困的行善精神，纪念许公造福桑梓、博施济众的高贵品德，安海医院及"安海医院生命救助发展基金"特勒石志念，以启迪世人。许书典先生感天动地之嘉行善风将永垂青史。

安　海　医　院
安海医院生命救助发展基金
二〇〇八年四月十五日　敬立

【说明】

碑刻立于安海医院，宽88.5厘米，高147厘米，碑文魏碑横排。标题字径9厘米，正文及落款字径3.5厘米。碑名为编者加拟。

安海医院纪念碑

安海医院"四化楼"建于一九八二年,由安海旅居[中国]香港[同胞],新加坡、菲律宾侨胞关心支持家乡卫生事业慷慨解囊资助。"四化楼"于二零零[○○]八年由泉州市人民政府鉴定为危房建筑,并限于二零[○]一零[○]年上半年立即拆除建筑。安海医院目前仅有门诊楼、病房楼,尚缺医技楼,且技术雄厚的外科几十年来一直是安海人民为之骄傲的服务民众科目。经安海医院院务会研究,决定在安海镇建镇八佰八拾周年之际,正式向晋江市人民政府、安海镇人民政府提出在"四化楼"原址重建安海医院医技外科综合楼之申请,以造福人民健康。为感恩爱国爱家乡[港胞]、侨胞支持安海医院发展亲情,弘扬医疗卫生慈善,特将原"四化楼"纪念碑文原文转录勒石安金为记,以教育职工,激励后人。

安海医院敬立

二零[○]一零[○]年冬月

"四化楼"纪念碑文原文转录如下:

菲律宾安海公会协建安海医院四化楼碑志

一九八二年至一九八四年间,香港安海同乡联谊会、新加坡安海公会与本会三方联合捐建安海医院四化楼、养正中学图书楼第一至二层、养正小学教室楼及培基小学教室楼，并资助安海侨联会兴建新楼伍万叁仟柒佰元。

兹将本会捐建人芳名列下（金额均为菲币）：

（以下捐款 60 笔略）

菲律宾安海公会理事长颜期兴立

公元一九八三年二月

【说明】

碑刻立于安海医院，宽 108 厘米，高 154 厘米，碑文楷书横排。标题字径 6 厘米，正文及落款字径 3 厘米。碑名为编者加拟。下部镌"四化楼"纪念碑文原文，立碑人为菲律宾安海公会理事长颜期兴。

坑园戏台碑志

坑园戏台如愿告竣，人修俊德惠赐鸿禧；天开化宇人在春轩，漫舞清歌同忭共贺。

斯台乃东山村旅菲乡贤、吾村彦甥林再生先生所捐建，于旧戏台原址重建，用地一百二十平方米，耗资三十余万元，于二零[○]一三年农历六月初一动工，是年金秋落成。

林先生重建此台，主旨有三：其一，诚表嵌铭父母双亲林亲南、许淑便养育之深恩，懋然①之功德；其二，缅怀外祖父母许自江、郑荷枣之厚爱，意笃情深；其三，为坑园村民提供一个良好的文娱活动空间，祝乡风教化文明。

林先生旅居异域，勤耕不辍，历尽艰辛。俾其功成名就，佳绩斐然，居功至伟，且身兼数职，重任在肩。然于百忙之中，故土乡邦常萦在心，乐善好施，贡献颇丰。而今再创佳绩，惠及民生，玉品金心，德范双熏。膺怀难得，精神堪钦。骏马依北风，越鸟栖南枝。美也，伟哉！拳拳之心菲岛客，殷殷之情故乡人。

千言万语，难表一二。值坑园戏台玉成，特立此碑，以彰吾村民诚挚酬谢之忱，并资励吾侪与来兹。

坑园村全体村民敬立

二零[○]一三年金秋

【说明】

碑刻嵌于金井镇三坑村坑园文化中心戏台，宽 160 厘米，高 80 厘米，碑文楷书竖排。标题字径 4.2 厘米，正文字径 4.5 厘米，落款字径 4 厘米。

【注释】

①懋然:懋,勉励,使人努力上进。然,含有对、肯定之意,起衬字的作用。

许友财许友煌纪念楼碑志

纪念大楼大功告竣,堂构延麻,美奂宏开,翠[萃]革呈祥,庆溢骊门。

斯楼乃旅港乡贤许文伟、陈云月伉俪,旅澳乡贤许文帛、王秀丽伉俪合资兴建,两层钢筋水泥结构,建筑面积捌佰伍拾平方米,耗资壹佰壹拾余万元人民币。二零[〇]一五年农历十一月奠基,二零[〇]一六年农历九月落成。

纪念大楼蔚为大观,矗立村中,频添光彩。睹物思人,浮想联翩,感慨良多。两对伉俪身居海外,心系桑梓;惠泽乡人,怀亲念祖,知恩图报,良操美德,发扬光大;励志奋发,事业有成,推己及人,回报乡邦;唯善是举,慷慨大度;贡献良多,功德无量。然毫无骄矜傲世之态,唯有谦虚谨慎之风。善哉美哉,真情无价,我等当珍。

原址本有礼堂一座,平屋,石材结构,建筑面积肆佰贰拾平方米,由旅菲乡贤许书芸、计友章兄弟于一九七五年捐建,意在为村民提供活动场所。村民感念其爱心,争当义工,俾其初衷如愿。一并志之,以示永铭。

值纪念大楼落成之良辰吉日,特立此碑,以彰诸位乡贤拳拳之心、耿耿胸怀,并勖励来兹。

坑园村全体村民敬立

二零[〇]一六年农历九月

【说明】

碑刻嵌于金井镇三坑村坑园文体活动中心,宽160厘米,高80厘米,碑文楷书竖排。标题字径5厘米,正文字径3.5厘米,落款字径3厘米。

正浪灯光球场碑志

一方水土一方人，万水千山总牵情。赤子连心菲岛搏，同胞展志梓乡荣。本里旅菲先贤施教正、施教浪兄弟系名门家第施学愿君下嗣裔，早年携手远背家篱迢渡菲岛，赤拳奋搏立足寸土，以其坚韧睿智聚沙成塔，终不负心志基凝业固，德业声望与日俱增，盛誉称乡族硕彦。乔榆霞辉谋略高远，喜看阶下珠玑日臻成器，呼召居家嗣辈赴菲接棒。

施朝福、施朝坤昆仲身为二老嗣下贤哲，闻召不畏年嫩历浅而勇于担当。手足潜心致志，携手为家业更上一层楼而互勉。秉执恭谦至诚融入社会人群，持以刚毅守信博奕[弈]于商海，更以眸锐心敏放高胆魄捷登商企规模机遇，风

171

生水起,宏业鸿展貌新琳琅,声誉雀[鹊]起菲岛华人商界,犹如双辉璀灿[璨]的新星徐徐升起。

朝福、朝坤胸襟豁达,爱国爱乡浓情愫意,回馈社会是生来之夙愿。事业初有增色之际,遂即履身礼行捐资创设以其祖父、母名字的家族福利基金会,定向每年为村老龄人发放敬老福利金;借以令伯母、令慈芳名设立(秀竹、幼媚)奖学金厉[励]志学子。继而解囊捐建"正浪"灯光球场,捐赠尊道小学仪器室、图书室、化验室、实验室等教学设施,捐助泉师学院尊道附小的建设,及钱江真如殿、钱江典公纪念楼诸社会公众事业,捐赠后宅老人会活动室内部的装修资金。每年捐给龙湖供销社弱困职工慰问金与后宅爱心慈善援助站慈善款,暗仁恤悯弱困乡亲……慷慨善行枚不胜举[不胜枚举],深受海内外乡宗族人褒赞为年菁[青]精英才俊。

椿树风雨沐香香更浓,兰桂滋露含苞苞绽放。家声德望千秋辈才俊,方兴未艾世代蔚后贤。青出于蓝胜于蓝,径值捐建灯光球场纪念厅落成大吉,彰其功扬其德,兹爰敬立碑志。

后宅村两委立

公元二零[〇]一七年三月卅一日

【说明】

碑刻嵌于龙湖镇后宅村正浪灯光球场纪念厅。红石为碑,系中、英双语碑刻,分上、下两方,上方中文碑刻,碑文隶书竖排;下方英文碑刻,横排。碑刻整体宽 172 厘米,高 160 厘米。原文无标点,以空格代之,现标点为编者据空格断句。

有煌公园碑志

　　有煌公园乃旅居澳门乡贤许文帛先生为纪念其先严捐资兴建,于2018年1月落成。其一贯乐善好施,诸如捐资泉州市教育基金会、毓英中学教育基金会、毓英中心小学"友煌教学楼"以及捐资建设坑园自然村照明用电等,关怀桑梓、热心公益事迹被传为美谈,有口皆碑。为彰显其爱国爱乡之善举,特此镌碑为志!

金井镇三坑村民委员会

二零[〇]一八年元月立

【说明】

　　碑刻立于金井镇三坑村坑园自然村有煌公园,宽140厘米,高60厘米,碑文隶书横排。标题字径11厘米×7厘米,正文字径6厘米×3.5厘米,落款字径3.8厘米×2.8厘米。

埔头文化广场碑记

　　埔头物华天宝，临东海迎朝阳喷薄，依西山顺东溪流长，永宁、深沪左右护卫，埔头安且吉。

　　埔头人杰地灵，民风淳朴，讨海耕田，繁衍千年，物阜民丰。沧海桑田，今日埔头虽无千帆泊埠，海盐万田，然不改田畴千顷，粮丰菜绿，瓜甜果香，更有水产养殖，滨海旅游资源富饶，前景广阔，埔头百业兴旺、百姓安居，诚可赞也。

　　埔头村民团结奋进，弘扬爱国爱乡之光荣传统，踊跃参加家乡经济、社会建设，侨捐民建公益慈善之举誉满乡里。公元二〇二〇年岁在庚子之孟春，埔头村旅居澳门乡贤施志伴、施金雅伉俪情系桑梓，牵挂埔头村文化事业之发展，慷慨捐资人民币陆佰万元，建设埔头文化广场、识华文化楼、聚源池，为建设美丽乡村，丰富埔头村民文化体育活动，助力旅游事业发展，精心谋划，欣成盛事。

　　施志伴、施金雅伉俪廿世纪八十年代旅居澳门，艰苦奋斗，事业有成，不忘初心，情系家国，无私奉献，积极参与家乡、澳门公益慈善活动和贫困地区之扶贫济困，贡献良多，荣膺社会诸多褒奖与荣誉：志伴先生获选为内蒙古自治区政协委员、内蒙古自治区工商联合会副会长、澳门福建同乡总会副会长、澳门晋江同乡会理事长、澳门闽台商会副会长、澳门龙湖同乡会永远会长、南侨中学澳门校友会永远会长等殊荣。深孚众赞，是乃实至名归。

值此埔头文化广场、识华文化楼、聚源池落成之际，埔头村民委员会特立此碑，表彰施志伴、施金雅伉俪为埔头村美丽乡村建设做出之突出贡献。当前，建设兴旺、和谐、美丽乡村之活动正广泛开展，埔头村民委员会鼓励海内外乡亲踊跃参加家乡乡村振兴战略活动，齐心协力将埔头村建设成产业兴旺、生态宜居、乡风文明、治理有效、生活富强［裕］之美丽家园。

　　　　　　庚子吉旦　颜子鸿撰并书
　　　中共埔头村支部委员会、龙湖镇埔头村民委员会、埔头老人会立
　　　公元二〇二〇年岁在庚子吉旦

【说明】

碑刻立于龙湖镇埔头村文化广场识华楼入门厅，花岗岩质，黑石两柱落地为座，黑石为碑。宽 186 厘米，高 87.5 厘米，厚 20 厘米，碑文隶书竖排。标题字径 6.7 厘米×6.5 厘米；正文计 5 段，字径 2.5 厘米；落款字径 3.4 厘米。记埔头村旅居澳门乡贤施志伴、施金雅伉俪捐建埔头文化广场事。

撰书者颜子鸿，晋江书画院院长，晋江市原副市长，晋江市人大常委会原副主任。

曾坑村民睦邻心　海外华侨爱乡情

王仪煌乡贤,旅居菲律宾侨胞。长期不吝解囊,兴办公益,倾注教育,誉扬中外,名登福建省情资料库之热心家乡公益事业人士榜。

其家族后裔子侄,秉承先贤遗愿。近年继在公园内兴建凉亭四座,村西沿溪照明,优抚老人;并为邻村坑园、浔坑,助建休闲小广场,其热心公益、乐善好施,功莫大焉。兹特镌碑为志。

三坑村委会立

公历二零[〇]二一年元月二十八日

【说明】

碑刻立于金井镇三坑村生态公园,宽150厘米,高70厘米,碑文隶书竖排。标题字径5厘米×3厘米;正文计2段9行,字径3.8厘米×2.8厘米;落款字径4厘米×3厘米。

第三辑

桥道水电

重修泉南海岸长桥碑记

泉州出南门三十里，有石梁绵亘七里许，为东南孔道，名曰海岸长桥。自宋乾道间陈君亢建造，明成化以迄正德，迭次倾圮，经莲江林孔彰率子时学，先后兴修。先儒蔡文庄公作记纪其事。嘉靖丁酉陈紫峰先生复增修之，龙塘王权力为赞成，悉砌以石，行旅往来免受泥涂之苦。清雍乾间权之侄孙巽成、骈成相继修治。自龙塘玉浦水辨至大家桥，备为沿筑，告厥成功。道光辛卯，蚶江厅①华公文瑛见石板多塌，捐俸倡修，孝廉纪舜俞任其役。迨清季斗衅，蔓延农家失业，又遭大水横冲，断板不下千百丈，桥之南一带残堤荒冢垒垒，时有崩陷之虞，见者恻然。宣统己酉，寿星②与王大令③启文等建议重修，仗莲塘蔡左赓捐资为倡，而在籍诸好义者均踊跃输将，邀王则远、则沐、爱声等董其事。而则沐力任督工，弗辞劳瘁，并仗洪明炭、黄清茂，由珉集捐，吴义治由怡集捐，共襄斯举，可计日而成焉。嗣因局变沧桑④，延宕多年，复被水崩决，深以功亏一篑为憾。越壬戌，在珉诸董⑤再集捐项，寿星复就地劝募续修。举凡倾者筑之，缺者补之，务求完固，以底于成。今岁甲子秋，桥既成，先后捐户镌碑征信，宜也。文庄公碑记有云：莫为之前，虽美弗彰，莫为之后，虽盛弗传。三复斯言⑥，深望后之视今，亦犹今之视昔，相与永保斯桥，以垂不朽。吾乡诸董事合乐谯饮而落之⑦，并泐石于道左。

里人蔡寿星撰，蔡谷仁书，王延新题额

董事蔡寿星、王启文、王启泰、黄熔铨、王则远、王爱声、杨世濂、洪明炭、黄

清茂、吴义治、蔡章照、蔡旭两、陈文滔、蔡士杰、柯子梦、黄桂渭，督工人王则沐、蔡奇锭、蔡奇愈、蔡奇拗全泐石

【说明】

碑在新塘街道杏坂社区杏坂水闸北面的"海汇庵"，高237厘米，宽73厘米。碑题隶书竖排5行，字径10厘米；碑文楷书竖排13行，字径4厘米。记民国初年旅菲华侨踊跃捐建海岸长桥事。

【注释】

①蚶江厅：指蚶江通判厅。清乾隆四十八年(1783年)，蚶江作为与台湾鹿港对渡的口岸，设海防通判驻守，欲渡台者，由通判衙门给照，免致偷渡犯法。

②寿星：指蔡寿星，晋江玉浦(现属石狮宝盖镇)人，随父迁居台湾彰化，以台籍考中光绪十二年(1886年)进士，任户部主事。

③大令：对县令的尊称。

④局变沧桑：指发生辛亥革命，改朝换代。

⑤在珉诸董：菲律宾马尼拉侨胞组织的募修海岸长桥的董事。

⑥三复斯言：再三玩味他的话。

⑦合乐谯饮而落之：一起高兴地设宴庆祝工程的落成。谯，同"宴"。

惠济桥碑

民国十四年乙丑仲冬
　　厝后石下
　　惠济桥
　　　施学齿建筑
　　　后辈重建

【说明】

惠济桥在龙湖镇石厦溪中段。1925年始由石厦旅菲华侨施学齿建筑木桥一座,10年后因溪水暴涨被冲垮,又由其子重建,1971年则由其孙重建为石桥。因乡人淘沙,桥基又两次被冲塌,皆由其孙辈重建。现为长50米、宽6米的钢筋混凝土大桥。人称"三代惠济桥"。碑刻在桥南,高107厘米,宽49厘米。碑额刻楷书"厝后""石下"横排,字径分别为10厘米、7厘米;碑中刻"惠济桥",字径14厘米×18厘米;上下款字径4厘米。

重修东桥碑记

安海之有东桥，创自绍兴癸酉，成于太守赵公，事纪前碑，民歌德政。年湮倾圮，代有创修。第自近以来，复见倒坏，行旅为艰。适后库陈伯元君提议兴修，爰商新、元等，招集同志，与其乃郎梁灏同襄厥事，募款兴工，化险为夷。糜费达三千之谱，计工在二十左月，兹幸告成。谨将题捐芳名、出入用途勒石，以垂不朽。是为记。

明善堂倡捐大一佰元　泉安汽车公司捐大洋贰佰元　陈伯元捐大洋一佰元　黄立记捐大洋一佰元　黄奕住捐大洋一佰元　聚隆行捐大洋一佰元　井林捐二百柒十陆工　萧下捐二百伍十二工　皇恩捐柒拾伍工　庄头捐伍拾柒工　后蔡捐三十八工　下山后二十七工　前林二十六工　后垵捐二十二工　前蔡捐十三工　西安蓝十工　王顺发栈、苏谷南、吴义成、谦顺行、鼎美行、茂记行、哲记行、宜美行以上各捐大五十元　宋埭捐三工　裕发行、永复顺、乾元行、绵瑞行、启诚行、美记行、永福行、泰兴行、蔡友德以上各捐三十大元

新协泰捐四十大元　陈佑煌、许昔森、美纶号、张毓钧、捷顺安、陈秀如、许美南、黄信万、陈图南、陈国勤、天一局、陈泉利、杨长秩、黄毓欣、森兴行、施致和以上各捐二十大元　王益记、蔡世锦捐大十二元　新泉兴、陈联兴、东兴公司、光利、丰源号、王溪水以上各捐十五大元　许金厂、颜策勋、蔡德核、蔡世看、庄头乡、倪瑞丰、蔡春津、蔡膺玉、蔡世午、蔡世胄、尤德成、蔡同庆、田乾美、黄清源、苏子雁、林天元、高梧桐、曾国敬、高日升、陈协泰昌、高梴础、有名斋、许诗文、陈顺发、胡其蓁、陈文床、蔡德生、王协发、赖合益、陈联

顺栈、陈赞成、林显荣、益达号、金同成、老吉□、王源美、黄裕记、谦兴号、高□愿、吕学□、陈启□、陈□益、许昌□、张庆兴、陈尚记、□源号、王晋隆、杨□启、□□昌、□□□、□□□、□□标、□□□、李思藻、许□郡、陈仰山、许泉兴、蔡尤石、庆胜号、陈昭槌以上各捐十大元

民国十七年桂秋

董事：王铭新　陈伯元　许朝元　黄信万　萧光丙　许宗和　许金厂陈权达　蔡金保　丁启成　林昭荣　王秋凉　洪春树　黄年经　陈国安　郑万波　陈国勤　黄宗仁

育婴堂督修

【说明】

碑在安海镇东桥头，高 204 厘米，宽 71 厘米。碑额刻碑题，篆书横排；下刻碑文，楷书竖排 16 行，字径 3 厘米。

连珠池碑

英山风水,钞井珠池,派衍流长,灵钟源远。以三墩①之璧合,介一沼②之珠联,名正纲常,可披云而摘斗;功夺造化,饱占地复伦天③。里仁同乐,鱼鳞亦乐地;宗功享祀,莼脍彼美仙乡④。从兹精厉九阁⑤,厥后巩固万年。诚祖宗之德曜,乡党之福星哉! 是为序。

菲侨捐助芳名列(下列捐助者84人名字及钱款收支略)

合联珠池之建筑者,宜其乡间风水之关要;库池产鱼,以供祭祀,取敬祖敦宗之义也。幸诸昆仲,一心一德,遂告竣焉。然于公供事业,仁人□不爱护,而以农场咫近,于□□踩踏,恐□珠□损坏何堪,特勒下列禁约,以彰警罚。惟邻人君子慎而勉之,倘有作奸犯科者,决罚戏剧全台,于冬祭之日开演。否之者,其罪恶当为子孙残也⑥。此。

一、不准牛羊放牧往来墩场池畔。

二、不准采割墩草或揉捆土壤。

三、不准私捕池鱼或网钓下毒。

四、无论何人作,尚未坏,蠹

动暨依公处分。公禁。

中华民国廿年岁次辛未仲冬吉置

发起人:溯景、源勤、我枝、我烹、我角、我高、我阔、祖腾、祖奈、祖拔、祖胜、祖赞、祖纱、祖坤、祖善、肇渊

董事人:祖腾、祖赞、祖善同立

【说明】

碑在英林镇钞井村联珠池畔,高137厘米、宽59厘米,厚16厘米。额刻"联珠池"3字,字径9厘米;碑文字径2厘米。碑名为编者加拟。

【注释】

①三墩:原来池边有三个土墩。

②沼:池塘,指联珠池,联结三墩故名。

③饱占地复伦天:意为联珠池在地上,可类比天上的星星。

④莼脍彼美仙乡:吃上莼羹鲈脍这些美食真像神仙。

⑤精厉九阊:出自《汉书》:"专精厉意逝九阊,纷云六幕浮大海。"谓九天之上,或指其祖宗之灵。

⑥其罪恶当为子孙残也:他的罪过会给子孙带来残害。

重修侨泉新井纪念碑

侨泉新井始建于清光绪廿年甲午，历今六十余载。因年久失修，井壁逐渐倾跌，乃于一九五七年春间，周围崩塌三丈余。第以工程浩大，修葺乏力，蒙我旅居菲岛宗亲，热心桑梓公益事业，慨然解囊，共捐菲币贰仟伍佰贰拾伍元，折汇人民币壹仟捌佰贰拾伍元，以资修建。故将西墓井更名侨泉新井，俾以扬德焉。

兹将诸宗亲捐献菲币芳名列左：

（以下捐资贰佰元 3 笔，捐资壹佰元 7 笔，捐资捌拾元 1 笔，捐资伍拾元 15 笔，捐资叁拾元 2 笔，捐资贰拾元 11 笔，捐资壹拾元 1 笔，略）

所余款项修造大圳石桥。

公历一九五七年岁次丁酉仲冬之月立

【说明】

碑刻立于龙湖镇龙园村侨泉新井旁，白石为碑，宽 71 厘米，高 186 厘米，厚 20 厘米。碑额居中雕五星，两边镌篆书"饮水思源"，碑文楷书竖排。标题字径 6 厘米×7 厘米，正文及落款字径 5 厘米。记旅菲乡亲捐资重修西墓井，遂更名"侨泉新井"事。

林厚山先生碑记

旅菲侨胞林厚山先生，热爱祖国，关怀桑梓。每逢家乡举办公益事业，迭蒙慨然解囊，以襄其成。仁风义举，退迩称道。去春又复独捐巨款，铺筑村路，架设石桥，整治水沟，建造过滤井等，村民衷心感激。爰立碑石，以志不忘。

晋江西滨后田前全体村民敬立

公元一九七五年十月廿五日

【说明】

碑刻立于陈埭镇桂林村后田前自然村，宽65厘米，高132厘米，厚13厘米，碑文楷书竖排。碑额阳刻五星，两侧阳刻三横杠。正文计5行，字径5厘米；落款字径5厘米。无标题，碑名为编者加拟。

186

埕边建电碑文

本村旅菲侨胞洪君文炳,幼聪,才雄陶朱,富克石崇;素怀仁慈,乐善热心;好义急公,造福闾里;乃父德风,独建电力照耀。树我乡侨先锋,首创家赠电表,全村灿烂明光。村人感其惠,勒石志厥功。

埕边村全体公立
公元一九八〇年十月廿八日

【说明】

碑刻立于金井镇埕边村口隘门侧,宽80厘米,高60厘米,碑文楷书竖排。标题字径6厘米,正文字径4厘米,落款字径3厘米。碑名为编者加拟。

后溪建电建校碑记

吾乡在逊清时文风颇盛，入学宫探桂蕊者亦有其人。迨民国，是时风尚渡菲，乡中文气因之停滞。民国廿五年，华侨郭华福鉴于教育之不可忽，始倡议办学，假宫庙为教室，规模较小。一九四六年，郭华孝、郭国昌发动乡侨扩建洋楼，以容学子。一九七零〔〇〕年，另择地建教室五间。一九八零〔〇〕年，经郭木坤在岷奔走募捐，再建礼堂及教室五间，至是始具规模。皆赖华侨之热心慷慨输将，而乡人亦尽力支持，以底于成。内外一心，殊堪庆幸。爰志始末，立石以示后来，俾知有所取法焉。

后溪旅菲华侨捐献建电建校芳名列左：

郭国钯伍万陆仟元　　郭万雷贰万捌仟元

郭木坤贰万元　　　　郭国禧壹万元

（以下捐资 26 笔略）

公元一九八一年五月

后溪学校校董会立

【说明】

碑刻原嵌于龙湖镇后溪村育才小学礼堂，现置于后溪村委会。花岗岩质，宽 120 厘米，高 69 厘米，碑文楷书竖排。正文字径 4.5 厘米，落款字径 3.5 厘米。无标题，碑名为编者加拟。

瑶厝捐建用电照明碑志

蔡庆銮先生旅菲长子锡宣率侄连造，热心桑梓，关怀民生，于一九八三年捐建本村用电之设施，无私奉献，功在千秋。特立碑文，永铭史册，为子孙万代千秋颂仰。

瑶厝村委会、党支部、校董会立

【说明】

碑刻立于龙湖镇瑶厝村，两柱落地，黑石为板，上覆檐盖加花瓣纹顶。宽96厘米，高46厘米，碑文竖排。标题隶书，字径4.5厘米×3.5厘米；正文楷书8行，字径3.5厘米×4厘米。碑名为编者加拟。

大浯塘架电碑记

　　耄耋王乌店女士，赞襄家乡架电事业，敦促乡亲旅港同胞并侨居印尼儿子翁悌沂先生共献巨款，而里人群策群力，俾使桑梓架电事业竣工。悌沂先生暨乡亲旅港同胞热心公益，情深意厚，事迹感人，精神可嘉。为励后昆，铭志于兹。谨附

旅侨诸宗亲捐献港币装电芳名：

翁悌沂先生 HK① 壹拾贰万肆仟壹佰叁拾元

（以下捐资 20 笔略）

总共捐港币壹拾伍万玖仟陆佰叁拾元

大浯塘村建委会立

一九八五年仲春

【说明】

　　碑刻嵌于罗山街道英塘社区，宽 143 厘米，高 57 厘米，碑文竖排。序文行书，字径 3 厘米，落款字径 3 厘米。无标题，碑名为编者加拟。

【注释】

　　①HK：香港。此处代指港币（HKD）。

重修孝端桥碑记

夫以斯桥，地点处于溪流横阻地，当出入要道之区。苟[若]逢淫雨，溪洪猛涨，各方行人裹足不前。是以先世考公许经撇先生鉴及于此，慨然解囊，独资兴建，俾得出入畅通无阻。越数月，构造工事既毕，形颇坚固，桥名孝端，即考公经撇之字也。由是往来者称便，载欣载誉，咸颂利济之德。此外复为乡中福林寺植下幽秀风景，自兹游人瞻仰皆可瞩目矣。驹光迅速，屈指五十余载。长年风雨侵蚀，急流冲击，非唯有失昔日风貌，亦有倾塌之虑。今得考公经撇之子许家修先生、孙许自钦先生克绳先志，未雨绸缪，力行善举，重修一新，今已告竣。爰书数语，伐珉以志，俾往来行人知步履安之所由来也。时于公元一九八五年岁次乙丑仲春。

福林大队建委会立

许自清书并篆额

【说明】

碑刻嵌于龙湖镇福林村福林寺左孝端桥中围栏，宽80厘米，高76厘米，左右2方青石拼接，文字竖排。标题篆书，字径5.4厘米×9厘米；正文计13行，字径2.5厘米×3.5厘米。记旅菲乡侨许经撇家族三代建造、重修孝端桥事。

书并篆者许自清，檀林村旅港乡贤，香港福建书画研究会会员，香港书法家协会会员。

埔宅慈母亭颂德碑

　　旅菲乡侨杨连祝先生令太夫人李氏乌宝,十八岁于归杨家,育有六男。年卅六,夫君辞世。斯时上无翁姑,更乏伯叔兄弟。寡母弱儿,窘不堪言。太夫人含辛茹苦,昼耕夜织①。虽三餐难度,尤克勤克俭,送子拜师造诣,使儿辈皆文墨精通。继而成全五子南渡重洋谋生。连祝居幼,四岁失怙,伴随母侧,十二岁时李氏深明大义,甘受孤寂之苦,节衣缩食,多方设法,为连祝筹备渡菲居留证件及川资。历经两载,方得成行。幼鸟展翼飞,老鸦独守巢。临别依依,再三叮咛,语重千金。连祝先生秉承母志,奋发上进,苦心经营,赢得锦绣前程。积善之家,必有后福。太夫人劳苦功成,儿孙绕膝,乐尽天伦,享年八旬,寿终岷市,福寿全归,懿范长存。连祝夫妇孝行笃信,怀念慈母,欲效反哺之义,慨解义囊,不吝巨资,独力为桑梓埔宅、清沟、竹园三乡安装电灯照明,三乡间里感佩不已。谨志此碑,以颂其德,翼后世有所启发。

埔宅建电委员会谨立

一九八五年八月

【说明】

　　碑刻嵌于金深公路金井镇埔宅村段慈母亭两柱间,宽172厘米,高47厘米,碑文楷书竖排。标题字径8厘米×9厘米,正文字径3.5厘米,落款字径3厘米×3.5厘米。部分字迹漫漶。碑名为编者加拟。

【注释】

　　①昼耕夜织:白天种地,夜晚织麻。形容勤劳。出自范成大《田家·昼出耘田夜织麻》:"昼出耘田夜绩麻,村庄儿女各当家。"

洋霞电厂恭颂碑

　　旅菲爱国华侨施家万先生偕夫人吴惟真女士,素以孝义为怀,慷慨成性,热爱家乡公益,独资捐建火力发电厂,使全村照明保持正常明亮。村民感念德泽,特爱数言,以表功绩。

洋下村委会立

【说明】

　　碑刻嵌于金井镇洋下村洋霞电厂大门侧,宽58厘米,高39厘米,碑文行书横排。标题字径4.5厘米×5厘米,正文及落款字径3厘米×4厘米。电厂屋顶镌"公元一九八六年小春""旅菲华侨施家万独建"。原碑名为"恭颂",现碑名为编者加拟。

唐厝路志

　　儒林晋阳南迁,繁衍吾邑。寒暑迭更,子孙多于耕耘,往昔生计竭蹶,乃南渡谋生。允谟唐先生率眷赴菲从事商务,渠①三男文良先生婚配女士林玉燕,夫妇相得,便所营懋②业逐步宏展。彼数度返梓,目睹故乡景色凌替③,心殊激动,亟须改造新貌,遂毅然独资慨献人民币陆拾余万元首筑育英楼,增供校需,继而兴建唐厝村大道,长达贰仟余米。益国利民,留[流]芳永世。

　　鉴文良、玉燕伉俪胸怀祖国、振兴桑梓,厥功非小,祠后代代仍将流传钦颂。爰铭斯志,用表典范。

唐厝董事会、两委会立

公元一九八九年十月十五日

【说明】

　　碑刻嵌于池店镇唐厝村文玉楼前崇尧亭横梁,黑石为碑,碑文行楷竖排。记唐厝村旅菲乡贤唐文良、林玉燕伉俪捐赠家乡教育暨唐厝村大道事。原碑名为"路志",现碑名为编者加拟。

【注释】

　　①渠:人称代词。他、她、它。

　　②懋:通"茂"。盛大。

　　③凌替:衰落,衰败。

施连登大道碑志

施君连登,乃先乡彦施翁修国令次郎。髫年①随父旅菲,勤奋工商;弱冠创大同公司,为侨领李清泉诸君器重,辅举公益。卢沟桥事变,施君昆仲投身抗日,令弟华山君一九四五年被捕殉难。日寇继而围捕连登君,幸先闻讯,其先配李氏淑卿劝君携长男逃脱,日寇竟焚毁巴狮②别墅,其贤内及三男世杰、仁杰、英杰,五女婷、娓、婉、球、娟葬身火海,大同公司亦被一炬化为乌有。战后,君率诸弟重振商业,拓展工业,家声大振。君年逾杖朝③,报国未减当年。辛丑④荣归,率诸弟解囊善

举,教育公益。为繁荣侨乡,今又独建此水泥大道,全长二五公里⑤,宽十公尺,捐资人民币六十一万元。乡人感君功德,立坊署名"施连登大道"。君为缅怀先配,侧门命名"施李淑卿门"。施君埙篪⑥爱国,精诚可嘉!愿吾乡亲共识、共护,烙记国耻,团结奋斗,振兴中华,为勉为颂。谨予勒石铭志。

衙口家乡建设委员会

公元一九九零[〇]年　月　日立

【说明】

碑刻嵌于龙湖镇施连登大道临门石柱内侧,高120厘米,宽90厘米,碑文楷书竖排。标题字径7厘米×7.5厘米;正文计15行,字径3厘米×3.3厘米。记旅菲乡贤施连登家属于太平洋战争期间惨遭日寇屠杀"九尸十命",暨捐建"施连登大道"事。

【注释】

①髫[tiáo]:幼童时期,童年。

②巴狮:帕赛市(Pasay City),又译巴西市,位于马尼拉的西南方,是大马尼拉的一部分。

③杖朝:80 岁。《礼记·王制》:"八十杖于朝。"谓 80 岁老者可拄杖出入朝廷。

④辛丑:1961 年。按:此处疑为乙丑,即 1985 年;施连登先生生于 1906 年,乙丑年即 80 岁。

⑤二五公里:2.5 公里。东自南侨中学,西至泉围公路小埭沟路口。

⑥埙篪[xūn chí]:喻兄弟。

沔洲梅坡亭碑记

　　旅港瀛洲同乡会顾问芳波、芳铭、名通、名犹、名区,副理事长文习、名固诸先生弘扬爱国爱乡美德,为便利乡亲及过往行旅,表达对祖辈的孝思,联合捐款铺砌玉楼路和建造梅坡亭。侨居国外及[中国]港澳等地的许多乡亲,为了造福乡里,培育后代,慷慨捐资,创办各种公益事业,深受乡人钦敬。今诸位先生之义举,更体现了同心合力、团结一致建设家乡的可贵精神,将激发更多旅外乡亲携起手来,为建设我瀛洲新侨乡而贡献力量,意义深远。谨为立记。

　　所捐金额(人民币)列后:

　　芳波、名固贤乔梓　叁万伍仟柒佰柒拾元

　　文习先生　壹万零柒佰柒拾元

　　名区先生　玖仟壹佰柒拾元

　　芳铭先生　捌仟柒佰柒拾元

　　名犹先生　陆仟柒佰柒拾元

　　名通先生　陆仟贰佰柒拾元

沔洲村委会

公元一九九〇年七月立

【说明】

　　碑刻嵌于金井镇沔洲村梅坡亭两柱间,宽123厘米,高53厘米,碑文楷书竖排。标题字径7厘米,正文字径3厘米,落款字径4厘米。碑名为编者加拟。

沔洲环村路志

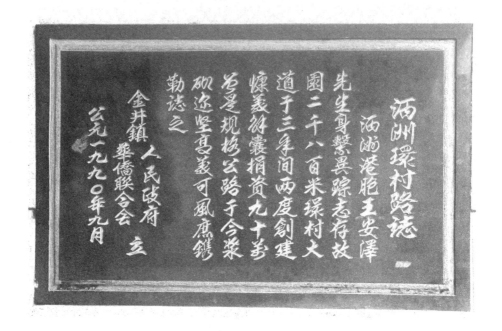

沔洲港胞王安泽先生身系异踪,志存故园。二千八百米环村大道于三年间两度创建,慷义解囊,捐资九十万。曾是规格公路,于今浆砌迄坚,高义可风。庶镌勒志之。

金井镇人民政府、金井镇华侨联合会立

公元一九九〇年九月

【说明】

碑刻嵌于金井镇沔洲村王珍圈纪念公路临门柱,宽63厘米,高52厘米,碑文行书竖排。标题字径5.5厘米,正文字径5厘米,落款字径4.5厘米。

三代惠济桥五建碑记

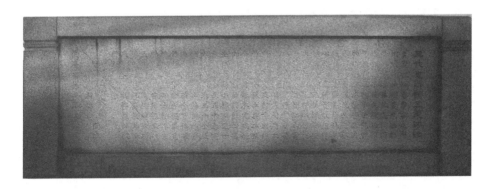

　　夕霞古地①秀,香客遍南州②。霞溪③奔腾,昔未架桥,晋南旅客至此过溪涉水深感不便。文种祖孙三代④,在已往半世纪曾四次兴建本桥,皆为洪水损坏。文种先生继承先辈遗志,乐善好施,热心公益,继续贡献巨资肆拾多万元,并得华侨大学基建处精心规划,严格督导;暨闽江水电工程局保质保量,刻苦施工;以及石厦村广大干群鼎力支持,协助维筹,于去冬破土兴工,至今年八月基本完成,旋即通行。桥址按照四建坐落,大桥小桥毗连一气,桥身全长五十米,宽六米,高四米三十。全座钢筋混凝土结构,科学造型,质量安全可靠,雄伟壮观,十分方便车马旅客来往。四方行人,同声赞佩。学齿祖孙三代五建伟业,造福群生,功德无量,共祝其后昆将来必大发其祥。谨志数行,永留纪念。

华侨大学、石厦村委会同立

夏历辛未年瓜月⑤

【说明】

　　碑刻嵌于龙湖镇石厦村惠济桥中段桥栏,宽229厘米,高68厘米,碑文竖排。标题隶书,字径6厘米×4.5厘米;正文楷书,字径5厘米;落款隶书,字径6厘米×5厘米。

【注释】

①夕霞古地:石厦村古名夕霞村;亦指石厦村阎君公宫。

②香客遍南州:阎君公宫香火鼎盛,香客遍布泉南各地。

③霞溪:发源于永和镇境内的河流。石厦村段称霞溪,至锡坑村段始称阳溪,为晋江市域重要水系。

④祖孙三代:指施学齿、施教锯、施文种等。

⑤辛未年瓜月:1991年农历二月。

林务超纪念门敬颂碑

离乡背井，远居异国，历尽风尘数十春秋，但时刻不忘怀乡念祖之思。今荣造彩门，不但增添家村之壮观秀美，而亦铭表其报以养育深恩之孝义，堪为吾人所共习。以身作则，启迪后辈，热爱桑梓，共为振兴家村而努力。想以后其后裔必履行其志，为家乡添骄作出更多贡献之可卜也。坑园老友会敬立。岁次辛未年蒲月十五日。

林君宜捷先生，少时即离乡背井，远居异国，历尽风尘数十春秋，但时刻不忘于怀乡念祖之思。今荣造彩门，不但增添家村之壮观秀美，而亦铭表其报以养育深恩之孝义，堪为吾人所共习。更可佳者，以身作则，启迪后辈，热爱桑梓，共为振兴家村而努力。想以后其后裔必履行其志，为家乡添骄作出更多贡献，之可卜也。

坑园老友会敬立

岁次辛未年蒲月^①十五日

【说明】

碑刻嵌于金井镇三坑村坑园自然村林务超纪念门，宽90厘米，高60厘米，碑文行楷竖排。标题及正文字径4厘米×4.5厘米，落款字径4.5厘米。碑名为编者加拟。

与该碑刻相对的另有一碑，碑文如下：

先生少时务农，后随父兄远渡重洋，刻苦耐劳，勤于职守。深知摇篮故乡之贫困，六十年代曾与乡侨许书芸先生捐建水坝蓄水，以利灌溉；植树造林，以防风沙；并积极动员诸乡侨，共为家村各项公益事业之建设，举办教育奖学金，建造彩门，增添家乡美观壮丽。虽不及他乡之杰出，但其素以关怀桑梓之心，深得村人所赞仰。谨此敬颂，世代流芳。

坑园全体村民敬立

一九九一年六月廿六日

我村旅菲华侨林宜捷先生，少时务农，后随父兄远渡重洋，刻苦耐劳，勤于职守。深知摇篮故乡之贫困，六十年代曾与乡侨许书芸先生捐建水坝蓄水，以利灌溉；植树造林，以防风沙；并积极动员诸乡侨，共为家村各项公益事业之建设，举办教育奖学金，建造彩门，增添家乡美观壮丽。虽不及他乡之杰出，但其素以关怀桑梓之心，深得村人所赞仰。谨此敬颂，世代流芳。

坑园全体村民敬立

一九九一年六月廿六日

【注释】

①辛未年蒲月：1991 年农历五月。

龙玉金标（会标）大道记

　　吾国政府为改善人民之生活，致国家于富强康乐，对经济之繁荣至为重视。但经济之繁荣与交通之发达实息息相关。故近年来，家乡一带踊跃铺筑道路，此乃良好之现象也。

　　本乡通往南方之大道原为土路，往昔乡人出入，大多安步当车，尚可堪用。但以今日时势观之，实不容许吾人故步自封，因科技之进步日新月异。譬如交通工具之改善，汽车驰骋，顷刻千里；大型巴士，乘客众多；货物运输，动辄以吨计算；如无坚固之康庄大道，实无法适应新时代之需求。乡人有见及此，咸认亟需[须]改建为水泥路。但因兹事体大，需款甚巨，为此来函要求本会帮助。本会前任理事长许龙炼先生当仁不让，见义勇为，慨然负担，独自捐建。路长壹仟伍佰咪[米]，宽六米，首尾两端建路亭，既宽广又坚固。此后车马往来平稳，万民称便，实功德无量也。龙炼先生一向事亲至孝，乃名此路曰"金标大道"，借以纪念其令先尊许府君讳会标（金标），号廷榜。本会因龙炼先生慷慨豪爽，既热心公益，又恭行孝道，为乡人良好之模范，洵足钦仰。爰撰此文,勒石志其功绩,并表扬仁风。

旅菲龙玉同乡会撰

公元一九九二年二月

【说明】

碑刻嵌于龙湖镇龙玉村金标大道南隘门柱,与碑刻《金标亭记》相对。宽75厘米,高60厘米,碑文楷书竖排。标题字径3.5厘米;正文计2段,字径2.5厘米;落款字径3.5厘米。碑名为编者加拟。

溪边建路碑文

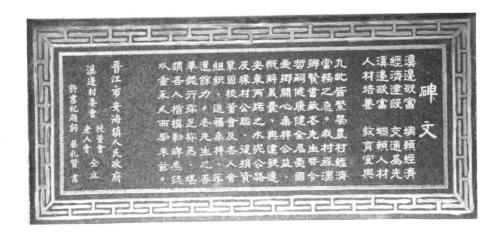

溪边欲富,端赖经济,经济建设,交通为先。

溪边欲富,端赖人材,人材培养,教育宜兴。

凡此皆繁荣农村经济当务之急。我村旅澳乡贤书藏老先生暨令哲嗣健康、健全君爱国爱乡,关心桑梓公益,慨解义囊,兴建联通安东两路之水泥公路及环村公路,复捐资巩固校董会及老人会组织,造福桑梓,不遗余力。老先生之善举懿行弥足称焉,堪谓吾人楷模。勒碑为志,以垂永久,而励来兹。

晋江市安海镇人民政府,溪边村委会、校董会、老人会仝立

许书杞题词　蔡礼贤书

【说明】

碑刻立于安海镇溪边村松竹亭,宽 119 厘米,高 53.5 厘米,碑文隶书竖排。标题字径 5 厘米;正文字径 3 厘米×2.5 厘米;落款楷书,字径 2.5 厘米×3 厘米。碑名为编者加拟。

埔锦路亭碑记

许宗波书

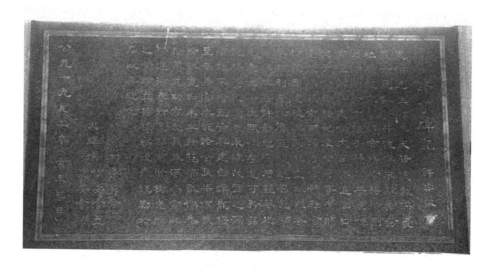

　　志杰先生幼年天资聪敏,深受义方是训,背井渡洋,不辞辛劳,粒积起家,辗转商场。幸得贤荆刘淑贤女士携手并肩,共建伟业,经办许志杰大南洋进出口父子公司暨地产公司,事业腾达,饮誉菲京,而竭力回馈社会。于菲国建校兴学,救灾恤难,善举福利。曾荣膺菲总统召见,颂赐奖牌嘉许励勉,实乃菲华之光。先生平生赋性,孝道可矜,铭记椿萱之遗教,永怀故国之深情。故不惜巨资,兴建自辉龙桥至南美宫水泥路,全长柒佰贰拾米,宽肆米半,计菲币贰佰叁拾万元。功高九鼎誉满八方,此皆遵循孝行,克绍前贤,树光辉之业绩,立榜样以后效。谨勒于石,以垂纪念。

埔锦村委员会,火辉埔侨委会、建委会立

公元一九九二年(辛未春月)

【说明】

　　碑刻嵌于龙湖镇埔锦村思亲亭两柱间,宽136厘米,高70厘米,碑文隶书竖排。标题字径5.5厘米×4厘米,正文字径4.5厘米×2.6厘米,落款字径3厘米×4厘米。碑名为编者加拟。

旅菲施钊福嗣裔重修益众池碑记

　　益众池于一九六三年由本份旅菲宗亲施钊福、蔡糊椒伉俪捐资营建,历经沧桑,风雨冲洗,泥沙淤积,荒废不已。即于壬申年孟冬,由其嗣裔重修。此乃德布人群、恩施梓里之善举,值得旌表。谨予勒石为记。

中份建委会立

一九九二年十月

【说明】

　　碑刻立于龙湖镇石厦村中份益众池畔,花岗岩质,两柱落地,檐盖覆顶。黑石为板,宽113厘米,高53厘米,碑文行书横排。标题字径5.7厘米×7.5厘米;正文计4行,字径3.9厘米×4.1厘米;落款字径4.6厘米×5厘米。

铭德碑

张国南先生,张林后厝人,素有仁望,乡人重之。先生少年时,即勤农事,一遵父训,未敢稍息,称孝子焉。年十八渡菲谋生,风尘仆仆,历尽艰辛,勤创基业,渐臻成就。其豪爽好义,耿直刚正,慈善为怀,慷慨输将,热心教育,奖励学子,赤子丹心,人所共仰。今以家乡村路,车辆驾驶困难,路有怨声,先生闻之,毅然捐资人民币壹拾伍万元,铺设水泥路面,长七百米,宽四米左右。路既筑成,人皆称便,里人赞羡。为扬其德,颂其功,筑亭而褒斯举,光前裕后,永志毋忘。

晋江市磁灶镇张林村建委会

一九九二年岁次壬申年冬月立

【说明】

碑刻立于磁灶镇张林村路口凉亭前,宽 70 厘米,高 130 厘米,碑座高 22 厘米,碑文行书竖排。标题字径 8 厘米,正文字径 2.8 厘米×3 厘米,落款字径 2.5 厘米。

安海桥山村道碑记

　　桥山村道，起自泉安公路之清机桥畔，经庵前、西门、湖池、山兜村，直达灵源山下故名。原为机耕便道，难于[以]适应经济发展之需，镇政府应沿途诸村之请，兴建是路。庵前、西门、湖池、山兜等村，无偿提供建路用地，而湖池李天赏先生捐资造路，尤为功不可没。先生自一九八六年以来为举办家乡公益事业，身居海外，而桑梓情深，诚堪嘉许。

　　村道长贰仟肆佰四十米，宽十米，石砌挡土墙玖佰壹拾立方米，历时半载，一九九三年元月建成通车。是为之志。

安海镇人民政府立
公元一九九三年元月吉旦

【说明】

　　碑刻立于安海镇山兜村桥山路口凉亭中，宽133厘米，高53厘米，碑文粗宋横排。标题字径6厘米，正文字径2.5厘米×3厘米，落款字径2.8厘米×7厘米。

石龟大道剪彩记

公元一九九三年五月一日，承蒙福建省人民政府秘书长郑宗杰，福建省人民政府侨务副主任倪英达，泉州市副市长曾华彬，晋江市委副书记、人代［人民代表大会常委会］副主任许龙烈，中共龙湖镇党委书记许书瑜，旅菲石龟许厝回乡庆典团总领队许书业，旅港石龟许厝回乡庆典团团长许经国，旅菲石龟许厝回乡庆典团团长许启明，旅港石龟许厝回乡庆典团名誉团长许经奖，旅菲石龟许厝回乡庆典团副总领队许经慨，旅菲石龟许厝回乡庆典团副总领队许志瑶，旅菲石龟许厝回乡庆典团副团长许有土等省、市领导和旅菲、旅港［中国香港地区］诸位先生女士为石龟许厝大道竣工剪彩，勒石永志。

石龟许厝村立

【说明】

碑刻嵌于省道308线龙湖镇石龟村"石龟许厝大道"隘门北柱上，与南柱另一碑刻《旅菲石龟许厝乡侨捐款兴建大道芳名列左》相对，立碑时间为1993年5月。宽94厘米，高89厘米，碑文隶书竖排。正文及落款字径4厘米×3.2厘米。无标题，碑名为编者加拟。

檀林村家修大道记

　　旅菲侨亲许自钦先生，身居异域，心系故园。秉承乐善好施、仁孝笃亲之家风，倾诚公益，造福社会。即今又慨然捐资人民币六十五万元，铺设杉桥头而绵延至下尾与洪溪交界处之水泥道路，命名家修大道，以纪念其尊翁许家修先贤。工程经始于公元一九九二年，阅两载蒇事，仰瞻车旅通畅，闾里增华，口碑载道。其瑰意琦行，足颂足式，懋功俊德，奕世昭垂。是为记。

福林村两委会、檀林老年协会立

一九九四年元月

【说明】

　　碑刻立于龙湖镇檀林村福林寺前,正面镌"许自钦先生捐建　家修大道　公元一九九四年元月",背面镌记。碑板宽 120 厘米,高 54 厘米,文字横排。标题魏碑,字径 6.3 厘米×6.8 厘米;正文隶书 7 行,字径 3.8 厘米×2.2 厘米。碑名为编者加拟。

石龟自业大道记

许自业乃已故乡彦书鉴老先生令仲郎,自幼聪颖,胸怀大志,年十九,渡菲谋生,因勤奋经商,颇有积蓄,未几回国与衙口淑女施荷英女士结为伉俪,后携眷往菲。夫妻情笃,育有七子一女,即男有启、有利、有土、有林、有彬、有权、有墙,女淑卿等。自业先生对公益事业慷慨豪爽,举凡侨居地及家乡之慈善、公益、教育等,无不踊跃捐输,故名扬遐迩,内外皆享有崇高荣誉。不幸于一九六六年修文赴召①,享寿七十高龄。

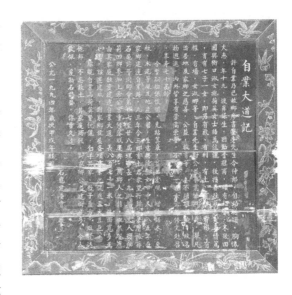

令哲嗣均系俊杰,克绍箕裘,益拓宏规,增设锯木、夹板、水泥等厂及地产公司,生意兴隆,如日中天。[一九]八五年在家乡建造自业路,[一九]九三年令三郎有土君众望所归,荣膺旅菲石龟许厝同乡会第廿七至廿八届理事长,[一九]九四年偕夫人颜莎莉回乡参加上帝公宫重修落成庆典,徇乡人之请,慨然答应由其家庭独资建造自业大道,长八百七十一米。路面宽多为七米,该道建成,对家乡发展各项事业之促进至大且巨。

综观自业与荷英贤伉俪,白手兴家,教子义方,虽发达他邦,不忘故土,其家庭两代,对家乡公益建树良多,令人钦佩。爰勒石志盛,俾垂久远。

石龟建委会敬立

公元一九九四年岁次甲戌年桂月②

【说明】

　　碑刻嵌于龙湖镇石龟村自业大道临门石柱之上,宽94.5厘米,高91厘米,碑文楷书竖排。标题字径4.5厘米×6厘米;正文计3段18行,字径2.5厘米×2.8厘米。记旅菲侨胞许自业哲裔捐建自业大道事。碑名为编者加拟。

【注释】

　　①修文赴召:逝世的婉辞。修文:旧以"修文郎"称阴曹掌著作之官。
　　②桂月:指农历八月。

捐建坑园电力设施芳名录

　　旅菲华侨许书芸先生、许友章兄弟于[一九]七四年捐建火力发电,供全村照明。[一九]八一年秋,许书芸、许友吉、许友道诸先生捐建水电设施,于[一九]九三年冬变压超负烧毁。幸蒙素以关怀家乡公益事业老华侨许书芸先生慨然解囊,发动募集,深得旅菲乡侨、港澳同胞热忱支持,捐资重修变压整套,换线增杆,以及备用电等;并蒙金井镇人民政府关怀拨款补助伍仟元,三坑村委会补助叁仟元。兹将捐资芳名列右[左],树碑永志,以表万谢。

　　（以下捐款名单略）

坑园全体村民敬立

公元一九九四年十月一日

【说明】

　　碑刻立于金井镇三坑村坑园自然村环村路入口处,宽145厘米,高60厘米,碑文行楷竖排。标题字径3.5厘米,正文及落款字径3厘米。碑名为编者加拟。

后埔集英路碑颂

乡侨谋乙　　德大功高　　眷居菲岛　　怀旨故园

同乡选职　　两届会魁　　志益桃李　　独铺校途

倡菲联港[中国香港地区]　　共整乡观　　八程旋梓　　详策精绪

革新乡貌　　废旧厕坑　　数超百六　　公厕双营

宗祠翻建　　祖宇复兴　　铭源著谱　　孝道衬桃

崇神饰庙　　筑架戏台　　购田填地　　铺展道埕

球场健体　　富设灯光　　施金教育　　营化校庭

勉师励学　　培植英才　　丹心领首　　众志成城

树碑铭志　　聊表乡情

后坡村委校董会、老协会立

一九九五年八月吉旦

【说明】

　　碑刻立于永和镇后埔村集英路，宽 86 厘米，高 39 厘米，碑文楷书竖排。标题字径 3.3 厘米×3.7 厘米，正文计 17 行，字径 3 厘米，落款字径 3 厘米。碑名为编者加拟。

铺建沙塘村水泥大道碑记

　　里人贤达王文泰先生关心家乡交通事业,首倡铺建沙塘村口水泥大道,以利发展农村经济,躬亲规划并出国集资。中共晋江沙塘党支部、沙塘村委会两委等鼎力执行具体工作。赖旅菲、旅[中国]港澳泊本里共四十五位宗亲以及政府部门六单位热心公益,慷慨捐资,水泥大道于一九九二年春落成,旅菲沙塘同乡会理事长王文兴先生率团回乡剪彩。

　　大道由罗山镇政府门口起,沿原泉石公路至往西滨大路口止,全长 1400 米,宽 8 米。又三条水泥支路:一由顶寮仔至东厝,长 250 米;二由往西滨大路口至塘岸头,长 260 米;三由供销社起沿碧山至霞埩房,长 400 米;各宽 4 米。共费人民币柒拾万零伍仟元,捐资人芳名勒石于后。诸贤达热心公益,造福一方,行人称便。

　　修桥造路,古今善举,村民铭感,树碑志功。

晋江市罗山镇沙塘村委会

公元一九九五年八月　日立

【说明】

　　碑刻立于新塘街道沙塘社区路口,宽 121 厘米,高 80 厘米,碑文隶书横排。标题字径 6.5 厘米×4.5 厘米,正文字径 3 厘米×2 厘米,落款字径 4 厘米×2.2 厘米。

洋下学湖路碑铭

旅港施振钊施振衔先生捐建

学湖路

中共晋江市委书记朱明立

公元一九九六年春

【说明】

碑刻立于金井镇洋下村学湖路,宽121厘米,高60厘米,碑文行楷横排。上、下款字径5厘米,正文字径13厘米×14厘米。

朱明,男,1949年1月生,福建泉州晋江人。1969年3月参加工作。历任中共泉州市委副书记、泉州市市长。1996年2月任泉州市委常委、晋江市委书记。

龙埔村凉亭碑记

　　吾乡先贤施能簇、许乌配伉俪，一生慈悲为怀，乐善好施。令哲嗣施纯昌先生生于一九二四年，周岁痛遭失怙，幸赖慈母含辛茹苦，养育三女一子长大成人。纯昌先生年廿三迎娶吴氏金盾，婚后三年南渡菲岛，胼手胝足，备尝艰辛，勤奋粒积，白手兴家。

　　纯昌先生于一九八八年在家乡独资创设发电机供应全乡电源，又于一九八九年与乡贤施成家合资建筑青锋小学校舍，嘉惠学子，作育功深。尔今又在故乡铺造水泥道路，以利交通；并建凉亭乙座，聊避路人风雨，借供雅士以休憩也。

龙埔村委会、老友会、校董会立

公元一九九六年十月

【说明】

　　碑刻嵌于龙埔村"龙腾家园"文化公园"龙亭"两柱间，宽136厘米，高60厘米，碑文隶书竖排。标题字径7.1厘米×5.3厘米；正文计2段16行，字径3.5厘米×3.2厘米。记旅菲乡贤施纯昌家族史暨捐赠家乡公益事。碑名为编者加拟。

施家万大道匾额

施家万大道

施性谋（副省长）题

【说明】

该匾立于泉围公路塘东村段施家万大道隘门上。施家万大道（又名"怀乡大道"）由洋下村旅菲乡贤施家万捐建，自泉围公路塘东村段至洋下村，1997年12月落成。

施性谋（1937—2020），福建晋江人，1988年1月起任福建省人民政府副省长、党组成员、党组副书记；1998年1月起任福建省人大常委会副主任、党组副书记。

王为谦大道碑志

　　王为谦先生五十年代初出国，白手创业，缘治业勤奋，处世诚信，博得同业信赖，奠下事业基础，于是企业日益拓展。迨七十年代已拥有一个国内外近廿家公司的工商业集团，成为香港企业界成功人物之一。他事业有成，却自奉俭约，情系乡土，对于公益事业当仁不让。七十年代带动乡侨捐资重建村校，新建村电设施；八十年代独资捐建村校电化教学设备，并捐献十多辆汽车供各政府有关部门使用；还对华侨大学、各侨办中学和晋江机场等诸多单位有了巨数捐资。更可弥足赞赏的是他发端组织的同乡会，联络乡侨情谊，鼓动爱国爱乡思想，使旅外同乡走在一起，成为支援祖国建设和香港回归的重要力量。他既是一位爱国企业家，又是海外进步同乡社团的策划人。他人如其名，谦恭诚和，奉献不为名，常将荣誉让给别人，长者之风，令人钦敬，从而声誉远扬。他历任香港、亚洲直至世界晋江同乡社团首席创会领导人，全国侨联顾问，旅港福建商会理事长，香港福建中学董事长，福建省政协委员，香港特区推委等职务。今次又独资铺建村主干道路，流畅交通动脉，造福家乡，功德无量。特此树碑旌扬，借导后人。

晋江市罗山镇政府立

一九九七年七月一日

【说明】

碑刻嵌于王为谦大道隘门柱,宽 94 厘米,高 45 厘米,碑文楷书横排。正文及落款字径 1.7 厘米。为谦大道南起上郭路口,北接西滨农场,全长近 3 公里,宽 6 米,由杏田社区旅港乡贤王为谦、郑权华伉俪捐建。无标题,碑名为编者加拟。

王为谦(1926—2010),晋江人,历任香港晋江同乡会首届董事会会长、亚洲晋江社团联合会会长、世界晋江同乡会总会会长、香港特别行政区第一届政府推选委员会委员、福建省政协委员等职。

溜江村海堤碑志

　　陈康利先生是吾乡旅菲侨胞中后起之秀。其幼年随父母远渡重洋,刻苦耐劳,悉心经营,累聚锱铢,成为乡侨中甲富之士。彼身托异邦,心系故国,关怀家乡,热心公益。兹感于祖国日新月异之蓬勃发展,因而拳拳赤子之心刻意为梓园稍尽棉[绵]薄。于是一九九六年回乡观光之际,旅菲溜江校董会董事长陈德福先生慧眼识才,热情鼓励与引导,遂慨然捐资人民币叁佰叁拾万元,独建溜江村防波堤,解除民众[免于]遭受狂涛侵袭之虞。此项创举,遐迩驰名,乡人颂德。工程于一九九七年四月兴始,[一九]九九年五月完竣。堤长六百二十多米,坚实巩固,虽惊涛骇浪亦难损其毫厘。堤内铺一条六米宽水泥路,贯穿全村直达邻里。堤外三座凉亭遥相映趣,绚丽壮观,乃休憩之雅处。如斯工程颇具效益,造福桑梓,泽被乡众,殊勋伟绩,足堪褒奖。功成之日,爰书以志。

溜江村委会立

公元一九九九己卯年五月

【说明】

　　碑刻嵌于金井镇溜江村海堤报恩亭两柱间,宽150厘米,高60厘米,碑文楷书竖排。正文字径3厘米,落款字径3.3厘米。无标题,碑名为编者加拟。

　　1997年4月,溜江村旅菲乡侨陈康利先生捐资330万元,兴建溜江村海堤项目。堤长620多米,并于堤内铺设6米宽水泥路,堤外筑凉亭3座。

山柄怀乡亭碑志

　　旅菲华侨王世球、郭琼芬贤伉俪偕令郎王为勇、为民、圣惠，令媛王咪咪、绵绵，为纪念令先尊王奕杢老先生、王陈水玉老夫人当年赤手空拳，相偕南渡；依人作嫁，寄人篱下；克勤克俭，诚实处世；白手成家，教子义方；乐善好施，公益为怀；华侨楷模，誉贯南都。今哲裔继先志，怀桑梓，独建山柄村入口处山门暨村内由进村为起点，至村内中段水泥道路，全长六百公尺。村人感念其家族秉承先志，爱国爱乡，热心公益，镌碑以志。

金井镇人民政府、塘东村两委会、山柄村建委会同立
公元二〇〇一年岁次辛巳蒲月廿四日

【说明】

　　碑刻嵌于金井镇塘东村山柄自然村怀乡亭两柱间，宽153厘米，高62厘米，碑文楷书竖排。标题字径8厘米，正文字径4.2厘米，落款字径3.3厘米。碑名为编者加拟。

杏田兴建自来水工程碑记

吾乡地处晋东南滨海盐碱地带，食用水源奇缺，仅赖僻头一古井。逢干旱常供不应求，乡民素为此困惑。

解放后，人口激增，各业猛进，缺水更为严重。村两委对此耿耿于怀，决心创设自来水，遂精心筹措，制定[订]方案。适逢我乡诸侨领云集香江庆典之机，即组团赴港祝贺，并将此举详告与会诸乡贤。旅菲、港[中国香港地区]同乡会秉承历来关怀桑梓公益之热忱，积极支持，慨囊捐资，而乡中有识之士亦闻风而动，尽力捐献，集腋成裘，内外一致，通力协作，使这项耗资百万、管道长达一万五千米、可供万人食用之工程，仅用半年时间于今春完满竣工。此乃旷古之义举，德泽无疆。爰将热心捐献之芳名渤之于石，以志其功德耳。

杏田村兴建自来水工程筹建委员会

公元二〇〇二年六月　日立

捐款芳名录（略）

【说明】

碑刻立于新塘街道杏田社区思源亭，独立基础，碑身宽80厘米，高200厘米，碑文行楷横排。标题字径4厘米，正文字径2厘米，落款字径3厘米。碑刻下部的《捐款芳名录》以菲律宾（港币），以及中国香港（港币）、中国澳门（港币）、内地（人民币）为序。

洋垵维新大道碑志

修坭造路，益及乡里。维新先生，承先有继。热爱桑梓，顾全大局。急公尚义，率妻室儿女，慷慨捐资。建造大道，人群欢喜。豪情壮举，深表乔梓，宽宏量气。

筹建伊始，明月①重视，共拟措施，关怀备至。鉴彼热心，爱乡可知。

大道竣成，乡亲赞誉。铭心篆腑，感戴无既。斯乃人生之意义，亦系为人之品质。为旌其功，泐石为碑。芳名永志，长耀乡史。楷模可崇，后曹勉励。

洋垵村村委会、建委会立

吴谨表敬识

岁次壬午年菊月②

【说明】

碑刻嵌于龙湖镇吴厝村洋垵自然村维新大道临门石柱内侧，高 120 厘米，宽 90 厘米，碑文楷书竖排。标题字径 7 厘米×7.5 厘米；正文计 15 行，字径 3 厘米×3.3 厘米。碑名为编者加拟。

维新大道由龙湖镇洋垵村连通省道横九线，系水泥路。该项目由旅港吴维新先生捐资 50 万元建设，长 2 公里，宽 9 米，2002 年农历九月竣工。

【注释】

①明月：吴维新胞姐吴明月女士。

②壬午年菊月：2002 年农历九月。

洪溪电力工程纪念碑

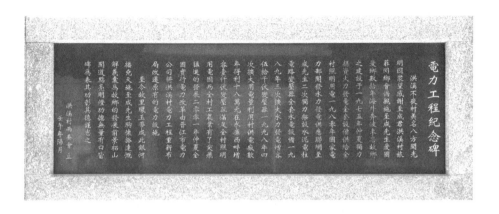

　　洪溪不夜村，美名八方闻；光明因众望，感谢至成君。洪溪村旅菲同乡会侨亲施至成先生，爱国爱乡，数十年海外奔波，未忘故乡之建设。于一九七五年仲夏，独力捐资火力发电全套设备，供给全村照明用电。一九八零[○]年，国家电力部开发水力发电供应联网，至成先生二次独力架设水泥电柱、电路、变压器全套水电设备。一九八九年，三次扩大水力发电，增容伍拾千伏变压器。一九九八年，四次扩大用电量，利用村供电厂数年得利十八万元，在水库西畔增容千伏变压器，满足全村照明用电，因而全村工农业有了突飞猛进的发展。二零零[○○]一年仲夏，全国实行电力改革，由晋江市电力公司将洪溪村电力工程重新布局，改迁原有的电力设施。

　　至今故里环玉带，成此银河播尧天。施至成先生胸怀豁达，慨解义囊，为故乡的发展前景，拓山开道，点亮明灯，功德无量，有口皆碑。为表其功，彰其德，谨志之。

洪溪村两委会立

壬午年阳月[①]

【说明】

　　碑刻嵌于龙湖镇洪溪村德成路荷舍亭两柱间,宽184厘米,高60厘米,碑文魏碑竖排。标题字径5.5厘米×6厘米;正文计2段25行,字径2.3厘米×2.9厘米。记旅菲乡贤施至成先生捐建洪溪村电力工程及洪溪村电力工程发展史。碑名为编者加拟。

【注释】

　　①壬午年阳月:2002年农历十月。

坑园环村路志

爱国乡亲许文帛先生、王秀丽夫人贤伉俪,旅居海外,情系桑梓,热心公益,慷慨解囊。继其独资重光保园宫后,又独建三米宽水泥路,长九百三十米,暨水沟七百七十米。为褒其功德,激励今人,垂范后世,特此铭志。

三坑村村民委员会、三坑村党支部委员会、坑园村全体村民立

公元二零零[○○]三年岁次癸未年腊月

【说明】

碑刻立于金井镇三坑村坑园自然村环村路口,宽 150 厘米,高 78 厘米,碑文楷书竖排。标题字径 7.5 厘米×6.5 厘米,正文字径 4.5 厘米,落款字径 4 厘米。

宗德碑记

　　家乡——湖池头村,数代父老唯依薄地度生,村民尽皆脸朝黄土,艰难维家。时至[一九]八零[〇]年由旅泗侨胞李肇盾、肇焱、肇耀、金铧、期旷、期练诸先生热捐巨资,肇耀先生主动极力促成,自西畲村引接高压线路至本村以供照明,从此家家用电方便,户户灯火通明。

　　[一九]九二年港胞李天赏先生为使村民经济发展,倡导拓宽沿村各路段,热捐人民币壹拾贰万伍仟元,从此村民始有塑料生意之经营,经济随之与日俱增。

　　时至[一九]九六年,随着村民经济之发展,西湖两村电力日趋紧缺,经村两委决定,旧变压分开,咱村得款陆万元,自然村投入柒仟元,乡贤李天来塑料厂垫资玖万壹仟元,购置壹佰仟瓦变压即缓解电力之困。至[二〇]零[〇]一年电改该变压退款伍万元,由村委决定作为启动铺环村水泥路的资金。

　　[二〇]零[〇]二年,旅泗侨胞李肇耀先生荣旋时心萦乡梓,致力公益热捐人民币壹拾肆萬元铺设环村水泥路。

　　[二〇]零[〇]三年,旅美侨胞李期仁先生热捐人民币贰万元用于水泥路的铺设。

　　政府支持:

[一九]九二年,蔗区道路,拨款贰万伍仟元;[一九]九五年,水利设施,拨款叁万元;[二〇]零[〇]二年,水利局投资拱涵陆万伍仟元;[二〇]零[〇]三年,铺筑水泥路,拨款柒万元。

为使乡里乡亲铭记贤达芳名,永怀侨胞深情,特立此碑,以昭后人。

湖池头村建委会立

于二零零[〇〇]三年十二月

【说明】

碑刻嵌于安海镇西门村湖池自然村崇德亭两柱间,宽 156 厘米,高 90 厘米,碑文行书竖排。标题字径 7 厘米,正文及落款字径 3.5 厘米。

塘东龙光池疏浚碑志

　　塘东大池历史悠久,水域面积六亩,素有"四水归塘,储水纳财"之说。数十春秋疏于清理,泥沙沉积水塘皆绿。

　　旅菲华侨蔡仲正、蔡文团叔侄身居异国,心系桑梓,回乡省亲时,见昔日之清水鱼塘,儿时泳浴之处,今已面目全非,无限感慨,顿启壮思。为感戴椿萱祖辈养育深恩,缅怀伯叔昆仲共济挚情,慷慨解囊,捐献巨资,挖掘池中积淀淤沙六千多立方[米],排除污泥浊水及丛生杂草,并于池中建造"怀乡亭"暨路桥通道,改善卫生环境,期回生态平衡,发挥池塘效益,增添优雅景观。

　　乡贤之善举,众口皆碑,功在当今,泽被后世。为表彰其爱国爱乡之赤子襟怀,爰特勒此以志。

金井镇塘东村委会、锦东"三会"在乡办事处立
公元二〇〇四年岁次甲申年

【说明】

　　碑刻嵌于金井镇塘东村龙光池怀乡亭两柱间,宽131厘米,高50厘米,碑文竖排。标题字径5厘米×6厘米,正文及落款字径3厘米。碑名为编者加拟。

瑶厝村庆銮大道创建简志

　　旅菲华侨蔡锡鑪先生偕夫人施秀绢女士,历来热爱祖国,关怀桑梓。于一九八四年回国恳亲,鉴于村中道路跟不上时代发展之要求,在村两委会倡导鼓舞下,拟创建乡村道路连接公路之大道,承蒙锡鑪贤伉俪慷慨解囊,负担创建大道之巨额开支,大道遂以其先严庆銮先生名字命名。

　　由村两委会牵头,里人同心协力,并承蒙茂亭、吕厝、山后邻村干群积极支持配合,庆銮大道于一九八五年开辟首期铺设石子路面,于二零零[○○]一年按规范标准铺设水泥路面。大道全长二千四百多米,道路所有用地一次性赔偿及铺设所有开支人民币壹佰柒拾多万元。

　　庆銮大道的创建是振兴瑶厝村的重大举措,对本里及周边德邻发展经济和社会各项事业具有十分重要[的]意义。为褒扬乡侨蔡锡鑪贤伉俪的爱国爱乡精神,特立芳匾,永作纪念,丰功伟绩,光耀桑梓,流芳百世。

瑶厝村两委会、校董会、老年会仝立
二○○四年元月

【说明】

　　碑刻立于大（盈）深（沪）公路旧路龙湖镇瑶厝村（庆銮大道）路口，方石底座，嵌入黑石碑板，宽 190 厘米，高 102 厘米。标题隶书，字径 9.3 厘米×6 厘米；正文楷书，计 3 段 21 行，字径 3.8 厘米×4.2 厘米。碑名为编者加拟。

　　碑刻之侧立有七级四面勒节石路牌，第七级圆球为顶，第六级镌"往瑶厝"及向右箭头；二至五级分别镌"庆銮大道"四个大字，一级为白石底座。

埔宅电厂埕碑志

旅菲爱国乡亲杨连祝、蔡婉玲伉俪：

热心家乡公益事业,于[一九]八四年独资架设埔宅、清沟、竹围照明,建造备用电厂,购置动力二部,其功德乡民永怀。

[一九]八五年恭迎始祖,旅澳侨亲在此建造土剧台。因剧台移位,为净化、优化环境,于二〇〇四年旅菲侨亲杨连祝先生再次捐资铺筑备用电厂水泥埕及庵路池至后坑池排水沟。

为褒扬其功德,激励今人,垂范后人,特立此碑,以铭志之。

埔宅村两委会、老人会立

公元二〇〇四年二月二日

【说明】

　　碑刻立于金井镇埔宅村电厂埕,独立基础,一碑两面,宽 148 厘米,高 78 厘米,碑文楷书横排。背面碑文计 3 段 7 行,字径 4.5 厘米;落款字径 4.5 厘米×4厘米。

　　碑刻正面镌"旅菲爱国乡亲杨连祝先生　捐建埔宅电厂埕",分两行排列,落款与背面同。

溜江防浪堤记

  观沧海之浩渺，瞰岛屿之叠嶂，如我奇坂横卧于沙湾之中。岩石嶙峋，形态错综。蓄平湖于江湄之内，排碧涛于海门之外。天然形胜，缓冲急流。然每逢飓季，则水势汹涌，直袭庄浦。虽有防波堤遮挡，可冯夷[①]之威势不可挡，难保不虞。乡侨陈永培先生，村之贤达，家之中坚；事亲至孝，棠棣友恭，仗义疏财，积善在躬；立凉亭于高岗，启光明于海甸，以愿将平生所积之私回馈社会。造福家邦，为其箴言笃行，何其崇高哉！今者以其历山之风范、孟尝之风度、陶朱之气质、逸仙之胸襟，慨然义建防浪堤于奇坂之畔，以节制潮流，保卫乡土。斯堤投资人民币[约]三百余万元，已于共和丙戌年初告竣，全长一百五十四米，高七米，下宽廿四米，上宽八米；两旁配以白石栏杆，典雅壮观。且于凌海之处，镶叠山体景观，宛如一道独特之屏障，别树一帜。况横堤筑成，枕南溟而不惧狂飙，卫东疆而固若金汤，任凭惊涛骇浪，亦巍然如山。若夫[②]日出而海岚开,潮生而鼓角鸣,停立堤上观景,自有一番妙趣。贤乎!先生之仁德播于宇内,冠于古今,先天下之忧而忧,后天下之乐而乐,诚如斯夫!

溜江村委会立

公元二〇〇六年九月

溜江村防浪堤建设委员会:

主任:王育艺　副主任:王胜山

委员:王连祚　陈文权　陈永杉

【说明】

碑刻立于金井镇溜江防浪堤上,假山造景,中嵌碑石,外形因势而设,近四方。宽160厘米,高106厘米,碑文楷书竖排。标题字径6厘米×7厘米,正文字径4厘米,落款字径4厘米×4.5厘米。

【注释】

①冯夷:传说中的黄河之神,即河伯。泛指水神。

②若夫:句首语气词,用在句首或段落的开始,表示另提一事。可释为至于。

锦东大道慈亭碑志

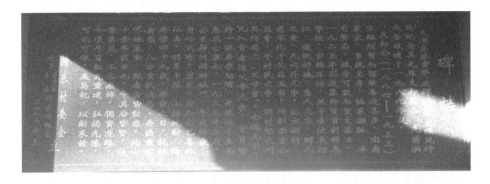

大道系蔡宝荣、友辉、宝鼎、友聪昆仲为纪念其先尊支却蔡公、先慈洪氏香娘建于一九八九年夏。

支却公（一八八四——一九三三）生虽短暂而留世善迹甚多，出身农家，事亲至孝，恤寡抚孤，卓有贤名，识字可数而重文崇士。一九二五年，公邀集乡贤首创锦东学校，家虽不裕，然平素仗义行仁、慷慨好施，急人之急、解人之忧。凡内外之争，公出调解，无不化干戈为玉帛。所创西资公益会，平村民之争，弭村际之斗。其所属之"父母会"，公德尤彰，凡入会者治父母之丧，会员皆持一银奔丧助殡，是德施于生而惠及亡灵也。一九三三年二月，公至邻村调解械斗，午夜归寝，身心交瘁。翌晨，方知公已善终仙去。明星乍落，山摇地动，时年仅四十九岁。举丧之日，执绋者众，八方贫民流丐，奔汇灵前伏地哀恸，观者尽皆动容，此七十余年前事也。今其后皆贤，枝荣叶茂，不忘桑梓，独资造路，今复斥资拓宽重建，弘扬先德，可钦可佩。爰为记，以励来兹。

塘东村委会，世界菲律宾锦东同乡会、香港锦东同乡会立
二○○六年冬

【说明】

碑刻嵌于金井镇塘东村锦东大道慈亭两柱间，宽150厘米，高55厘米，碑文楷书竖排。标题字径6厘米，正文字径4厘米×2.5厘米，落款字径3.5厘米。碑名为编者加拟。

锡坑文韬路志

　　此路乃旅菲华侨文韬先生令郎振成先生于一九八九年承父志遗训独资捐建，全程一千七百米，耗资人民币贰拾陆万贰仟元。原建雄伟壮观路门一个，因扩公路拆迁路门。振成先生热心家乡公益，精神可嘉，特勒此石，以彰义举。

龙湖镇人民政府立

二〇〇七年四月

【说明】

　　碑刻立于龙（湖）英（林）公路锡坑村段文韬路口，花岗岩质，两柱落地，柱面嵌入红石联板，镌冠头联"振声响海外，成事利乡邻"，斗檐覆顶。红石为碑板，宽118厘米，高60厘米，碑文行楷横排。标题字径5.3厘米×5.5厘米；正文计5行，字径4.3厘米；落款字径4.3厘米。记锡坑村旅菲华侨文韬先生令郎振成先生捐建文韬路事暨拆除路门缘由。碑名为编者加拟。

淑辉大道碑记

　　我村位于安海镇东面,虽离镇区不远,但因偏于一隅,道路窄小,车辆难行,交通不便,直接制约村里的经济发展。在市、镇两级政府的扶持下,海内外乡亲的全力配合支持下,通过历届村两委几年的努力,全村主要道路均得到拓宽并铺上水泥路面,极大的[地]改善了村里的道路交通、卫生环境。旅泰侨胞陈德启先生曾几次回乡探亲,目睹村里道路现状深有感触。为支持村里道路建设,多次慷慨解囊,前后捐资达陆拾万元左右,为改善村里道路设施做出了很大贡献,深得了乡亲的交口称赞。古往今来,修桥造路,积德行善,堪称典范。为彰其善举,经村两委研究决定,将陈德启先生独资捐建的路段,以其先考陈淑辉先生名义命名为"淑辉大道"并立碑文以志。

中共下山后村支部、下山后村民委员会立

2009 年 3 月 29 日

241

【说明】

碑刻立于安海镇下山后村淑辉大道。独立基础,阶梯式三层缩进,上承碑身;碑板之下嵌青石双狮戏球图,球上复蹲一小狮,憨态可掬。碑板之上嵌阴刻"淑辉大道"4个大字,字板之上嵌青石双龙戏珠图。碑板宽143厘米,高82厘米,碑文隶书竖排。正文字径2.8厘米,落款字径3.5厘米。

前港村施东方大道碑志

前港村地处闽南华侨之乡龙湖深沪湾畔,青山绿水,风景绚丽。在这肥沃的土地上孕育着一大批纵横商海、叱咤风云的海外企业界骄子,旅菲乡贤施良瑞先生是其中人物之一。

他于 20 世纪 30 年代初,幸得兄长施慈祥鼎力相助一切费用,踏上异国他乡,往菲谋生。他勤奋好学,吃苦耐劳,经历几十年的艰苦磨砺,造就他成为一个体魄健壮、能吃苦耐劳的成功企业巨星。夫人许白菊毕业于莆田圣路加助产医护学院,曾在家乡接生数百人,医德可芳。慈母典范,曾荣获菲华第一届模范母亲的光荣称号。他们的一生以艰苦益壮志,雄心砺所为,平素信奉"耶稣基督"。他们"身在海外,心系家乡",为人朴实,平易近人,不显山不露水,一年一方业绩,一步一个足迹,致富不忘报效祖国。先后慷慨捐资数百万人民币建设毓英中学运动场,捐资近百万人民币建设毓英中心小学运动场、体育馆等教学设施,九十年代捐资近百万人民币铺设前港村环北至深沪坫头水泥大道,[二〇]零[〇]九年又捐资 50 多万人民币铺设以其长子命名的施东方水泥大道。先生此善举是为了启发后代不忘故乡之情,造福桑梓,以利国利民为己任。

良瑞夫妇齐家有术,教子有方,令郎施东方学贯中西,荣获菲律宾十大杰出青年称号。现任菲[华]商联总会董事及工商组主任、嘉南中学董事长、青年商会会长。令媛均毕业名校,学有所长而成为服务一方的社会栋梁。其家族深受各级政府的赞誉、乡亲的爱戴。为深表对先生及家属的衷心感谢,垂范后人,特立此碑,永作纪念。

中共前港村支部、前港村委会敬立

二零零[○○]九年五月

后角建委会

【说明】

碑刻立于沿海大通道龙湖镇前港村(路段)施东方大道隘门前,宽190厘米,高80厘米,碑文隶书横排。标题字径8.5厘米×6.5厘米;正文计2段16行,字径7.8厘米×6.8厘米。记旅菲乡贤施良瑞、许白菊伉俪捐资家乡公益事业暨家族成员事。

施东方,菲华实业家,现任菲华商联总会(商总)第34届理事长。

捐建前港村自来水工程荣誉碑志

　　前港村位于晋江之南，为闽南金三角要地之一，具有一千一百多年悠久历史。古往今来，几代人在这凝聚着深情的土地上默默耕耘，创造自己美好的家园。随着祖国改革开放三十年历史巨变，工业建设迅速发展，工业污染源排放严重，造成前港村地下水污染，极大危害全村近千户村民的身体健康。在危难之时，欣逢二〇〇七年农历七月二十二日，我村老人协会会长施东海先生八秩寿庆，其长女婿（中国柒牌集团董事长）洪肇设先生、长女施丽娜女士，慷慨捐资人民币柒拾捌万元，支持本村自来水工程建设，当年全村村民就饮用到安全卫生的自来水。

　　洪肇设、施丽娜伉俪是祖国改革开放我市优秀企业家，历来对我村公益事业非常关心，先后多次捐资支持我村老人协会、尊道小学、慈善机构等经费。为衷心感谢洪肇设、施丽娜伉俪的善举，饮水思源，垂范后人，特立此碑作永久纪念。

中共前港村党支部、前港村委会立

公元二〇〇九年十月

【说明】

　　碑刻立于龙湖镇前港村北示头，宽 165 厘米，高 71 厘米，碑文楷书横排。标题字径 7.7 厘米×8 厘米；正文计 2 段 9 行，字径 3.5 厘米。记施东海先生长婿洪肇设、长女施丽娜捐建前港村自来水工程事。碑名为编者加拟。

南江海堤西路碑记

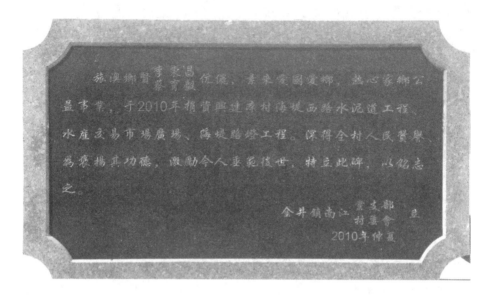

　　旅澳乡贤李东昌、蔡育毅伉俪，素来爱国爱乡，热心家乡公益事业，于2010年捐资兴建本村海堤西路水泥道工程、水产交易市场广场、海堤路灯工程，深得全村人民赞誉。为褒扬其功德，激励今人，垂范后世，特立此碑，以铭志之。

金井镇南江党支部、村委会立

2010年仲夏

【说明】

　　碑刻在金井镇南江村海堤，宽152厘米，高80厘米，碑文楷书横排。正文字径4.5厘米，落款字径4.5厘米。无标题，现碑名为编者加拟。

洋下连荣路碑刻

旅港陈聪聪女士捐建

连荣路

中共晋江市委书记尤猛军立

公元二零[〇]一零[〇]年秋

【说明】

碑刻立于金井镇洋下村连荣路,宽130厘米,高55厘米,碑文楷书横排。上、下款字径6厘米,正文字径22厘米。碑名为编者加拟。

尤猛军,福建永春人,2010年5月至2011年1月任晋江市委书记、市长。现任福建省十四届人大常委会委员,省人大财经委主任委员,机关党组成员。

重修普安桥碑记

晋南有龙、氹两湖,水域之广闽省第二,行洪泄流东奔入海,蜿蜒成川曰湖漏沟。由是地分南北,村居两岸,辐辏^①不至,行人褰裳濡足^②,陷溺为惧;春潮夏汛湍急波荡,人莫能渡。里人尝支木为桥,差可通行,然涛濑^③无情,屡建屡毁。夫一桥难求,天堑限隔,大为民患。

公元一九二〇年冬,郡人许桂瞻首倡建造石桥并捐资劝率^④,民众响合云应,慨然输资。塘东乡蔡实德、土地寮施修某总其事,施修义、施修肯、施修斜、施修青、施修概、施修止、施修术、施至萌、施至生、施性发、施能彪协董是役。桥以石为墩,复以厚板,广逾五尺,长六十丈,若虹飞跨,道由是出,行无临深履危之惧,名之"济安桥",建亭于桥头,曰"济安亭"。亭中勒石,碑此善举,录董事及捐资者诸公姓名,志其骏德鸿功。

水流不息,波涛汹涌,桥难历悠久,墩倾石毁,时有断绝之忧。乡人屡有修葺,碑载可考。举其大者有二,皆新起重构。公元一九三七年九月,金井塘东村蔡金枪迹故基再造，完旧盖新，易危为安，德盛泽远。惜碑碣之设今已荡然，但心碑犹存，乡闾至今传颂。嗣后半世纪，岁月浸久，复致颓圮，多处毁断，乡人以木代跨，亭亦坍塌。华峰村施至兴、本里施炳煌系菲华侨领，素称乐善，于公元一九八五年输资重建，固基砥墢，增高拓宽，结栏以石，桥面浇以水泥，焕然从新，拔萃壮观，名更"普安桥"，翌年于桥之左建"普安亭"。感二君之高风厚泽，里人贞珉志之。

世逢昌荣，百业升腾，普安桥车水马龙，行旅踵接，为晋南通衢。然桥窄道狭，车旅留碍，重负不堪，势复就圮。公元二零[○○]六年，原泉州市委书记施永康倡建现代新桥，并商度于晋江市委、市政府。永康主政泉州市、晋江市十余载，开济⑤绩著，政声绵远。桥北大道赖其拨款修建而成通途，其新桥之议莫不以为是。福建省原副省长施性谋，福州市人大常务[委员会]副主任党组书记施能柏，泉州市原宣传部副部长、泉州晚报社原总编辑施能泉，泉州市建设局原副局长施能全等共襄厥事；时任泉州市委常委、晋江市委书记杨益民，继任晋江市委书记、晋江市长尤猛军，晋江市长李建辉、副书记陈健倩、市委常委郭鸿荣、副市长王金战欣以己任乐为其成。二零零八年初，晋江市政府专题会议确定拆除危桥重建，旋即立项拨款，委任晋江市交通局为业主，招标择选勘探设计施工单位。二○○九年一月兴工。金井镇历届党委政府，山苏村党支部书记施能强、村主任施能加及村两委协扶盛举。同年十一月告竣，计糜人民币柒佰万元有奇。是桥之建，以现代桥梁先进水平设计施工，长八十三米，宽十八米，可四车并驰，两侧置行人道，护以堤楯，两端引道宽三十六米。坚固坦荡，雄丽美泽，若飞虹玉练，蔚为胜景。往来是桥者无不慰悦，咸赞惠政泽民。本村两委特于今秋立亭于北岸桥左，复普安亭之名，勒石铭记以垂不朽。施能强、施能加搜索旧碑，考信轶闻。余为其所托属文，叙斯桥之颠末⑥，记泽陂川梁⑦者之德勋，以诏后者。是为记。里人施能泉撰。

山苏村两委会立

公元二零[○]一零[○]年九月

【说明】

　　碑刻立于金井镇山苏村普安亭两柱间，宽 194 厘米，高 79 厘米，碑文行楷竖排。标题字径 6 厘米，正文字径 3 厘米，落款字径 3 厘米。

【注释】

①辐辏:形容人或物聚集像车辐集中于车毂一样。

②褰裳濡足:提起下裳涉水沾湿了鞋。褰:提起。裳:下身衣服。濡:沾湿。

③涛濑:波涛与急流。

④劝率:劝导。

⑤开济:开创并匡济。

⑥颠末:始末。

⑦川梁:桥梁。

陈聪聪女士捐资洋下路灯碑记

旅港乡贤、全国政协委员陈聪聪女士,热爱家乡,关心家乡事业,历年来为家乡文化教育、海堤、村间道路拓宽、环境美化出资出力。于二〇一三年四月又捐资二十余万元,建造洋下海堤路灯,使家乡海岸线美丽亮化工程增色无限。为感谢陈聪聪女士热爱家乡、无私奉献之美德,特立此碑以记之。

晋江市人民政府立

二〇一三年五月

【说明】

　碑刻立于金井镇洋下村海堤路,宽126厘米,高60厘米,碑文隶书横排。标题字径8.5厘米×6厘米,正文字径5厘米,落款字4.5厘米×3.5厘米。碑名为编者加拟。

秀山书篮亭志

　　许有超乡贤系秀山村四柱房份书篮公长孙，自诚公长子。年少聪颖、好学上进，先后就读于秀山小学、石光中学、南侨中学、福州大学，寒窗勤苦，终成栋才。回想求学当年，先父渡菲，初习陶朱，经济拮据，僧多粥少。眼见白发苍苍的老祖父仍风尘仆仆，率男携女，躬身南亩①，感慨万千，即以半工半读帮家略缓燃眉之急。毕业后不辱使命，专心致志，默默耕耘，政绩斐然，深得上级好评。

　　欣逢盛世，先生挈妇将雏②，寄居港埠③，几经奋拓，铢积寸累，初期与好友合办服装厂，后应三明市所邀，以自身特长创办机械厂。天道酬勤，夫妇同心，父子同德，事业蒸蒸日上，遂成闽西骏业。

　　先生秉性，淡泊律己，急公仗义，村中公益事业，无不踊跃将输。更可贵的：时至暮年仍壮心不已，先里族之忧而忧！后父老之乐而乐！急公众所需而为，慷慨解囊，修建本里南隅水泥大道，恩泽邻里。如斯典型，殊足钦仰，丰功伟绩,堪以彪炳。爰建造有超大道纪念路门牌坊,并叨其先祖父在世高尚品德,遂建书篮亭一座,立碑勒石昭示后人。

宗人经业撰文

秀山村两委会

共和岁次甲午年④冬

【说明】

　　碑刻嵌于龙湖镇秀山村有超大道书篮亭两柱间,宽127厘米,高62厘米,碑文隶书竖排。标题字径4.3厘米×3.6厘米;正文计3段29行,字径3厘米×2.2厘米;落款字径2.8厘米×2.3厘米。记旅港乡贤许有超先生捐建秀山村友超大道事。碑名为编者加拟。

【注释】

　　①南亩:农田。古时田土多向南开辟,故称。躬身南亩:躬耕南亩。

　　②挈妇将雏:带着妻子儿女。鲁迅《南腔北调集·为了忘却的记念》:"惯于长夜过春时,挈妇将雏鬓有丝。"

　　③港埠:香港。

　　④甲午年:2014年。

溜江怀乡楼及怀乡路重新碑记

尝闻尊宗敬祖、崇尚孝道乃后辈子孙应尽之天职。溯吾飞钱溜江陈氏自莆邑徙居以来，历时已有千年，蕃支繁衍，是足慰焉。今者吾宗三房深井头份陈德雄贤裔，堪称楷模。彼自幼远赴菲岛，努力创业，颇有成就，乃吾宗之幸焉。此次其返乡之时，慷慨捐资人民币壹佰伍拾万元，作为怀乡楼重新及道路铺设之资，让往来者通行方便，令人赞赏。工程自公元二〇一五年一月吉旦兴工，于是年十月吉旦完竣。而今周围环境开朗宽旷，交通方便，往来之众，齐口称赞。从兹一切车辆行人舒适畅通，是以赞焉，谨此以志。

飞钱溜江陈氏上宗管委会谨立

公元二〇一五年共和乙未年十月吉旦

【说明】

碑刻立于金井镇溜江村怀乡楼前，宽101厘米，高69厘米，碑文楷书竖排。标题及正文字径4厘米，落款字径3厘米。碑名为编者加拟。

2015年1月，陈德雄先生捐资150万元兴建溜江怀乡楼和怀乡路项目。怀乡楼主体两层，一层为溜江菜市场；怀乡路系水泥路。

铺筑学府西路碑记

盖闻文明繁荣,惟交通至关举措;村貌乡容,首系乡阡通衢畅坦整序。昔吾学府西路坑洼坎坷,往来车辆行人饱受其苦,里人亟盼坦途久矣。甲午仲夏,香港晋江沙塘同乡会基于热忱公益、嘉惠后学之情愫,振臂首倡铺筑斯道。港岛乡侨踊跃响应,纷纷慷慨解囊共襄盛举。筑路工程,始于乙未季春,同年仲冬告竣。斯道于兹坦途畅通,遥思经年企盼,今朝厥成,令人扬眉吐气。从今人不沾泥,车不扬尘,学子负笈勿忧阻塞违时,诚永世之功也。嗟夫!港侨诸君,羁身异域,心怀故土,情系桑梓,其造福乡人之德泽山高水长,永铭乡人心田。特立此碑,铭其功,彰其德,是以为志。

(以下捐资芳名及金额略)

沙塘社区居委会、沙塘中心校董会谨泐

公元二零[〇]一五年十一月　公元二零[〇]一八年十月

255

【说明】

碑刻立于新塘街道沙塘社区学府西路,宽 127 厘米,高 80 厘米,碑文隶书。碑名镌于碑顶,楷书横排,字径 9 厘米;碑板序文横排,字径 3 厘米×2 厘米;落款字径 3 厘米×2 厘米。捐资芳名竖排,计 58 笔。两侧镌联文:"锦心筑乡阡,善德泽桑梓。"

王为谦伉俪捐铺为谦大道铭刻

斯是要道　通达四乡　行人车辆　运务繁忙
苦其低泞　交通常阻　为谦伉俪　热爱桑梓
倾心公益　全道铺设　路坚坦平　方便往来
促进经济　盛世重修　道路拓宽　修桥造路
乐善好施　古今称颂　谦华功德　永世传芳

晋江市人民政府新塘街道办事处立
二〇一七年十一月

【说明】

　　碑刻立于新塘街道杏田村王为谦大道北路口,景观石镌"为谦大道"4个字,碑刻在基座,斜面镌碑文。刻字面积宽146厘米,高62厘米,碑文行楷。标题横排,字径7厘米;正文竖排,四言20行,字径4厘米;落款字径4.6厘米。

霞浯纪念避雨亭

　　旅菲华侨吴礼祥先生于公元一九八四年捐建一座三层楼避雨亭、四座平屋雨亭,分别在双溪口和机耕路边。后因晋江市政府新建迎宾北路,于公元二〇一五年拆除一座三楼避雨亭;后又晋江市政府创建九十九溪田园风光项目,租用大片耕地,于公元二〇一八年再次拆除四座平屋雨亭。为纪念华侨捐资家乡创建雨亭,特此立碑!

霞浯居委会

二〇一八年立

【说明】

　　碑刻在西园街道霞浯与屿头交界溪岸大道"霞浯"社区地名碑石底座,宽147厘米,高30厘米,碑文隶书横排。标题字径5厘米×3.5厘米,正文字径3厘米×2.5厘米,落款字径2.2厘米。碑名为编者加拟。

重建鸳鸯港敬老桥志

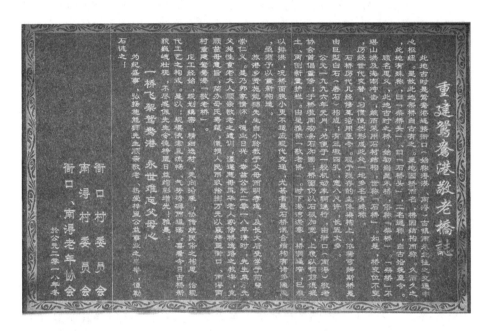

此地古时是鸳鸯港连接衙口（始称浔溪、南浔）古镇南来北往之交通中心枢纽。是故此地架桥自古有之。爰地因桥而名，桥因结构而称。久而久之，此地有殊称，曰"柴桥头"、曰"石桥头"，二名通称，自古沿袭至今。

顾名思义，此地古时之桥，始初当是木桥，俗称"柴桥"。"柴桥"不堪山洪及海潮冲击，继而采用石材结构，世称"石桥"。如是，桥变位不变，历经世代交替，习惯使然形成此处一地多名有殊称。

石桥历代几经修葺沿用至今。现于残存的主体梁构上，依稀可辨斯桥是由巨型白石（砻石）构成；有三墩四孔，宽八尺许，长五丈多。

公元一九九六年元月，为便于一般机动车辆通行，由衙口（南浔）敬老协会首倡重修；于桥墩周砌条石加固；桥面仍以石板加宽、上覆以钢筋混凝土、两侧新置护栏。由是雅称"敬老桥"。时下港湾淤塞，桥洞逼窄，已难以排洪，况桥面狭小更不适应现代交通，尤甚者是石桥混合结构有诸多隐患，亟须予以重新构造。

旅港乡贤施能狮先生自小聆教于父母而明孝道，及长大后受学于前辈而

259

崇仁义。是乃邦家情怀,德业日兴。幸兹公元二零一八年清时,先生秉承先父施性食老大人顺亲敬老之遗训,谨遵慈母玉华老人家修桥造路之教诲,克顺兹[慈]母意旨,简办母氏寿诞,慨捐人民币玖拾捌万元以襄梓里衙口、南浔两村重建鸳鸯港"敬老桥"。

庀工^①经始,规划缜密,精细选材,走向沿袭,协传统民俗之构思,洽现代工艺之构式。是以:规模恢宏且流畅,气势磅礴而坦荡。喜看今日古桥新貌魏峨壮观,不尽感佩先生令德梓里日益绚彩增光! 雅是:

一桥飞架鸳鸯港　永世难忘父母心

为纪盛事,弘扬施能狮先生顺亲敬老、热爱梓里公益事业之盛举,谨勒石志之!

衙口村委员会
南浔村委员会
衙口、南浔老年协会
于公元二零[○]一八年冬

【说明】

碑刻立于龙湖镇衙口——南浔村鸳鸯港"敬老桥"北桥头,白石为座。碑文镌于红石之上,高 125 厘米,宽 197 厘米,竖排。标题行楷,字径 8.5 厘米×7 厘米;正文隶变,计 7 段 24 行,字径 4 厘米×2.8 厘米。两侧石柱镌联:"一桥飞架鸳鸯港,永世难忘父母心。"两联板各 21 厘米×130 厘米。

【注释】

①庀工[pǐ gōng]:召集工匠,开始动工。

埔头通海大道思源大道碑记

通海大道、思源大道自埔头海口道至石龟云峰中学路口，是埔头、瑶林、蒲蓉三个自然村的交通要道，经历几十年的沧桑风雨，从一条闭塞的村间小路，在海内外乡亲的共同努力[下]，开拓成如今宽阔畅通的水泥大道。

通海大道自埔头村中路口往东至海口路，于一九八七年由菲律宾侨胞捐资开拓土路面，并命名为"埔头大路"。至一九九九年菲律宾乡贤施议钩先生独资捐建水泥路面，更命名为"埔头通海道"，至今已二十多年。由于埋设自来水管道、污水管道工程破路施工致使道路受损，即二○二○年二月间施议钩先生其子施文聪、施文明昆仲继承父志，关爱家乡，助力桑梓，重建埔头通海大道。

思源大道自埔头中路口往西至石龟云峰中学路口交界处，以前曾称"甘蔗路"。其因在八十年代埔头、瑶林、蒲蓉村种植甘蔗，收成季节需外运加工，在运输道路极成最大困难，即于一九八四年由政府资助，村民献工出力，无偿献地开辟一条供运甘蔗的土路。

于一九九六年台湾乡贤施振钦先生不忘初心，情系故乡，带头捐资，并领台湾乡贤施西田、施宪章、施煌平、施东海、施金山、施皆在、施南溪、施锦川、施民维、施文藕、施学哲、施学锴、施荣州先生捐建水泥路面。为感恩台亲对故乡的无私奉献，思念情深，故将此路命名为"思源大道"。历经近三十年的道路均

261

已老化,破损严重,高低不一,车辆行驶存在安全隐患。即此于二〇二〇年二月由长期关爱公益事业的奉献者,在海内外享有声誉的埔头旅居澳门乡贤施人玮(曾名拱南)先生独耗巨资重建思源大道。

埔头村民委员会敬立

公元二〇二〇年八月

【说明】

碑刻立于龙湖镇埔头村埔头通海大道与思源大道交接路口,临埔头文化广场。花岗岩质,"H"形白石为座,上架黑石碑身,宽 186.5 厘米,高 87.5 厘米,碑文黑体横排。标题字径 6.7 厘米,正文字径 2.5 厘米,落款字径 3.5 厘米。碑名为编者加拟。

溪前我于桥碑志

　　溪前村位于钞井溪与马山溪交汇处,地势低洼,溪流湍急,落遇山洪瀑[暴]发殃及田宅,因溪流落差大,溪床宽约十丈,溪底沟壑深,长满了苦芦草,使村民日常农耕受尽涉水之苦。

　　解放后,农田集体耕种。六十年代,老一辈村干部为了改善村民每天过溪之不便,举全村之力,义务献工拉角石、扎溪根,填一条仅三米宽的溪底石便道,挡住了水土流失,缓解了村民往返之便。可是当时物资匮乏,质量经不起洪水的考验,曾几次被大水冲垮。虽后来屡有加固拓宽,也只能暂时缓解人、车的来往。但低、窄、陡、弯现象,使[给]车辆带来诸多不便和安全隐患。一旦涨洪即人、车受阻。

二〇一七年,祖杭洪先生回乡省视时,目睹溪前村出入之咽喉溪底桥,存在困难及危险后,看在眼里,急在心中。为了解[改]善村民车辆顺畅安全,便慷慨解囊,捐资修建这座跨度十六米、宽十米的钢筋混凝土梁式大桥。桥两端四根桥桩固入石层,工程质量标准牢固;桥面栏杆为青草石浮雕石板,其雕刻之花鸟栩栩如生,充分体现了闽南传统古建筑之风格。本工程于二〇一七年六月动工,二〇一八年四月竣工。为纪念祖杭先生家族世代慈善之盛举,以祖杭先生之先严洪我于命名"我于桥"。

如今,承蒙祖杭先生之恩泽、修桥造路之壮举,使我村及来往客人如沐澍濡①,从此桥通、路通。我们坚信,祖杭先生为溪前的发展添上了腾飞的翅膀。为铭记祖杭先生对家乡的热爱和关怀,感恩、昭示后代,造福桑梓,功著丹青,勒石为铭,以励来兹。

溪前村建委会立

二〇二一年六月

【说明】

碑刻立于龙湖镇溪前村我于桥西,独立基础,黑石为碑,两柱镌冠头联"我仁桥头思古往,于临道口看今朝",斗檐覆顶。碑刻宽150厘米,高110厘米,碑文竖排。标题楷书,字径6厘米;正文隶书,计4段22行,字径3.8厘米×2.5厘米;落款字径3.8厘米×2.5厘米。碑名为编者加拟。

【注释】

①澍濡[shù rú]:时雨滋润。多比喻承受恩泽。

洪溪大道碑志

　　盖闻修桥造路，乃仁行之本；积德之源，记取古训良箴，人龙自可毓也。吾乡旅菲巨贾、SM集团施至成老先生，岷山羁旅，无忘摇篮之地。置火电，一村不夜；兴学园，有口皆碑。慨解义囊，为偏僻山乡开阔视野，育才树人，活跃经济。三十年前实现北通苏坑乡之洪溪大道，尔后西贯福林之大道蓝图在抱。叹心愿未了，幸薪火相传。膝下子女为承先严遗志，于公元二零二零年岁次庚子菊月启动建设工程，绵延五佰米，于岁次辛丑冬月告竣，总耗资六佰万元。挥开大手笔，展现美画图，举步康衢何快哉！村貌皆生色，山容倍壮观；后贤存大爱，盛业等闲看。至成老先生及其家属造福一方，居功甚伟。为彰其善举，特勒兹贞珉，永志千秋。

龙湖镇洪溪村委会、校董会、老人协会立

里人撰书

公元二零[〇]二二年元旦大吉

【说明】

　　碑刻立于龙湖镇洪溪村洪溪大道一侧，白石为座，黑石为板，红石雕万字框镶边，上下雕吉祥花卉，左右两柱镌冠头联："至敬公心培令胤，成然大笔绘康庄。"碑宽198厘米，高68厘米，碑文行楷竖排。标题字径5.3厘米×7厘米；正文计25行，字径4.1厘米×4.2厘米。记施至成先生诸哲嗣捐建洪溪大道事。

侨英天桥建设碑志

晋江龙湖之境,后坑古村,衔古韵,咏新风,有英溪如锦带,滋养历史,有村民聚民慧,绘就新貌。有路龙英,居要道,成枢纽,商旅往来,车水马龙,络绎不绝。孩童求学,老幼出行,险象环生,牵肠挂肚;为铺筑安全之通道,修造无虞之桥梁,造福乡里,呵护百姓,实乃村民夙愿。戊戌岁末,海内外乡贤酝慈酿善,戮[勠]力同心,献言建策,慷慨解囊,筹造"侨英天桥"。遂天桥如虹,通架南北,直抵人心,此福祉善行功德无量,当铭文永志,铸德传世! ——张百隐撰

中共龙湖镇后坑村总支部委员会

龙湖镇后坑村民委员会

二零[〇]二二年八月

【说明】

碑刻立于龙英公路龙湖镇后坑村路段"侨英天桥"之下,独立基础,白石为座,束腰雕花;红石为碑,宽235厘米,高100厘米,厚14厘米。碑文隶书横排,标题字径8厘米×5厘米;正文计7行,字径5厘米×3.6厘米;落款字径4厘米×2.8厘米。

第四辑

社会事业

龙湖侨联大厦碑志

　　龙湖乡地处我省东南沿海,面积陆拾贰平方公里,人口捌万多,侨眷属陆万肆仟余人,占总人口佰份[分]之捌拾。海外华侨、港澳同胞拾贰万伍仟多人。他们素有爱国爱乡的光荣传统,为祖国和家乡建设作出积极的贡献,誉称全国著名侨乡。

　　吾乡山明水秀,人杰地灵;俊彦之士,代有其人。旅外侨亲飞黄腾达,经济繁昌,盛况空前。而住居桑梓者,士农工商各称其职,各展其业,实不愧为文明繁华之侨乡。然吾乡侨联之旧会所适应不了当前形势之所求,年来侨港胞回乡旅游探亲者日益增添,夜宿无着,接待无处,诸多不便。为进一步繁荣侨乡事业,振兴龙湖,便利乡侨回乡停居有所,使龙湖真正成为名副其实之著名侨乡,故在上级有关部门及乡党委、政府的关怀领导下,在侨联全委的努力下,因据吾乡部份[分]侨胞之倡导,发动兴建新型之侨联大厦。欣得广大华侨、港澳台同胞之热烈响应,慷慨捐资人民币　佰多万元,于壹玖捌捌年伍月兴工,壹玖零年伍月告竣,如今一座贰玖零柒平方米、宏伟壮观之侨联大厦屹立于东海之滨龙湖大地。

　　除将诸捐资芳名另勒石留念外,特立此碑鸣谢。祈望再接再厉,于百尺竿头更进一步,共同为振兴中华、繁荣吾乡经济而继续努力!

龙湖归国华侨联合会、龙湖侨联大厦建委会立
公元壹玖玖壹年柒月

【说明】

　　碑刻嵌于龙湖镇侨联大厦逸云亭两柱间,花岗岩黑石,宽233厘米,高59厘米,碑文楷书竖排。标题字径4.2厘米×4.5厘米;正文计3段40行,字径3.3厘米×4厘米;落款字径3.3厘米×3.5厘米。

　　文中"慷慨捐资人民币"与"佰多万元"中间空一格,意指"壹佰多万元"。

龙园村委老协会新楼及菜市场兴造记

昔者五家为邻，五邻为里，然而事有沿革，旧制已矣。兹因比户相连，列里而居，遂成村落。如今设置村委会，乡民自主，言论自由。况且出入相友，扶弱助贫，里仁为美齐同力。后于生产，诚得社会昌明，小康在望，民以甘其食、美其服、安其俗、乐其业，乃为平治之至也。而时代不断进展，年龄渐趋老化，则有老协会，或可闲正晚景，颐养天年，或可老当益壮，克尽白首之心，此老协之优越，即将焕发余霞之光彩。是以村委会筹资伍万，老协会筹资壹万，并蒙旅菲华侨施能忠先生之力行贤劳于海外集资，博得施至艾、施纯昌、施培贤、施性答、施能笋、施能港、施永昌、施清泉、施养狮诸位先生等侨胞解囊支助，兴建一幢两层综合楼。上层为村委、老协会议及活动之所，底层为菜市场。朝则满，夕则虚，自由交易，各得其所，需求通达乡村，经济又与改革开放之潮流同步，可谓皆大快意也。斯楼告竣，受益者乡民也，可敬者华侨也。岁在丙子清和之月，结草庐主人施海棠记。

旅菲华侨捐款芳名：

（以下捐资 52 笔略）

以上金额与龙瑞大宝殿为同款项。

龙园村委会、老年协会立

一九九六年五月

【说明】

碑刻嵌于龙湖镇龙园村菜市场架空层二层，记龙园村旅菲乡贤捐资助建村委会、老协会综合楼事。

石龟经典淑柿楼碑志

　　缅怀乐为人群造福、美德堪彰、已故乡贤许经典先生,曾任旅菲石龟许厝同乡会常务顾问,一八九七年农历九月二十五日出生于福建省晋江市龙湖镇石龟许厝村看东份的农民家庭。于一九九一年农历正月十八日在菲逝世,终年九十四岁。夫人卢淑柿女士,一九零五年农历十一月十九日出生于福建省石狮市永宁镇沙美村,于一九八九年农历七月二十七日在菲辞世,终年八十五岁。故经典先生自幼聪敏,秉性善良,乐于助人。年方十四,于一九一一年南渡菲岛在舅父吴泽探先生木材行当学徒,为人忠厚、正直,待人热情、亲切、有礼,行中事务一丝不苟,认真负责,经常博得亲友和行中同事人员称赞。一九二零年二十三岁旋里,由亲友介绍同沙美村名门闺秀卢淑柿女士结成佳偶,伉俪情笃,相敬如宾。未几返菲,在巴西市为舅父负责管理建筑部[要职]。他尽心筹备,经营有方,业务格外兴隆。一九三三年偕夫人卢淑柿女士与令长郎书业先生入菲团聚,便于互相关心生活。后在菲再育丽冷小姐、书勇先生、丽华小姐、书明先生、书敏先生,儿女共有六人,其抚育子女训勉有方,自幼均进入学校深造。一九五二年因多年粒积,即自开创化学工厂,出品火酒,质量特优,畅销全菲,家庭因而致富。经典先生贤伉俪生前为人慈祥,急公好义,乐善好施,平易近人,敦宗睦族,为富不骄,热心桑梓教育公益事业,贡献巨大。如建震瑶小学新校舍、本村安电照明、建瑶林华苑、修祖祠及铺建石龟许厝大道等,均捐巨款,名列前茅。独自捐资建看东大道、宝月殿剧台、镇风塔、看东份古迹,修看东份农田水利,多次资助震瑶小学及幼儿园,添置课桌椅和教学用具。

其哲嗣皆是杰出有为,长郎书业先生现任菲律宾许氏宗亲总会理事长及任众多侨团要职,曾任旅菲石龟许厝同乡会第十九届至二十二届理事长。其任职期间,一九八七年欣逢震瑶小学建校七十周年洎石龟许厝同乡会成立二十周年,其出钱出力,出版特刊及组团回乡举行庆典活动外,还为同乡会自置会所捐献巨款,并亲自东奔西走,发动乡侨资助,方得成功。次郎书勇先生现任旅菲石龟许厝同乡会第二十九至三十届理事长,竭力推行会务,鼓励海内外乡亲同心协力,共为家乡公益事业多作贡献。

　　经典先生夫妇虽然与人间长辞,可是其孝子贤孙善能继承其遗志。一九九五年四月间,书业、书勇、书敏贤昆仲特拨空亲自同庆贺团回乡,参加自业大道暨宝月路通车庆典,格外满意。应乡人商求,捐资人民币八十多万元兴建三层经典淑柿楼一座。同年十二月初,闻知震瑶小学无固定教师宿舍,再捐资建造两层教师宿舍楼,上下各十间。经典老先生家族身居异邦,心系祖国家乡,全家为故乡教育公益事业之建设,以及在海外资助宗族和乡侨福利事业之义举贡献巨大,其丰功伟绩堪为我村楷模。今要让后代子孙铭记其家族爱乡之美德,永远传芳,爱特树碑立传。

一九九六年五月

石龟村委会、老人会、诸宗亲敬立

【说明】

　　碑刻在龙湖镇石龟村老年人协会会所二楼,宽 220 厘米,高 80 厘米,碑文楷书竖排。标题字径 6 厘米×7 厘米;正文计 2 段 42 行,字径 2 厘米×2.2 厘米。记旅菲乡贤许经典、卢淑柿伉俪生平及其子女捐赠家乡公益事业事。碑名为编者加拟。

洋下老友会会所碑铭

金井镇洋下村旅港同胞陈振耀先生，幼承庭训，勤奋拼搏，事业有成，热心社会公益，倾注其家乡福利。今再捐建综合楼一座，供与村委会、老友会使用。桑梓情深，良堪颂扬。而后其舅父旅菲侨胞王金炳先生，现任毓英中学荣誉校长，系钞岱村已故乡贤王功锦先生之哲嗣，竟慷慨解开善囊，捐建该综合楼庭院围墙，增添雅观。渭阳高谊，誉传遐迩。爰缀数语，立碑以志。

中共晋江市委副书记　陈章进
一九九六年重阳

【说明】

碑刻立于金井镇洋下村老年人协会会所一楼，宽 100 厘米，高 120 厘米，碑文楷书竖排。正文字径 4 厘米×4.5 厘米，落款字径 2.5 厘米×3 厘米。无标题，现碑名为编者加拟。

礼堂文玉楼剪彩志

古地螺山　万物绍苏　儒林兰桂　四海飘香
旅菲宗贤　文良玉燕　严勤顶礼　守训家章
热心公益　治学修路　造福桑梓　倍受推崇
丙子梅月　重捐巨资　兴建礼堂　千余平方［米］
是年隆冬　竣工落成　壮观雄伟　南国宗光
腊月初十　大典志庆　旌旗乐鼓　灯彩辉煌
鸣炮喧天　开红剪彩　盛况空前　仪式隆重
尊政敬邻　怀礼敦宗　玉匾金狮　借贺兆祥
百宴酬宾　清音伴舞　怡情悦目　乐趣雅风
延逢启谱　千年可恭　家族团拜　耀祖荣宗
天心乐善　祝庆功成　集贤克让　承先启后
敬仰恩泽　百世留［流］芳　特镌斯志　传颂昭彰

唐厝村两委会立
一九九七年春月

273

【说明】

　　碑刻嵌于池店镇唐厝村文玉楼（现为村委会办公楼）入门厅，宽183厘米，高90厘米，碑文楷书横排。标题字径7厘米；正文四言48句，字径3厘米×4厘米；落款字径4厘米×5厘米。项目捐资者为唐厝村旅菲乡贤唐文良、林玉燕伉俪。

　　林玉燕，祖籍福建石狮，曾任第十三届菲律宾菲华各界联合会主席、菲律宾中国和平统一促进会副主席、第九届菲律宾石狮市同乡总会理事长。

梅塘聚德亭碑志

为蔡世炮先生令郎克纲、克扶捐资办公益赞词：

炮翁在世，造福桑梓，热心公益，独捐资：兴建教学楼，修缮谱志，雨亭四座，重建祖祠，千古流芳垂青史。昆仲有为，继承父志，扩建教学楼，建亭于此。公益事业，大力支持，新建梅塘村委会址。赤子怀乡，丰功伟绩。特立碑以表谢意。

梅塘村两委、老友会，前埔校董会、建委会立

一九九八年元旦

【说明】

碑刻嵌于东石镇梅塘村聚德亭，宽80厘米，高45厘米，碑文楷书横排。标题字径4.5厘米，正文字径3厘米，落款字径2.5厘米×2.3厘米。碑名为编者加拟。

诚德楼碑记

　　许有可、施秀銮伉俪及子文雅、文准为回报故土恩育深情,慨然解囊,捐建诚德楼作为村政活动中心,今将交付使用,第①念创业艰难,守成亦不易。愿吾村乡人,本着爱护公物,继往开来,发扬光大,使草创楼台日臻完善,则侨胞光荣,乡人幸甚。

　　一九九七年五月十八日奠基,一九九八年五月九日竣工。

龙湖镇檀林村委会立

一九九八年五月九日

【说明】

　　碑刻嵌于龙湖镇福林村委会门口墙面,宽89厘米,高47厘米,碑文行书横排。正文字径3厘米×3.4厘米,落款字径4厘米×4.4厘米。无标题,碑名为编者加拟。

【注释】

　　①第:但。

衙口敬老协会会址碑志

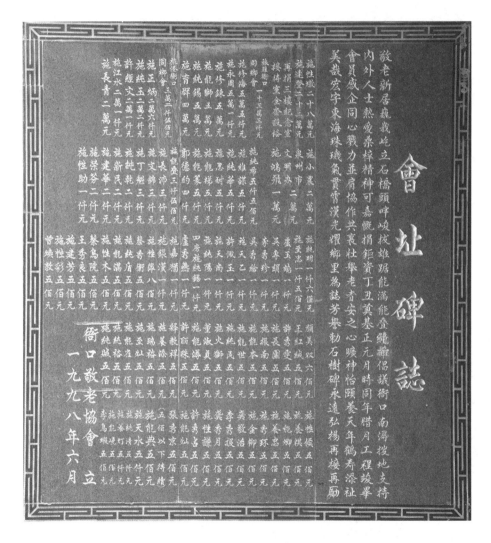

敬老新居，巍峨屹立。石桥头畔，峻拔雄踞。能满、能叠、纯希倡议，衙口、南浔拨地支持。内外人士，热爱桑梓。精神可嘉，慨捐巨资。丁丑奠基，正元月时。同年腊月，工程竣毕。会员感企，同心戮[勠]力。并肩协作，共襄壮举。老者安之，心旷神怡。颐养天年，鹤寿添祉。美哉宏宇，东海珠玑。气贯霄汉，光耀乡里。为志芳誉,勒石树碑。永远弘扬,再接再励。

（以下捐资芳名及金额略）

衙口敬老协会立

一九九八年六月

【说明】

碑刻嵌于龙湖镇衙口敬老协会会所大楼,花岗岩质,宽 162 厘米,高 180
厘米,外镶万字花框,碑文楷书竖排。标题字径 13.7 厘米×16 厘米;序文计 4
行,字径 4.2 厘米;捐资芳名计 5 列。记海内外乡贤捐建敬老协会会址事。碑
名为编者加拟。

谢厝街侨捐公益碑志

本村筹建村委会办公楼、幼儿园、综合楼和铺设村中水泥路工程,于一九九七年十一月动工,一九九八年四月竣工。

在筹建过程中,承蒙市、镇两级政府的关心指导和大力支持[下],村两委主要干部共力协作主持其事,经谢德景乡亲专程出国访谈鼓励[下],旅菲侨亲,港、澳乡亲在继一九八一年捐资架设本村生活用电设施之后,再次同心协力踊跃捐资,共建我村二项工程,充分体现身居异域情系桑梓的侨胞乡亲的爱乡热情和无私奉献精神,实可钦可敬。特立此碑,以励后人。谨将捐资芳名镌刻留[流]芳。

(以下捐资芳名及金额略)

英林镇谢厝街村委会

一九九九年岁次己卯花月①

【说明】

碑刻立于英林镇谢厝街村委会办公楼前,宽70厘米,高205厘米,碑文行书横排。标题字径13厘米×9厘米,正文字径3.5厘米。碑名为编者加拟。

【注释】

①花月:指农历二月。

279

英林镇侨联大厦碑记

本镇地处晋江沿海，各村旅外三胞[①]，身居异域，心系故土，团结互助，同心合力，为家乡公益事业和发展经济作出贡献。先后组织同乡会，回国定居的归侨，相应于四十年代组织英林归侨公会；五十年代，组织英林区侨联会。一九六一年国家大力贯彻侨务政策，在各级政府的重视下，成立晋江县归国华侨联合会英林办事处。一九七九年在当地人民政府领导支持下，召开归侨侨眷第一次代表大会，成立晋江县英林公社归国华侨联合会。多年来，在加强对外联系、注重服务接待、鼓励和协助在家乡兴办公益事业，引进外资发展家乡经济等工作［上］，深受旅外三胞共相理解，从而热烈响应筹建侨联大厦的倡议。

在筹建过程中，洪祖切、洪祖良、姚贻表、洪肇派、洪肇板、洪于通先后主持其事。旅外三胞踊跃捐资捐物，广达十个同乡会和二十八个村八十二人之多，计值人民币一百三十二万三千元。于是一座面积一千五百平方米的五层主楼和二座面积共三百平方米的附属楼房工程，于一九八五年奠基，一九八七年竣工。一九八八年四月旅外三胞组团回乡参加落成庆典。从此，屹立于英林镇区岩山下的侨联大厦，遂成为我英林地区旅外三胞和归侨侨眷的服务中心。我会的社会地位也相应得到提高。

回顾过去先辈创会的精神，眼看今天三胞贡献的热情，充分表达了对自己社团的爱戴和关注。特别是前被划分给邻近乡镇的各同乡会和旅外三胞，仍能慷慨解囊,更具有历史意义。现将乐捐芳名,镌刻流芳,以励来者。

（以下捐资芳名及金额略）

晋江市英林镇归国华侨联合会立

【说明】

碑刻嵌于英林镇侨联大厦一楼大厅,宽 185 厘米,高 124 厘米,碑文楷书竖排。标题字径 5 厘米,正文字径 2.3 厘米,落款字径 4 厘米。英林镇侨联大厦于 1987 年竣工,1988 年 4 月立碑。碑名为编者加拟。

【注释】

①三胞:台湾同胞、港澳同胞、海外侨胞的统称。

热心公益　精神可嘉

旅菲乡贤王荣宗先生秉承父志，以其名讳为座右铭，奋斗异邦，造福桑梓，视故里公益为己任，矢志不渝！先后捐巨资兴建校舍与教学楼，铺筑入村至宗祠水泥大道，围堵护村堤岸坚固道路房屋，球场照明器材，重建"日晖庵"护厝、戏台等，倡导重修家庙……为表彰先生孝思与爱乡之精神，特树此碑流芳。

中舍村①委会、老协会、校董会立

公元二〇〇〇年三月

【说明】

　　碑刻嵌于东石镇张厝村荣宗大道临门柱上，宽 67 厘米，高 47 厘米，碑文楷书横排。标题字径 4 厘米，正文字径 2.3 厘米，落款字径 3 厘米。

【注释】

　　①中舍村：张厝村又名"中舍村"，宋大中祥符二年（1009 年），有张氏航舟南来卜居此地，故称张厝。

溜江村老年人协会会所碑志

旅菲华侨陈天才乡贤,出身书香门第,幼习庭训,深知敬老为贤、孟尝风范乃人生之美德。年长后涉洋谋生,身居异国,心系家邦,争贾市廛,经纪有方,事业垂成。稍积锱铢,即兴寸草春晖,热心公益,德泽里邻,殊为乡人仰慕。倡立老友会,让老人享五有之福。迩来慨解丰资,兴建老人会址,责无旁贷,心志不移,毫无怨尤,可钦可敬。今老人会所于公元一九九九年葭月伊建,翌年桂月竣工。斯址典雅大方,宏伟壮观,登楼眺望,滨海风光尽收眼底,凭栏观赏,心旷神怡,留[流]连忘归。斯吾老友云集于此,活动谈心,同享桑榆情趣,健身长寿之乐,皆先生盛德矣。爰是序。

溜江村老年人协会

公元二零零零[○○○]岁次庚辰年桂月立

【说明】

　　碑刻嵌于金井镇溜江村老年人协会会所一楼，宽 100 厘米，高 60 厘米，碑文行书横排。正文及落款字径均为 3 厘米。无标题，碑名为编者所拟。

　　1999 年 12 月，陈天才先生捐资 50 万元兴建溜江村老年人协会会所，主体 3 层，建筑面积 528 平方米。

张厝村委会大厦碑志

前抱金门右抱江，地灵人杰振家邦。

安澜可喜山川丽，大厦巍峨喜并双。

　慷慨输将事有成，热心公益，前前后后，极具真诚。宗庙重新，祖武惟绳，康庄道路，展望前程。惊涛骇浪，筑石护堤，添花增秀，波涛弗惊。

　乡贤王美劝先生、黄安治女士者，贤伉俪也，早年侨居菲[律]宾，兢兢业业，事业有成，关心家国。热爱梓里，功德无量，客秋又献资六十万，兴建村委会大楼,三层建筑,面积达九百多平方米,是富有近代化之建筑,登高眺远,放眼舒怀。

　　大厦奠基于二〇〇一年八月,二〇〇二年七月喜庆落成。为宏[弘]扬善举,谨泐石以铭。

中共张厝村党支部、张厝村民委员会立

公元二〇〇二年八月

【说明】

　　碑刻嵌于东石镇张厝村委会大楼二层大厅,宽 180 厘米,高 120 厘米,碑文竖排。标题隶书,字径 7 厘米×4.5 厘米;序诗魏碑,序文楷体,字径 4.5 厘米;落款楷体,字径 4 厘米×4.5 厘米。碑刻之上影雕"旅菲华侨王美劝黄安治伉俪玉照"。

重光鸳鸯三池颂

施能狮先生捐款美化鸳鸯池、中池和外池。

　　公元二零零[〇〇]三年，香港衙口同乡会会长施能狮先生踊捐巨资重修鸳鸯池、中池和外池诸三池。义举感人，为铭佩不忘，谨以诗讴颂。

将军七星池，碧水绕故居。　　悠悠岁月驶，茫茫风尘迷。

改革中兴时，春来发生机。　　重光鸳鸯美，广益集措施。

俊彦施能狮，慷慨乐捐资。　　美化名胜迹，奉献光宗师。

排污深清淤，彻底除积泥。　　一泓潋滟水，溢彩荡涟漪。

沿岸砌石堤，古道变通衢。　　一条康庄道，坦荡心旷怡。

能工巧设施，雕栏绕水依。　　一脉情相系，长托故园思。

称道高义举，交口数佳绩。　　扶贫尚仁慈，奖学兴教育。

枌榆襄公益，疏财不遗力。　　时今又倾资，重葺侯府第。

男儿四方志，母教明哲理。　　秉性高节持，境界远意趣。

287

事迹不枚举,好事难以计。乡亲感念兹,勒石永佩志。

施琅纪念馆,南浔、衙口村两委会立

【说明】

碑刻立于龙湖镇衙口鸳鸯池畔,面对施琅广场;花岗岩质,白石为柱,青石为板,碑板宽 190 厘米,高 54 厘米。标题字径 10.3 厘米×7 厘米,正文字径 5.5 厘米×5 厘米。两柱镌对联"明心扬祖德,笃志学前贤",记旅港施能狮先生捐资重修鸳鸯池、中池和外池诸三池事。

龙园村委会办公楼建造碑志

任何一个机构皆有其办公之地，村委会亦然。唯龙园村委会久而无一适宜之办公场所，故曾数度搬迁，直至借用恢斋中心小学旧校舍办公，尚有屋漏之麻烦。因办公之急需，二零零[○○]二年村两委会乃筹划办公楼之建造事宜，且于二零零[○○]三年岁次癸未之春奠基，同年中秋节竣工。办公楼之建成及配套设施，承蒙晋江市政府、龙湖镇政府之大力支持，更得海内外各界人士慷慨献囊。兹特勒碑刻铭，以颂善举，以勖后贤。

建造村委会办公楼捐资芳名（略）

龙园村两委会立于二零零[○○]三年八月十五日

【说明】

碑刻嵌于龙湖镇龙园村委会办公楼大厅，宽160厘米，高88厘米，碑文隶书竖排。标题字径5厘米×3.5厘米，正文字径3.8厘米×2.3厘米，落款字径3.3厘米×2厘米。碑名为编者加拟。

重建福全所城西门记

　　福全城始建于明洪武二十年,周六百五十丈,基广一丈三尺,高二丈一尺,窝铺十有六,为门四,建楼其上,县志备载焉。有明以来,为东南巨镇,防倭御寇,固若金汤。城中烟火辏集,人文荟萃,夙有福地之称。西门昔号迎恩,驿道通郡,车马络绎,出将入相,尤一城之要津。岁久风漂雨蚀,城倾堞圮,甃石①搬徙,仅遗残垣,过者不无风物之叹。时际承平②,百废俱兴。乡之耆宿,呼吁重兴,旅港福全同乡会诸君热心公益,慨然以振兴文物为己任,不辞劳瘁,慷慨解囊,共襄厥事。因旧址重建西门城楼,历时四个月,于甲申年③蒲月竣工。今垣墉④崇峙,楼宇壮丽,内锁郁郁佳气,外接坦坦通途,文明景象,倍于往昔。非特增光里闾,亦为泉南一大观也。爰纪其事,以奖乡贤而倡后来。

福全村村委会、党支部、建委会

甲申年仲夏

【说明】

　　碑刻嵌于金井镇福全所城西门内城墙,宽181厘米,高60厘米,碑文楷书竖排。标题字径7厘米×5厘米,正文字径3.3厘米,落款字径4厘米。

【注释】

　　①甃石[zhòu shí]:砌石;垒石为壁。

　　②承平:治平相承;太平。

　　③甲申年:2004年。

　　④垣墉[yuán yōng]:泛指墙。

杭边村老友会综合楼碑志

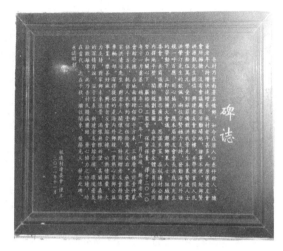

　　吾村乃晋南著名侨乡，如今在厝人口叁仟余人，随着老年人持续快速增长，我村老年甚多。而原旧老友会会所拥挤，没有会议厅及活动场地，诸事不便。经乡贤洪源凯先生提倡，兴建老友会综合楼，并带头首捐人民币壹拾伍万元，受到旅菲侨亲洪我景先生、本里贤达人士洪肇汀先生的钦佩，两位宗贤极力支持，发动海内外诸亲一呼百应，同心协力。应[在]本届老友会会长洪我财先生的带动下，立即召开扩大会议，邀聘乡里人士，组织建委会，共商义举、集思广益、思谋良策，在杭边村公园内择地平整，开始规划蓝图。在老友会全体委员的共同努力和关心下，严格施工监督，保质保量，择于二○一○年十一月奠基，越年二○一一年十一月告竣，新建老友会综合楼，占地面积肆佰余平方米，三楼层共计壹仟贰佰平方米，耗资人民币[约]一百五十万元左右。承蒙企业家洪清凉先生，对老年人关怀之际，特捐赠老友会务商[商务]车辆一部。深得提倡的是海内外乡亲一贯热心家乡公益事业，乐善好施，兴建老友会综合楼，必热情解囊，大力支持，对家乡未来远景，满怀无限祈望，其关怀桑梓的深情厚谊，溢于言表，新建老友会综合楼，环境优美、壮观雄伟。此乃吾村民精诚团结，齐心协力之功绩，功在当代、志在千秋，继往开来、发扬光大。特立此碑，永志昭彰。

杭边村建委会谨立

二○一一年十一月

【说明】

　　碑刻嵌于龙湖镇杭边村老友会综合楼一楼大厅，宽131厘米，高100厘米，碑文楷书竖排。标题字径6厘米×7厘米，正文字径2.5厘米。

塘东东胜亭碑记

　　晋南滨海侨乡锦东系革命老区基点村,山川秀丽,沿海大通道环行而过。有史以来,爱国爱乡之达士乡贤回馈社会,对公益事业建树颇多。

　　已故蔡清杉先生早年曾参加地下革命工作,努力奋进,团结乡邻。蔡夫人洪丽婉女士勤俭持家,一心为善,教子有方。其哲嗣蔡荣全、蔡荣途、蔡荣秋、蔡荣星暨淑媛蔡雪影、蔡雪辉、蔡英黎等秉承先人之遗志,树村标、工业区标、建路亭及其它[他]配套设施,以供过往路人识途歇足,而解长途之忧。此属孝心善举,造福济世,殊堪褒扬!

　　且斯亭肇建,背峙伏狮,面眺卓岩,左翼凤山,右襟东海,实为海西形胜圳流添光增彩尔!原禹域千秋、盛世长庥。祝乡貌日新、乡运弥昌。此颂并志!

　　金井镇塘东村委会,世界菲律宾锦东同乡会、世界香港锦东同乡会立

　　二零[〇]一三年二月二十八

【说明】

　　碑刻嵌于沿海大通道金井镇塘东村路口东胜亭横梁上,碑文隶书竖排。正文计3段19行。碑名为编者加拟。

292

福全所城重修记

　　福全所城,明洪武二十年(1387年)江夏侯周德兴主建,周一千九百五十米,基广三米九,高六米三,窝铺十有六,为门四,建楼其上。城墙为条石外墙,角石内墙,中腹夯土而成。永乐十五年增高城垣,并筑东西北三月城,正统八年增筑四门敌楼。有明一代,举凡倭寇肆虐,海盗入侵,周围乡村居民避难入城,悉借保全。后于抗日战争期间部分城墙被拆,及公元一九五八年八二三炮战,城墙被拆移作工事掩体,斯地仅留遗址,识者不无喟叹。旅港乡贤蒋建友先生,思深虑远,重视故乡历史文化古迹,慷慨捐资修复古城。先于公元二〇一一年五月至公元二〇一三年三月间,拆除西门北侧倾危城墙,翻建两翼城墙各十八米,西门原亭式城楼四周砌墙设门。同期,重建北门城楼,翻建两翼城墙各五十米,建月城一座,周三十六米。并铺砌八姓府宫埕及砌筑其两侧挡土墙,安装石护栏,城外变压器内移及埋设供电地下电缆、电信、广电线路,砌筑北门城东翼内侧预留道路挡土墙六十一米,埋设通往城外地下排水管道近百米。继于二〇一四年五月至公元二〇一五年十二月间,采用旧条石浆砌复建西门至北门连接段城墙三百三十一米及瞭望台,新拓内环城路三百一十米,建双向石台阶一处,砌筑内环城路路基挡土墙二百六十五米,构筑贯穿城基预留穿设管线暗沟四道,埋设瞭望台至西门入村供电地下电缆,砌筑西门城内至大桥堀排水沟,跑马道铺透水砖一千四百一十平方米。先后捐资人民币壹仟零伍拾万元。经此修旧如旧,古城门楼巍峨,城墙逶迤,再现昔日雄姿。古城幸得重光,其功至伟,里人共钦建友蒋先生之善举。谨此勒石,以垂永久。

福全村委会立

公元二〇一五年十二月

【说明】

碑刻立于金井镇福全所城北门瓮城,独立基础,整石为座,承托书卷式斜立碑身,宽 200 厘米,高 126 厘米,碑文楷书横排。标题镌于书卷左侧,字径15 厘米×13 厘米;正文及落款字径 4 厘米。

沥洲草心楼志

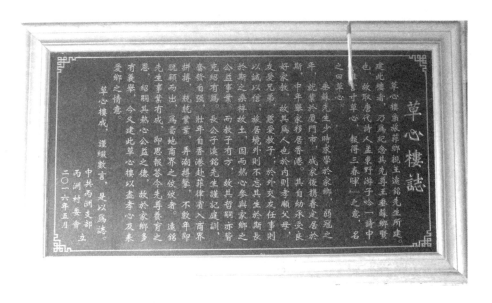

　　草心楼系旅菲乡亲王远铭先生所建。建此楼者，乃为纪念其先尊王垂苏乡贤也，故取唐代诗人孟东野游子吟一诗中"谁言寸草心，报得三春晖"之意，名之曰草心。

　　垂苏先生少时求学于家乡，弱冠之年，就业于厦门市，成家后携眷定居于斯，中年举家移居香港。其自幼承受良好家教，故其为人也，于内则孝顺父母，友爱兄弟，慈爱教子；于外交友任事则以诚以信，旅居境外则不忘其生于斯长于斯之桑梓故土，因而热心参与家乡之公益事业。而教子有方，故其哲嗣亦皆克绍有为。长公子远铭先生谨记庭训，奋发自强，壮年自香港赴菲律宾入商界拼搏，兢兢业业，弄潮搏击，不数年即脱颖而出，为当地商界之佼佼者。远铭先生事业有成，即思报答令先尊养育之恩，绍嗣其热心公益之德，故于家乡多有义举，今又建此草心楼，以尽孝心及表爱乡之情意。

　　草心楼成，谨缀数言，是以为志。

中共丙[沥]洲支部、丙[沥]洲村委会立

二〇一六年五月

【说明】

　　碑刻嵌于金井镇泗洲村草心楼（村委会大楼）门厅右墙，宽148厘米，高82厘米，碑文竖排。标题魏碑，字径8厘米；正文楷书，计3段22行，字径3.5厘米；落款字径3.5厘米。碑名为编者加拟。

乡愁龙埔　共同铭记

　　龙埔人智慧、勤劳。旧时,民众生活艰辛,不少村民背井离乡,远渡南洋,历经艰难,奋力拼搏,开创新的事业天地。一代代华侨传承着热爱故国、热爱家乡的精神,怀抱着一颗回馈故里、建设家乡的赤子之心,为家乡的教育、基础设施等各项公益事业作出了巨大贡献;在闽南侨界乃至国家侨务工作上,留下了不可磨灭的痕迹。龙埔有着丰富的人文内涵,先辈艰辛创业的豪情,乡贤坦荡赤诚的胸怀,沸腾着[了]龙埔人敢闯善拼的热血,激励着龙埔人承继先辈勇于创业、开拓奋发的精神,传承一份深厚的人文底蕴。龙埔朴素的农耕文化,浑厚的华侨精神,精致的乡韵质感,使后世子孙铭记村庄历史,留住乡愁。

龙埔村两委会、老年人协会

丁酉年①冬立

【说明】

　　碑刻立于龙埔村"龙腾家园"文化公园,钢筋混凝土结构,机砖砌墙,板材贴面,上镌碑文,系"龙腾家园"背面。碑刻宽870厘米,高220厘米,碑文楷书竖排。标题字径13厘米,正文字径10厘米,落款字径6.5厘米。

【注释】

　　①丁酉年:2017年。

英杭恭迎六桂始祖碑志

古云:何以成事立业？天时,地利,人和也。

溯吾英杭,临虎岫,揽两湖,青山碧水,鸢飞鱼跃,钟灵毓秀,地利也。

岁次己亥金铢之年,蒙六桂宗功,始祖灵见,族人信杯,独占鳌头。恭迎始祖,百年一遇,天时也。

于是乎,吾村政贤达,顺天时而振臂再倡,应良机以公益得复。民心所向,一呼百应。南洋拳拳赤子心,港澳悠悠同胞情;乡邑众人,群贤望士,输财出力,聚沙成塔,人和也。

天时、地利、人和,万事成焉。恭迎始祖,功成圆满,空前盛况,饮誉四方,此其一也;其二,募数佰万,建英杭大道,南北通途,再置路灯,照亮乡民幸福路;其三,筹款

逾百万,立杭边公益基金会,仁德善行,救急济困;其四,斥资贰佰余万,启英园教学楼重建工程,崇文重教,蔚然成风。

然也,大事斯成,泽被桑梓,功在千秋。故录其芳名,勒石纪之,继往开来,百世流芳,弘扬美德,昭示后人,同心同德,爱吾英杭,共营家园,再铸辉煌!

歌曰:

盛世洪福亲情长,宗亲相聚祖德扬。

继往开来怀远志,共襄盛举谱新章。

杭边村两委会

杭边村公益基金会

西元二零〇一九年二月二十二日

【说明】

碑刻立于龙湖镇杭边村老人会会所广场,花岗岩质,红石为座,黑石为板。碑板宽720厘米,高180厘米。其中序言部分宽91厘米,高170厘米,碑文楷书竖排。标题字径4.8厘米×5.2厘米;正文计12行,字径2.7厘米;文末七律字径4.3厘米。

衙口滨海北区"玉华爱心园地"记

　　夫园地者,乃种植蔬果花木、催化百业新生、培养文化新知、传播时代新声以及展现社会新风貌其诸佳境胜地之总称是也。

　　旅港乡贤、福建省政协常委施能狮先生,生小深蒙父老乡亲熏染溉泽,长大后谨遵令堂玉华老人家殷切教诲,继捐款美化鸳鸯池、重建敬老桥、玉成"英雄马雕像",以及扶贫济难、奖学励教诸多公益慈善教育事业,今又捐建聚滨海佳气、集遮风避雨、休闲游览、怡悦心志、陶冶心灵等多功能于一体之"爱心园地"。

　　为黾勉来兹,弘扬爱家乡爱祖国之家国传统精神,爰以"玉华爱心园地"称焉,是为记。

衙口村委会

衙口老人会

于公元二〇二一年仲秋立

【说明】

　　碑刻立于龙湖镇衙口滨海北区,花岗岩质。碑板宽190厘米,高124厘米,碑文隶书横排。标题字径7.2厘米×5.6厘米;正文计3段11行,字径5.2厘米×5厘米。记旅港乡贤施能狮先生捐建"玉华爱心园地"事。

第五辑

祠陵庙宇

英林洪氏大宗碑记

吾始祖十四朝奉公自光州固始同武肃王①入闽，著籍英林，历今二十余世矣。从未有大宗之建。余自幼出游暹国②，慨然念祠宇以为重。岁丙子赋归，客羁羊城③，遣侄辈就仑山④小宗祠宇鼎建而维新之。然每以大宗未建为憾。自甲午假归，为余亲治窀穸，兼为营建大宗计。时叔兄弟侄议欲以大宗之建付余独力仔肩⑤。予念吾宗子孙繁衍者众，报本何敢专为己任。爰于乙未孟春集众鸠工，择余本房三才公昔时之小宗旧址充为大宗，命儿尚彬同诸叔兄侄共襄厥事，逮于康熙乙酉⑥冬始告成焉。

自兹以还，庙貌聿新，前徽式廓，匪独慰于水源木本之思，尊祖敬宗之念，亦俾异日子孙瞻仰遗规，报本追远时，切春秋俎豆⑦之感，忾闻僾见⑧之诚云尔，爰勒石而志于左。

吏部候选州同知二十一世孙⑨

【说明】

碑刻立于英林镇区洪氏大宗祠内，碑高179厘米，宽66厘米。碑额刻"皇清"篆书竖排，字径8厘米；碑文楷书竖排12行，字径3.5厘米。碑为1993年重刻。碑名为编者加拟。

【注释】

①武肃王:指唐末从光州固始入闽,建立政权的王氏三兄弟之王审邦。任泉州刺史,在政十二年,卒谥武肃王。

②暹国:暹罗,即今泰国。

③羊城:今广州。

④仑山:现晋江市龙湖镇仑上村。

⑤独力仔肩:独自担任。

⑥康熙乙酉:清康熙四十四年(1705年)。

⑦俎豆:俎和豆,古代祭祀、宴会时盛肉类等食品的两种器皿,代指奉祀。

⑧忾闻僾见:忾闻,出自《礼记·祭义》:"出户而听,忾然必有闻乎其叹息之声。"僾见,出自《礼记·祭义》:"僾然必有见乎其位。"指祭祀祖宗若有所闻,若有所见,事死如事生的态度。

⑨二十一世孙:这里应指英林洪氏二十一世居住仑上村的洪朝弼。他自幼往暹罗经营,积资金至百余万,敦善仗义,除独建本乡小宗外,还捐银千余两,倡建英林洪氏大宗。

　　戴记①有曰:尊祖故敬宗,敬宗故收族。然则欲厚宗族,其必自祠祀之礼始乎! 何也? 凡人之情,久则怠,疏则离,暌则争②,故立之宗庙,像设森严,临之如在上焉,质之如在旁焉③。所以作其怠而防其离与争也。吾许氏自侍御公④当唐中和间由固始出镇泉漳,卜居于晋江之瑶林,后稍迁于附近之石龟,乡族遂蕃,星罗棋布,几遍五邑,而皆以石龟为大宗。乡故有祠祀侍御公,为百世不迁之祖,而以族之有功德者祔焉。岁月既久,梁桷剥剥,于是族人请于陈林裔孙逊沁祔主捐修⑤。凡土木瓦石、丹青工费浩繁,以同治二年十二月经始，迄四年十月工竣。既蕆事，祫祭于庙，会族人合食以落之⑥。于戏！可谓深知礼意矣。抑澇⑦又有感焉：吾泉习俗尚礼让，厚宗族，海滨邹鲁之号遐迩如一辞矣。乃澇自稍有知识以来，目之所接，则有不逮所闻者。中元孟兰之会，当衢设祭，张帏幪，陈玩好，至费中人数家之产，而寝庙之倾颓曾莫邀其一盼⑧，怠也。素封之家，用财自卫，焦心苦虑，以遗不知谁何之人，而子姓之颠连，漠然如秦人视越人之肥瘠⑨，离也。强者凌弱，众者暴寡，睚眦之衅，剪为寇仇⑩，争也。苏明允⑪不云乎："吾之视为涂人者，兄弟也。兄弟其初，一人之身也。"盖就子孙而言，其亲疏固区以别矣，若以祖宗视之，则谁非子孙也者？而顾忍见其离与争乎？如是，虽栋宇之恢宏，几筵之陈设，以为外观之美可耳，而揆诸噫歆陟降⑫之真诚，则固无以大异于怠者之所为也。吾宗自始迁以迄今日，绵历千有余岁，繁衍百有余支，族人之班荆⑬祖遇者，无论识与不识，靡不蔼然相亲。故郡人数族谊之敦者，以许氏为最。今为是举，既已免乎怠之诮矣，其因是而勉焉毋疏而离，毋睽而争干。以挽近世浇漓之习，合古圣贤尊祖敬宗之义，而大慰吾祖宗噫歆陟降之灵，则栋宇几筵之盛皆有真诚灌注于其间，而不徒侈外观之美也。是则小子澇之所厚望也夫。

　　儒林郎主事衔刑部七品京官、云南司行走兼四川河南司事、加二级、掌教梅石浯江书院、裔孙祖澇谨记。

　　乡进士、文林郎、候选县知县、裔孙有济⑭书丹。

　　谨列捐项于左：

　　檀林裔孙逊沁祔主四位，敬捐佛银肆仟肆佰大员，又捐佛银肆佰大员；

　　奕吾派下裔孙应祥敬捐银贰佰员；

　　计开修理宗祠工料费用，共佛银肆仟肆佰大员，钱贰拾陆仟叁百，增置祀田共佛银陆佰大员，条款另载。

　　钱塘派裔孙宜其敬捐银壹佰大员。

　　檀林派裔孙逊焦敬捐银伍拾大员。

　　竹树份裔孙逊顶敬捐银壹佰大员。

　　上埕坡裔孙志赛敬捐银壹佰大员，吕宋捐贴费贰拾大员；裔孙经琶敬捐银伍拾大员，存银公事费用捌拾大员。

　　檀林派裔孙志熊敬捐银伍拾大员，裔孙志艮敬捐银伍拾大员。（以上七条在宋题捐）

　　裔孙应祥董事重修大宗庆成，又捐钱贰拾陆仟叁百文。

同治四年⑮十月十二日

诸董事仝立

【说明】

　　碑为黑色花岗岩质,嵌于龙湖镇石龟村许氏大宗祠右壁,居《重建许氏家庙记》碑之下。宽114厘米,高54厘米,碑文楷书竖排44行,字径1.2厘米。记瑶林许氏族人请于陈林(檀林村)旅菲裔孙许逊沁祔主捐修许氏大宗祠事。

【注释】

　　①戴记:指西汉戴德编的《大戴礼记》。

　　②久则怠,疏则离,睽则争:离开久了,互相就不那么在意;疏远久了就形成隔离;由不相亲形成纷争。

　　③临之如在上焉,质之如在旁焉:(祖像庄严,)看到了就如祖宗在上头,敬奉时就觉得如在一旁。

　　④侍御公:许氏一世祖许爱,相传唐中和年间(882—884年)由固始来闽,镇守漳泉,官侍御。先居瑶林,后迁石龟,家族繁衍,遍及闽南。墓在龙湖苏坑,为市级文物保护单位。

　　⑤请于陈林裔孙逊沁祔主捐修:陈林,又称檀林、福林,在龙湖镇;许逊沁(1808—1870),字乃仁,檀林村人,往菲经商致富,为晋江早期华侨实业家。对家乡公益事业多有贡献。例授征仕郎詹事府主簿、翰林院主簿。此句意为请许逊沁捐钱修大宗祠,并让他把父祖的神主请入其中祔祭。

　　⑥合食以落之:一起举行落成宴会。

　　⑦涝:许祖涝,一名祖淳,晋江人,光禄寺卿许邦光之子。清咸丰元年(1851年)举人,曾任刑部七品官员,掌教梅石、浯江书院。

　　⑧而寝庙之倾颓曾莫邀其一盼:然而对祠堂的损坏却看也不看。

　　⑨漠然如秦人视越人之肥瘠:感情冷淡,就像秦人对越人的肥瘦不在意一样。

　　⑩睚眦之衅,剪为寇仇:像相互瞪了一眼那样的小事,也吵得如同仇敌。

　　⑪苏明允:苏洵(1009—1066),北宋散文家,字明允,四川眉山人,与其子轼、辙合称"三苏"。

　　⑫噫歆陟降:祭祀祖灵。

　　⑬班荆:布荆于地而坐,相遇之意。

　　⑭有济:许有济,晋江人,清咸丰九年(1859年)举人,候选知县。

　　⑮同治四年:1865年。

檀林移溪并起福林堂记

　　事有关于一乡之祸福利害，而汲汲焉为之除害远祸，使乡之人受其利于无穷，享其福于靡既①。此非功德之及人者大乎！檀林之乡，溪环三面，溪高半屋而近不过数十武②。当水潦骤至，被患者不知几家，往往家人妇子中夜彷徨，卧不安席者。吾以为溪之为祸且害，于是乡匪朝伊夕③矣。

　　宗兄乃仁君④为一劳永逸之举，属耆老议移而远，舒乡之困，于同治甲子年兴工，数月告竣。向之罗［罹］水患者，不啻起涂泥而衽席之⑤，乡之人其谁不受其利与福哉？既又哗然曰：溪之上旧有福林堂，虽废为墟基，苟能别置其所，以为吾乡利与福者益多。乃仁君亦诺之，以外出不能久居也，属其役于长郎志岚君。乡之好义者复相与鼎力，遂于丙寅年九月经始，十一月落成，于以妥神灵而兴恪敬。其福且利于是乡何如？是又功德之大而足以立不朽之名者也。爰为之记。

　　钦加员外郎衔刑部七品京官、辛亥恩科举人许祖涝撰。

　　例授文林郎、己未恩科并补戊午举人许有济书。

　　新盖福林堂计开佛银壹仟叁佰肆拾伍员

　　许读裁捐银贰佰员

　　许依观捐银壹佰贰拾伍员

许亘观捐银陆拾员

许恬观捐银贰拾伍员

许燹观捐银壹拾贰员

许脱观捐银□□员

许向观捐银□□员

许蟳观捐银肆员

许刌观捐银肆员

许拈观捐银贰员

许标观捐银贰员

许顺观捐银贰员

许帕观捐银壹员

许元观捐银壹员

以上扣贴水□拾员零伍角,实收银肆佰壹拾员零伍角。

翰林院主簿许观海捐银玖佰叁拾肆员零伍角。

同治五年丙寅十一月吉旦

董事许德芳、许志岚、许观国、许从云全立石

【说明】

碑刻现存于龙湖镇福林寺,清同治五年(1866年)立。黑页岩质,宽66厘米,高36厘米。碑文楷书竖排30行,字径1.5厘米。记檀林村旅菲华侨先贤许逊沁先移溪后建堂事。

【注释】

①靡既:靡,没有;既,完尽。

②武:古以六尺为步,半步为武。

③匪朝伊夕:不是一朝一夕之事。

④乃仁君:许逊沁,乃仁是他的字。

⑤起涂泥而衽席之:意为排除水患使人可以安睡。衽席:寝卧之席。

重新极乐堂记

南关之外,仁和之里,有极乐堂焉。自古昔名僧暨檀樾①建造,千百年于此矣。载在郡志,与南天、西资、世界诸大寺并名。其地据延山,环曲水,南瞻石塔,西跨鳌江,壮观也。向遭矮[倭]寇兵燹,庙貌尽墟。明洪武之二年,有僧永然者,目击遗基,有倾圮之叹,偕同志净达合力募赀重兴上进一座②,余尚缺然。国朝光绪间,本里田墘份信士黄为霖立愿恢复,首出白金,倡成盛举,即与住持僧源远加议劝捐。遐迩踊跃乐输,赀费颇足。壬午仲冬鸠工庀材,阅数月而下进及两廊聿观厥成。己丑岁复挺修上进,功略完竣。从此十千世界永覆慈云,亿万众生均沾法雨。匪特③都人士之福,抑亦合邑之光也。入斯庙者,有不颂为霖之德与源远之功于不朽哉!谨将诸君子芳名勒于石左:

董事黄为霖捐银八十大元,董事黄弈祥捐银六十一元,黄英知在宋④为劝捐九十元,黄尚恭在台为劝捐七十元,黄英执在台为劝捐四十元,田墘黄毓烈捐银十七大元,后份黄呈伟捐银十七大元,田墘份黄英谦捐银十三元,西宅蔡双胜号

捐银十二元,田墘黄英杰兄弟捐银十元,田墘黄后义兄弟捐银十元,黄英寿捐银十元,李仁慈捐银六元,黄英□捐银六元,下庄□景捐五元,黄毓臣捐银五元,黄英照捐银五元,黄毓锃捐银五元,永坑黄德捐四元,黄英□捐银四元,黄际□捐银四元,黄草根捐银四元,黄□司四元,黄袋银四元,黄名敏四元,黄沌银四元,黄□银四元,黄钗银四元,黄朋银四元,黄膜银四元,黄奕银四元,黄恐银三元,黄取银三元,黄英鲍三元,黄毓腾三元,黄塞银三元,黄乾银三元,黄浊银三元,杨仁和三元,杨羔银三元,黄聘银三元,蔡峇银三元,黄参、黄放、蔡汤、黄安、黄□、黄粮、为璧、张祥、黄偏、黄箭、钟德、黄迂、黄速、杨霜、黄僇、英匣、秀岩、黄此、黄□、嘉□、黄枪、周尚、黄□、黄权、毓□、黄占、黄助、蔡□、黄行、黄菌、黄移、□□、黄□、□□、黄髻、黄红、黄湮、黄赐、□□、□□、□□、黄添、黄盛、石富、秀来、黄□、□□、黄□、黄达元、黄郢、黄□、□□、□□,以上各捐银二元。

临济正宗派比丘僧源远,为督重兴本里极乐堂,愿赠银柒十五大元助竣。

光绪十七年岁次辛卯花月　日

本堂住持僧源远立

【说明】

碑刻在东石镇檗谷村极乐堂,高 217 厘米,宽 85 厘米,厚 11 厘米,圆顶。碑额篆书横排,字径 10 厘米;正文楷书竖排 18 行,字径 4 厘米。碑文有当时往吕宋、台湾地区募捐建极乐堂的记录。

【注释】

①檀樾:亦作檀越,即施主。

②上进一座:上进,俗称上落,闽南古建筑通常以上下两进及两庑构成四方形结构,中间留作天井。

③匪特:不单是。匪通非。

④宋:这里指吕宋,即菲律宾。

民国十年岁次辛酉嘉平月①重修碑纪

　　吾乡襟山带海，形势雄伟，子姓繁衍，翘然为邑中望族。历宋元明清之世，代有闻人用光。我家乘宗祠宅中而立，群山宫②之，规模宏阔，制度谨严，邑之人佥于是考礼而取则③焉。旧制前门高耸，人踞堂案，遇晴天开霁风日研和，遥见水痕一抹如拱如抱。术者④谓是名玉带，实主贵欤。戊寅年重修，惑于形家者言，谓门高不利，杀⑤之为宜，更始改建，抑五寸而强。属以人事凋敝，物力衰竭，乡之人咸归咎于改制之不吉，议仍旧贯。且风霜剥蚀，榱栋崩折，亦非所以妥先灵、崇祀典也。程工既巨，财力瘅通⑥，虽有议者，莫敢举也。族人秀烺君⑦，先世自明季迁居邑之深沪乡，落叶粪本，狐邱正首⑧，自筑寿藏⑨于乡东北隅，名曰檗庄。复慨念先泽，独出巨资，俾成斯举。完者因之，圮者葺之，庶几无忝前人,无废旧观。既讫功,乡之人相与谌⑩曰:昔太公藩齐⑪,五世归葬于周,君子谓知返本。今秀烺君规复古礼,又能笃谊推恩,独修宗祀,方之古人抑又过之。古所谓乡先生没而可祀于礼者,其在斯人欤!爰本斯议,公订每逢宗祠春秋两祀日期,由值年董事并致祭于檗庄秀烺君之墓,以永高谊而笃不忘。呜呼!报功崇德,古有明训。谨伐石刊碑,缀其缘起,俾我后之人尚钦念哉!子子孙孙,永勿替于无极。

檗谷族长际连、钟迈、钟菊、为直、毓歪、毓统、毓指、毓举、毓苍、嘉尧、毓趋、呈蕃、秀朋、秀万、奇贤,玉湖族长秀民、秀妙、秀柿,永康族长德辉、呈饮公立

【说明】

碑刻在东石镇檗谷村黄氏大宗祠东庑壁间,黑页岩质,高 78 厘米,宽 82 厘米。碑文楷书竖排 25 行,字径 3 厘米。檗谷黄氏大宗祠历来称晋江规模最大的宗祠,现为晋江市文物保护单位。

【注释】

①嘉平月:腊月(农历十二月)的别称。

②宫:围绕之意。

③邑之人金于是考礼而取则:本县的人都来这里考究祠堂的规制以作为建祠的规则。

④术者:风水先生。以下形家者同。

⑤杀:减削,指降低前门的尺寸。

⑥瘅逋:指财力不足。瘅:病,疲;逋:拖欠。

⑦秀烺君:黄秀烺(1859—1925),晋江东石人。旅菲富侨,曾被清政府封作一品忠宪大夫。开设"炳记"银行,积极参与社会公益,资助孙中山领导辛亥革命,捐巨资修葺泉州西塔、厦门同文书院、檗谷黄氏大宗祠,营建厦门码头等。

⑧狐邱正首:传说狐死之时,头朝着窟穴,喻人死后返葬故乡。

⑨寿藏:生前预筑的墓茔。

⑩谌:相信。

⑪太公:指周朝吕尚,即姜子牙,因功分封于齐地。

龙江禅寺碑

龙江寺为龙霞寺之遗址，实前明一大名刹也。寺起于天顺年间，明季海氛不靖，寺遂坍塌。迨前清光绪甲午年，禅师成华过之，慨然以兴修为己任，遂集都人士请劝捐款。□□祈雨有验，即鸠工庀材，倡起中殿及后界等处。嗣后又有宝源师者，力加修葺，并建钟鼓楼一切，而于天王殿及下落则有志未建云。迨民国十六年，妙振师带渡南洋，与吾乡侨胞磋商其事，佥曰："是我祖国都①中首要之寺，寺也倘不竟其功，忍乎哉？"于是遂得霹雳太平②仁和公司诸董事倡捐三十元以为发起，而吾乡之在南洋者竞相捐赀付妙振师，后间兴筑以克其事。此不可谓非佛力之伟大，而亦可见我侨胞以及都人士之向风系义一至于此云。兹将此次大题捐芳名备列如左：

（题捐人名略）

民国十七戊辰年三月谷[毂]旦

劝捐董人芳名：蔡德霜、蔡树廉、蔡长枝、蔡世鼎、蔡世华、蔡尤有、黄种菊、黄呈喜、蔡世爽、蔡世旺、郭燕声、释演扬，并十都诸董事公立

【说明】

碑刻在东石镇龙江禅寺,高 252 厘米,宽 84 厘米。碑首浮雕双龙护匾图案,匾中竖刻扁体"龙江禅寺",字径 5 厘米×8 厘米;正文楷书竖排 28 行,字径 3 厘米。记华侨热心公益,踊跃捐建庙宇事。碑名为编者加拟。

龙江禅寺现为晋江市文物保护单位。

【注释】

①都:明清时乡村编制,龙江寺所在龙下村及附近东石、樊谷等四十五个乡村属晋江十都。

②霹雳太平:霹雳又译"吡叻",马来西亚州名;太平为该州自治市,该地多东石华侨。

适南亭净慧寺营建记

宋绍兴间司户王元等建双化桥，置适南亭，供观音大士像。元大德六年，法助禅师复重建之。明张瑞图居士于金陵得木质观音大士立像，高三尺余，即奉安于此。

前民国六年，众请转应大师莅止，岁癸亥筑护厝三间于殿右。己巳年，懿继承住持，于庚辰冬扩建三宝殿，额曰"净慧寺"。戊子、己丑间，重盖观音殿，并于殿右增筑木楼一座。资役之给，则华侨及地方人士热心玉成。谨勒数语，用彰胜缘云尔。

一九五七年丁酉秋住持广懿立石

【说明】

碑刻在陈埭镇苏厝村适南亭,宽 93 厘米,高 71.5 厘米,碑文隶书竖排。标题字径 5 厘米,正文字径 5 厘米×4 厘米,落款字径 5 厘米×4.2 厘米。

适南亭,位于陈埭镇苏厝村环城西路。后殿于 1957 年由住持广懿向华侨及地方人士募化扩建。

重修霞福朱氏宗祠碑记

吾乡宗祠年久失修，破损不堪，荒凉满目。每经风雨，飘摇将欲坍塌，岁岁蒸尝①，嗟叹靡已。乡中耆老因鉴及此，深引为虑。虽想重修，但心与力违，无从着手。是以迁延岁月，宗祠废坠，依然如旧。乃系吾乡归侨耳闻目睹，亦是认为势必重修，而乏倡举。乃蒙旅寓星洲宏船大法师之关怀，向旅居各埠诸宗亲极力倡议重修，获得赞许。经吾乡祠堂修建委员会研究决定，并请建筑部门预估造价，择吉兴工，以冀祠宇早日落成。况故国乡情，人皆有之，则木本水源，更加难忘。今日祠宇修复，轮奂②聿③新，成为世代子孙之荣幸，则千秋俎豆绵延昌盛。勒石以志。

霞福朱氏宗祠重修委员会启

公元一九八三年岁次癸亥蒲月朔日立

【说明】

碑刻嵌于池店镇霞福朱氏宗祠左壁，宽129厘米，高50厘米，碑文楷书竖排。标题字径4厘米，正文字径3.6厘米，落款字径2.7厘米。记旅居新加坡高僧宏船法师向南洋各埠侨胞募捐重建霞福朱氏宗祠事。碑名为编者加拟。

【注释】

①蒸尝:本指秋冬二祭。后泛指祭祀。

②轮奂:形容屋宇高大众多。出自《礼记·檀弓下》:"晋献文子成室,晋大夫发焉。张老曰:'美哉,轮焉! 美哉,奂焉!'"

③聿:用在句首或句中,起顺承作用。

重修西资岩大佛寺碑记

丛林古刹得传垂远者,赖施主高力维持也。稽西资古地,山川毓秀,灵气所钟。尊寺创基肇自隋唐,越之年湮。列代先哲继起兴修。迨民国丙子年,锦东名宿侨领蔡本油先生续修之时,因七七事变,中途停滞。时迁日久,云壁塌地,佛像蒙尘,何以伸文物古迹之贵乎?承幸年来,祖国政府对此之爱重,赢国人之赞赏。今再由爱国华侨蔡本油之五子蔡承业,次媳陈丽静,侄媳张秀缎、陈秋玉,孙媳许雷州,孙蔡祖健、蔡自强,侄孙蔡妈传,孙婿黄长禄,孙女蔡桂枝,侄孙女蔡涟涟等秉先人高风,慨解义囊,筹集巨款,重葺胜地煦彩古迹之容,以资来客游览,长载千秋云尔。是以为记。

积德当先斯人笃志兴学惠桑梓,

慈善为本吾侨重整古刹效圣贤。

锦东华侨事务委员会立
公元一九八四年仲春穀旦

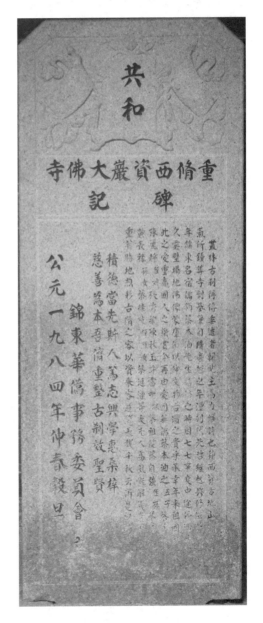

319

【说明】

碑刻立于金井镇西资岩寺右廊,宽 84 厘米,高 197 厘米,碑文楷书竖排。碑额镌"共和""重修西资岩大佛寺碑记",字径 8 厘米,正文字径 3 厘米×4 厘米,落款字径 5 厘米×6 厘米。

西资岩,又名大佛寺,位于金井镇围头湾内的卓望山南麓,福建省级文物保护单位。现存寺庙为金井镇塘东村旅菲华侨蔡本油于 1935 年捐资重修。

瑶厝蔡氏家庙重建序志

本庙坐甲向庚兼卯酉，始建于远祖，年代失传。历久破塌不堪。幸本里锡鑪宗先生于一九八四年（甲子）孟夏由菲回国省亲，鉴于家庙颓废，遂慷慨乐举，独负巨资重新奠基翻建，使庙貌焕然，祖德重光，特勒石铭志。

　　瑶里阁［阖］村宗人立

【说明】

碑刻嵌于龙湖镇瑶厝村蔡氏家庙"塌寿"墙堵，青石质，宽 53.5 厘米，高 64.5 厘米，碑文楷书竖排。标题字径 3.9 厘米；正文计 7 行，字径宽 3.9 厘米。记旅菲乡贤蔡锡鑪捐建瑶厝蔡氏家庙事。碑名为编者加拟。

晋江庆莲寺重建记

　　晋江高山亭庆莲寺,乃前清光绪间,赖素姑创建。姑,赖厝乡女,归同邑新店乡李姓农家,育有儿女五人。由其夙具善根,喜闻佛法,亲近善友。乡衢之皁有高山亭奉观音大士,亦为行人歇息之所。姑每经其处,辄祝曰:愿我子女成家,世缘有托,当于此地创寺,偕众修持。光绪二十七年(公元一九零一年),姑年四十四,得邻乡方知姑之引导,诣泉城释迦寺皈依三宝,为优婆夷,因名弥素。自是长斋课佛,后果如所愿,筹建此寺。感转初、会泉诸法师为之策划,善友信士随喜襄助,既成,其祖堂释迦寺住持清德公莅临奠安开光。姑带发出家,其中慕道依止者渐众,盛时多至五十余口。先后购置农田计二十四亩九分二厘,领众躬耕,斋羞不匮。复于寺后建普同塔,节省葬地,并修寺前至下辇乡一派径路。岁公元一九一三年,姑年五十六,礼转初上人为师,在鹦山承天寺受戒,法名本实。尔后,其俗家子女及内外孙受熏陶,而先后出家者七人。于时,会泉、会机、转初、转博、转尘、广心诸法师相继莅寺,讲演经论,指导修持。日常二时功课外,益以两堂念佛及礼大悲忏,至若讲教结七,则几成年例。他方缁素间,亦预席。虽云兰若,俨如丛林矣。姑寿至八十八,寂后,众举其孙女李莲藏贞姑继之。克绍芳规,可喜得人。寺自肇造后,复经公元一九二三年、公元一九五六年两度重修。恢廓庄严,更臻完善。迨丙午夏公元一九六六年遽尔毁废。衲童年尝居此寺,受先外祖母素姑教养,故得闻法披缁。稔斯因缘,恻然靡已。何幸十年之后,云散天清,佛日随之重辉,法轮得以再转。衲虽久旅异域,且值暮年,但仍冀其兴复,爰倾钵积以倡,更蒙众善玉成,遂嘱原住持莲藏姑重建之。所愿慧光重炳,甘露永濡,净土庄严,群生利乐,爰为之记。

沙门宏船谨记并立

泉州王爱琛敬书

公元一九八七年、佛历二五三一年丁卯春

【说明】

碑刻在池店镇庆莲寺大雄宝殿左墙,宽 150 厘米,高 53.5 厘米,碑文楷书竖排。标题字径 5 厘米,正文字径 2.5 厘米,落款字径 4 厘米。

庆莲寺,初号高山亭,位于池店镇新店村雁山北麓。寺于 1966 年毁废。1986—1987 年间,世界佛教僧伽会副会长、新加坡普觉禅寺住持宏船长老重修此寺,善信也解囊举善,庆莲寺终于 1987 年 5 月间修整一新。

重建古厝陈氏宗祠碑志

沩汭①流源,逐一分派,稽拜青史,划为三纪。始有虞,而陈国,径田齐,历颍川,谓外纪。至唐朝,南院继,调入闽,居兴化,播漳泉,星默移。元朝时,七保份,商鼎盛,陈宅斯,贸家居,称内纪。明洪武,倭寇侵,亲流离,于七年,旋陈邑,即古厝,开本纪。绍萁[箕]裘,后建祠。清同治,年旬二,曾修之。

可喜者今瓜瓞之绵绵,堪庆者素兰桂之腾芳,效应家国,沐雨栉风,鸿迹遍神州,延蔓环宇。游子精英志,桑梓兴革事,概关切备至。虽桃李不言,然阳春有足②。旅菲同乡会③,尤为卓著,盖以宗祠经久失修而铭心镂骨。故首倡循其旧制重

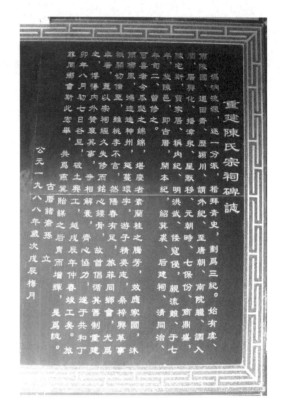

建之,博得内外赞襄其事,争相解囊,齐心协力。遂于共和丁卯年八月初七日谷[穀]旦,破土兴工,越戊[戊]辰年仲春竣工矣。旅菲同乡会斯此宏举,共为燕翼贻谋④之后胄而增辉。是为志。

古厝诸裔孙立

公元一九八八年岁次戌[戊]辰梅月

【说明】

碑刻在永和镇古厝村陈氏宗祠,宽 11 厘米,高 164 厘米,碑文隶书竖排。标题字径 7.5 厘米×8 厘米,正文及落款字径 4 厘米。碑名为编者加拟。

【注释】

①沩汭:同妫汭,舜的居地,借指有名望的贤祖。

②阳春有足:亦作阳春有脚,指能给人带来春天般温暖的人。出自五代王仁裕《开元天宝遗事·有脚阳春》:"宋璟爱民恤物,朝野归美,时人咸谓璟为有脚阳春,言所至之处,如阳春煦物也。"

③旅菲同乡会:全称为旅菲永和古厝同乡会。

④燕翼贻谋:留给子孙良谋,用于辅助后代,指善于为子孙后代打算。《诗经·大雅·文王有声》:"武王岂不仕,诒厥孙谋,以燕翼子。"

重修锦马林氏宗祠记

　　锦马林氏宗祠建于清康熙十五年丙辰（一六七三）①，时霞殿季厚公裔孙林贤居田头擢任水师总兵官，奉敕建祠名昭格堂。光绪廿三年丁酉（一八九七）族贤作舟募款主持修葺。共和戊辰（一九八八年）旅菲华侨光蟾昌募集资，族人推荐玉津、荣义、宝时、荣周诸乡贤主持修建。梅月动工，腊月完竣，宗祠焕然一新。时逢盛世，祖德流辉，诚吾族之荣耀。特镌石记事，以志以扬。

　　旅菲林氏联谊会宗亲捐资（菲币）修建宗祠芳名列右［左］：

　　（以下捐资芳名略）

　　总计捐献菲币玖拾伍万肆仟元。

林玉献书

马平昭格堂重修理事会敬立

戊辰年腊月

【说明】

　　碑刻嵌于永和镇马平村锦马林氏宗祠右壁，宽107厘米，高68厘米，碑文楷书竖排。标题字径5厘米，正文及落款字径2.5厘米。碑名为编者加拟。

【注释】

　　①一六七三：应为一六七六年。

海山宫碑记

　　吾乡介于深沪湾与梅林澳之间，海域所被相去数十里，为沿海往来必由之处，居民业于滨海者亦多从此出入。以前交通不便，渡船南北货运，亦每停靠于此，飓风季节且为避泊之所。只因偏处海隅，人烟稀少，为防患未然，寓劝善儆顽之意，特建立此宫，俾附近奉祀，并供商旅行人作避雨憩歇之需。续有建货栈营灰窑者，渐改荒僻现象。年代久远，群以海山宫名是地，所谓地以神显、神因地灵也。晚近倾圮失修，乡人有见于此，乃发动侨亲乐输共策修复，被益群众，殊堪嘉许，爰为之记。

　　公元一九八九年夏日
　　重修海山宫建委会立

【说明】

　　碑刻立于沿海大通道龙湖镇杆柄村路段海山宫前，独立基座，整石为碑，宽80厘米，高140厘米，碑文行书。标题横排，字径6厘米×8厘米；正文计11行，字径5厘米×5.5厘米；落款字径5厘米×5.5厘米。

儒林张氏家庙重修记

儒林张氏开基于宋初，距今九百余载。始祖镜斋公，开闽延鲁公裔孙也。镜斋公生九子，分支九房，依次曰仁郎莲池房、义郎上仓房、礼郎上库房、智郎厅上房、信郎楼下房、恭郎上方房、敬郎同安房、逊郎安溪房、让郎漳浦房。支派繁衍，子孙昌盛，世多士进。

吾族家庙，据谱载始建于明隆庆年间，迄今四百余年。兹因年湮代远，诸多荒堕，墙垣倒塌殆尽。有乡老同仁，不忍睹其状，提倡重修，博得我海外

侨宗及国内族亲一致赞许，乃筹集资金人民币壹拾多万元，于公元一九八一年辛酉之冬，按原基原式动工翻建，至公元一九八四年甲子秋全部竣工。家庙焕然一新，宗人称善。

越三年，得吾旅新、马、印尼侨亲及港胞等，继集资人民币伍万余元，仍旧基改建祠旁右傍厅，于公元一九八八年戊辰菊秋落成。至此，吾祖庙不特恢弘[宏]原貌，其雄伟壮观且有过于昔日矣。

三十世孙辉煌撰并书

儒林张氏家庙修建理事会立

一九八九年己巳仲冬

【说明】

碑刻嵌于磁灶镇张林村张氏家庙，宽108厘米，高118厘米，碑文行书竖排。标题字径7厘米×8厘米；正文计3段15行，字径3厘米×4厘米；落款字径3厘米×4厘米。

重修定光庵记

施祖怀撰

定光庵原名重光庵，始建何时，志乘未详。案前一四角香炉镌"重光庵，唐至德丙申年造"。查史，可知距今一千二百余年。中经数次大修建：一是施姓谱牒有宋宁宗开禧年间，四世祖菊逸公，以数十担棉花赀修盖定光庵之记述。再是清初靖海侯施琅为其叔父达二公所作墓志铭载：里人议建定光庵，推叔檀樾，叔捐金募建，首其事成之。是即由原始一座中殿，扩展成为三进两廊之现有规模。位于海滨，琳宫清磬，梵音穿林，别具胜境。名山精舍，不是过也。供奉三世尊

佛、观世音菩萨，佛光普照，法雨均沾，香烟鼎盛。历代有沙门比丘相继挂锡。施琅复台后，铸洪钟一口，安奉为念。

侨胞首创中学时，暂借禅房廊庑为用，期待兴建新址。奈时局未定，菩萨外迁，文物毁焉！及至玉宇澄清，宗教信仰自由。但碍新建校舍一事，久悬未决。海内外热心教育人士如施君养鹏，许君维新，陈君祖昌，施君连登、雨霜昆季，施君维鹏兄弟侄等，多方联络，筹措巨款；礼堂教室等等，次第落成。从兹黉舍充实，校园壮观，于是归还定光庵殿宇，终于实现。

乡中善信，为恢复名胜古迹，重组定光庵董事会。迎回菩萨，敦请宝心大师为住持，教祥法师为监院，向佛教会申请登记，共策修建殿宇。尤以施江水、施能狮、施振声、施玉苏、庄隐如、施鸳鸯等，率先捐资，并向各方劝募，定光庵

得以修复一新。古刹重光,妙相庄严,广纳十方,功德无量。

公元一九九二年菊月吉旦

定光庵董事会、董事长施性稽、住持僧释宝心仝勒石

施新民书

【说明】

碑刻在龙湖镇衙口定光庵,花岗岩质,宽 140 厘米,高 180 厘米,碑文楷书竖排。标题字径 9 厘米×10.5 厘米;正文计 3 段 20 行,字径 4.5 厘米×5 厘米。记收回南侨中学用作教室的禅房廊庑之后,旅外侨亲捐资重建定光庵事。

古盈怀乡亭记

　　故乡之思恋，今古皆然，以其摇篮迹、血脉缘也。李太白标［飘］逸旷世，犹且举头望明月，低头思故乡。天子以四海之内为家，于故乡亦未尝不牵情。是以汉高祖宴沛歌风①，太公思枌②念旧，古人已多，今人更不胜枚举矣。况古盈乃系延陵季子苗裔之乡，是乡也，礼乐传家，诗书继世，仁风美俗，礼让温良，宜乎是乡之人怀恋之甚也。欲出则依依难别，侨居则眷眷怀思。追本缘支，敦亲睦族，重光宗祠，乐输公益，足明其心矣。祠堂既修，建亭其侧，名之曰怀乡。属③予记之，予谓斯亭，不特避雨蔽日，其义更深也。后之憩亭读碑者，虽千百代将必迩思遥想，与心合契，临文兴叹，启迪无穷也。

　　铭曰：

　　　　址傍祠堂瞻古貌，

　　　　人披襟衽接新风。

　　　　旅菲古盈同济社驻乡干事部、龙湖镇古盈村民委员会立

　　　　公元一九九三年岁次癸酉四月吉旦

【说明】

　　碑刻嵌于龙湖镇古盈村怀乡亭石柱之上，宽174厘米，高57厘米。黑色大理石，字迹漫漶，碑文楷书竖排。标题及正文字径3.6厘米×3.5厘米，落款字径3厘米×3厘米。碑名为编者加拟。

【注释】

①汉高祖宴沛歌风:汉高祖在家乡沛县宴饮,唱《大风歌》。史载,汉高祖过沛县,召集乡村故人父老开怀畅饮,击筑(古代的一种乐器)自歌"大风起兮云飞扬,威加海内兮归故乡,安得猛士兮守四方",并由一百二十个儿童伴唱,他自己欣然起舞。后来这首歌收入萧统《文选》,史称《大风歌》。

②枌:枌榆,汉高祖故乡的里社名。

③属:通"嘱"。

锡里吴氏宗祠史志简介

吾岱阳族始祖肇基公字观志，出生于元顺帝丙戌年（一三四六年）。妣坤德施孺人，生三子，长曰兴石，次曰镜山，三曰浔阳。原居福建泉州南安县二都黄龙，分居乌石村，再暂住深沪东山，明洪武元年戊申（一三六八年）由东山卜居岱阳。观志公之五世孙续珙公，号毅斋，妣尤氏，谥嘉德，继妣王氏，

谥淑范，于明天顺年间（约一四六八年①）分派繁衍锡里，原名薛坑，又名锡坑，复改锡里。之始祖生五子，长文光号明斋，次文景号瞻斋，三文宰号质斋，四文周号郁斋，五文助字东斗号希斋。派下移居菲国、[中国]台湾省等人丁数万人。其八世孙现龙公字重天，号振海，官清诰授荣禄大夫加功左都督。明万历年间兴起此宗祠，续后，清康熙七年庚戌首次修缮，清宣统二年庚戌续修建。一九四八年（民国卅七年）旅菲侨胞关怀故里，庙宇破塌，集巨款重修，使栋宇焕然一新。岂料临竣之时，值国内解放战争之际，诸侨胞急于返菲国，故庙宇未达完善，惜哉！未能安奉吾祖，春秋祭祀。近年来，庙之中厅遭白蚁侵蚀严重，似有倒塌之危。为子孙者，何能心安？吾各房族亲报本心切，急与旅菲公益所共襄其事。幸旅菲、[中国]港澳台众侨[同]胞俱怀崇祖敬宗诚心，敦伦睦族之义。有鉴及此，筹集巨资，于一九九二年破土，[一九]九三年兴工，并复建左右燕翼、两廊。内外齐心协力，是年十月告竣，使庙堂华丽壮观，炫目胜过旧观。一九九四年春，祖先袝祧安灵，俾世代子孙永遵祖训，蒸尝祭祀，千秋勿替。是以为志矣。

锡里宗祠建委会立

旅菲港澳锡里公益所宗祠重建委员会（名单略）

住村宗祠建委芳名（名单略）

一九九三年共和癸酉阳月立

【说明】

　　碑刻嵌于龙湖镇锡坑村锡里吴氏宗祠左墙,花岗岩质,宽 142 厘米,高 108 厘米,碑文楷书竖排。标题字径 3.7 厘米×4.8 厘米;正文 17 行,字径 3 厘米×3.2 厘米;落款字径 3.6 厘米。记锡里吴氏源流、宗祠缘起暨重建事。

【注释】

　　①约一四六八年:天顺年间为 1457—1464 年。

萧妃村许氏宗祠重建碑记兼村史简概

许东汉撰文

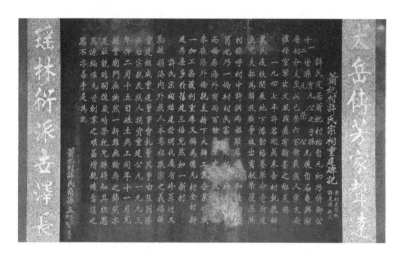

　　许氏定居萧妃村,始自元初,乃侍御公十一世孙贡元公之子孙、十二世元荣公先后自石龟与湖厝村分支至此,已历六百余载。族人崇文尚礼,仕宦辈出,文风鼎盛,有翰墨之乡美称。

　　一九四七年,许君刚芜来吾村执教,办农民夜校,开展地下活动,培养革命骨干,建立党支部,为解放战争作出贡献,[吾村]荣获基点村称呼。村中许、洪两姓聚居,世代和睦相处。萧妃乃一侨村,村民富有开拓精神,为谋生而侨居海外有两百余年历史。开放改革以来,在海外侨亲支持下,大办工业企业,形成一加工区,获利丰厚,又称为亿元村。全村新建房屋多于旧建三倍,宛然如一新村。

　　许氏宗祠始建于明代,屡有修葺,近又见破损。海内外族人本尊祖敬宗之意,倡议重建,组成重建董事会,执董其事,由旅菲、[中国]港澳台宗亲及族人捐资重建。公元一九九三年择二月十五日破土兴工,同年十一月完竣,堂庙门庑焕然一新。虽无轮奂之饰,然亦足壮观,瞻嗣后岁时祭祀,儿孙得知其祖,思其源,缅怀先世创业之艰,益增亲睦奋进之思,不亦善乎。是为记。

萧妃村许氏裔孙立

一九九三癸酉年葭月

【说明】

　　碑刻嵌于龙湖镇烧灰村许氏宗祠,宽 153 厘米,高 120 厘米,碑文楷书竖排。标题字径 5.1 厘米×5.3 厘米;正文计 3 段 22 行,字径 3.3 厘米×4.3 厘米;落款字径 4.5 厘米×4.7 厘米。两侧镶边白石,镌对联:"太岳传芳家声远,瑶林衍派世泽长。"

萧妃洪氏宗祠重建碑志

溯吾萧妃洪氏一世始祖英溪公，系出南安康龙上京，衍自晋江英林，元末明初，肇基萧里，于斯六百余载矣。

萧里洪氏，上承昊天佑福，下沾祖宗德泽，枝繁叶茂，英才辈出。文武有成兮德操备至。列祖配享①之祠，祺［祈］禳②之第，宏而且馨。岁至雍正辛亥（1731）年，堂构初修，又宣统辛亥（1911）年再次葺缮更新。

际兹盛世天时，民俗方兴；是处人杰地灵，丁财炽昌。洪氏子弟敬祖尊宗之心，溯本思源之情油然而生。核拟重建宗祠。经一呼而百诺，并侨农于同心，捐资逾百万之巨。遂择于共和癸酉（1993）年花月吉辰动工，同年葭月定磉③，越乙亥（1995）年桂月告竣。宗庙重光，雕梁画栋，琉瓦镜壁，美轮美奂！

斯是兮伟哉！恢先绪④，洪许同气，咏紫荆而勃发；绍箕裘，子孙连心，颂蒸尝于亘绵！谨此勒石立碑以志焉。

萧妃洪氏裔孙立

乙亥年葭月

【说明】

碑刻嵌于龙湖镇烧灰村洪氏宗祠，宽 160 厘米，高 128 厘米，碑文楷书竖排。标题字径 10.6 厘米；正文计 4 段 18 行，字径 3.6 厘米×4.1 厘米；落款字径 3.2 厘米×3.7 厘米。碑名为编者加拟。

【注释】

①配享:合祭,袝祀。

②祺[祈]禳:指祷告神明以求平息灾祸、福庆延长。

③定磉:意为着建基,固定石磉。

④先绪:祖先的功业。

溪前洪氏宗祠重建碑志

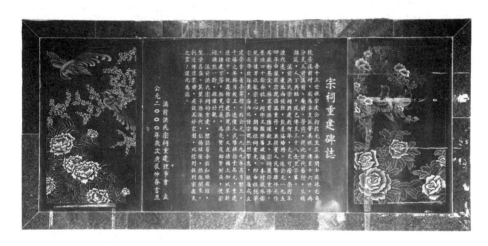

　　吾十三世祖宗远公约于元至正年间由英林宅角徙居溪前村,成为本支派肇基祖。传至十六世,再分支"三前"(溪前、庵前、营前),从此世代繁衍,瓜瓞绵延,人丁兴旺,现已传至三十八世"里"字辈。

　　溪前洪氏宗祠兴建于何年,乏史可稽,奈因年湮代远,遭风雨侵蚀,致屋漏墙坍。迨公元一九五四年由旅菲宗亲倡议重修,并捐资人民币肆仟元作为启动基金,梓里裔孙踊跃献工,宗祠获得重修。历经四十余春秋,祠宇又显陈旧破损。本村旅外侨亲素怀尊祖敬宗之心,期盼祖祠重光,即由祖杭等宗长带头解囊,海内外诸宗亲热烈响应,旋乃成立建委会,着手筹措。于公元一九九九年荔月①动土,千禧之年端月竣工,造价人民币肆拾壹万元。重建过程中,既遵循古建筑规律,又在结构上加以革新,扩建"下落",拓宽门庭,为先贤及乡贤树匾,使宗祠焕然一新,雄伟壮观。

　　溪前洪氏宗祠的重建,标志着吾族和睦团结,繁荣昌盛。冀望子孙后代,弘扬祖德,继往开来,创造辉煌业绩,建设美好家园,以慰列祖列宗在天之灵!谨此为志。

溪前洪氏宗祠重建理事会立

公元二〇〇〇年岁次庚辰仲春吉旦

【说明】

碑刻嵌于龙湖镇溪前村洪氏宗祠内墙,碑志两侧雕吉祥花鸟图案,碑刻整体宽240厘米,高100厘米,碑文楷书竖排。标题字径6.8厘米;正文计3段20行,字径3.1厘米×3.3厘米。记海内外族亲捐资重建溪前洪氏宗祠事。碑名为编者加拟。

【注释】

①荔月:指农历六月。

重建海光堂碑记

古刹海光堂，始建于宋。《泉州府志》记载：南唐观察使陈洪进围海造田，名曰"陈埭"。留眷属，建宅舍，命部典与民共垦殖。入宋，住民益增，成村庄。相传大潮漂来一木，夜发毫光，众奇之，相约将木抬回雕成观音菩萨，就岸兜建寺尊奉，寺小故名"海光堂"。观音灵赫庇民，香火昌炽。历元、明、清三朝均有修建扩大。

然庙虽不大，古佛百尊，更有名士题匾，如：相国张瑞图亲笔"法界藏身"、状元吴鲁赠匾"持世金轮"、进士庄俊元书赠楹联"雪造观音日出化身归南海，云堆罗汉风吹移步往西天"。特别名画家丰子恺先生妙绘"释迦牟尼佛"，银毫七划，佛颜如生。诸此稀世珍宝，可惜"文革"酷劫荡尽，仅存古佛一尊、古钟一口、千人帐一面已耳。

新近发现寺宇椽栋虫蛀，墙辟［壁］倒塌，势在倾圮，幸蒙

邑里诸善信暨旅外乡亲，诚心协力，慷慨解囊，踊跃捐资，重新翻建，共成善举。乃择于本年五月十七日破土兴工，越三月十七日完竣，扩建后将申报易名"海光禅寺"。

仅此泐石永志。

海光禅寺董事会、住持释开法、里人丁维灿整理立

佛历二五四四年五月十七日

岁次庚辰年五月十七日

公元二〇〇〇年六月十八日

【说明】

　　碑刻在陈埭镇岸兜村南侧海光堂,宽68厘米,高140厘米,厚9厘米,底座高45厘米,碑文行书竖排。标题字径6厘米×6.5厘米,正文字径2.5厘米,落款字径2.3厘米×2.5厘米。

　　海光堂原名海光庵,2000年6月由海内外乡亲集资修葺。

重建围江龙王宫碑志

中华民族,自古以来即称为龙的传人。是故,中国人对龙神特别崇拜。围江村地处福建东南濒海,自宋末拓村以来,居民即以海为田,以渔为生,晨出暮归,冒惊涛骇浪,以维温饱。在大风大雨中,仍然努力拼搏以求生计。偶尔风浪交加,生命危殆时,在云雾缥缈中,常见霞光灿烂,似有龙神庇助脱险之慨。彼时渔民在茫茫大海中,无所依靠,内心依借神明在虚空中庇护,而希望化险为夷,平安归帆。因此在明朝初期,有热心里人,倡议崇祀龙王尊神,并建庙塑像供奉。由是神光普照,香火鼎盛,深得里人信仰。故每年开春,渔民在出海前,要先齐集

龙王宫中,顶礼叩拜,设宴祭祀,并在宫中会餐,以求是年风调雨顺,海运亨通。后该地因宫得名,至今犹称龙亭东,延至于今龙君庙宇已倾塌无遗,近我海内外善信念龙君尊神,保护围江历时数百春秋,功迹[绩]浩大,不可泯没,乃由旅菲信士吴君文庆等倡议,重建龙君庙宇,以彰神功,大都响应而海内外诸善信慨解义囊,遂于己卯年六月初十启土奠基,越于辛巳年桂月喜获庆成,殿宇虽属简陋,惟垂后人志念,而昭威灵于万代。是为志焉。

围江村诸善信敬立

公元二〇〇一年岁次辛巳年穀旦

【说明】

碑刻在金井镇围头村静波宫(龙王宫),宽60厘米,高92厘米,碑文行书竖排。标题字径3厘米,正文字径2厘米,落款字径1.5厘米。

重建古山宫碑志

我乡古山宫由来历史悠久，旧志中有系统记载，首次于公元一九二一年民国辛酉重建，至一九二八年民国戊辰立碑志。第二次一九三四年民国甲戌重修宫之前落及中亭部分，第三次一九八二年共和壬戌重修。

虽经多次修葺，奈宫中橡柱长期受白蚁损坏，尤其[为]潭中年久泥沙淤积所忧虑。为修建古庙，建筑宫潭，幸菲岛、[中国]香港澳门等[同]侨胞，同乡中众弟子信女俱热忧关怀，内外齐心协力，踊跃乐捐巨款。择即日破土兴工，双管齐下，深挖潭泥近五千立方[米]，环潭周围砌石墙。庙宇画栋雕栏，焕新古地环境之艰巨复杂工程告竣。诸弟子俱有爱乡公德，此义举盛事，值得自豪，简书数语以志。

古湖建委会立

公元二零零[○○]一年共和辛巳六月　日

【说明】

碑刻在古湖村古山宫内墙，花岗石质，宽 74 厘米，高 144 厘米，碑文魏碑竖排。标题字径 5.7 厘米×5.9 厘米；正文计 2 段 10 行，字径 4.2 厘米；落款字径 2.7 厘米×3 厘米。

复建泉南钱江真如殿工程碑志

真如殿由钱江施氏五世祖亮公愿公始建,于宋徽宗宣和六年甲辰(一一二四年)九月,据查《泉州府志》记载由钱江施氏八世祖梦悦公依旧增新有诗在真如。迨嘉靖四十年[①]壬戌[戍](一五六二年)二月初八日被倭寇焚毁,明末清初全毁于天灾(已有四百多年),沧桑之变成为农地。复建真如殿是历来海内外乡亲期盼已久的一件大事,后经热心乡人四处奔驰,大量宣传大造声势,热烈响应。于一九九三年成立筹建组,一九九五年桂月动土。乡贤族亲组织数人先后二渡[度]往港,旅港宗贤施家宗、教焕、教永等热情接待;旅港侨亲慷慨捐资三十余万元。此后开始征地八千多平方米,数渡[度]市府陈情始获市文管局重视下,一九九八年三月批准为市级文物保护单位并亲临现场举行隆重奠基揭牌仪式。是日施氏宗亲善男信女数千人参加,记者采访,《泉州晚报》《厦门日报》先后刊登记载当日盛况。后又再渡菲律宾得到侨领施家万先生和家挺夫人等热心捐款,[中国]台湾、星[新]加坡等地侨亲齐声响应。一九九八年四月兴建,完成施工项目如下:风水挡土墙,墙围基础数百米,开井,筑工房,膳厅,后殿地基,中殿拜台卧龙石,中殿后门,四面墙壁,东西后半墙群,中殿竖柱四十支及面前堂石雕构件安装到顶。工程规模庞大,资金不足,前往漳州承施学顺先生其捐资十万元,乡贤施连开先生捐资六万元,共捐款八十五万多元。事出有因未竟全功,诸君参与,奋斗十年,不图名不为利,为复建钱江真如殿雄伟工程奠定基础,增添钱江族史谱下光辉一页。

晋江市钱江真如殿文物管委会、复建委员会

【说明】

碑刻嵌于龙湖镇前港村真如殿墙面,前立晋江市级文物保护碑,宽 426 厘米,高 120 厘米,自右至左列碑志、捐资芳名录。碑志部分楷书竖排,标题字径 5 厘米;正文计 15 行,字径宽 4.7 厘米×5 厘米;落款日期:2003 年。记真如殿历史沿革暨 1993—2003 年复建真如殿事。

【注释】

①嘉靖四十年:应为嘉靖四十一年。

重新修建钱江施氏家庙碑志

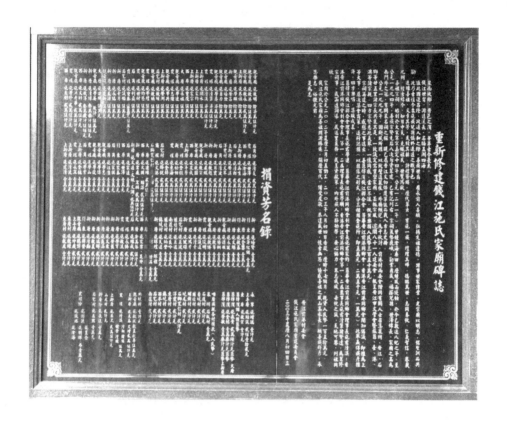

　　泉南故郡,晋邑之滨,荟萃古今豪杰。

　　钱江世胄①,源远流长,名播五洲四海。

　　值此国运昌隆、政通人和之际,吾族世裔,膺承②前人善愿,弘扬先祖遗德,踵事世家伟业,光宗庙以明志,铭圣训而共勖。此乃古往今来施族儿孙慎终追远之职事也。

　　追维吾祖,文章其芳,武绩其赫。诗礼簪缨③,历代辈出。有施一族,煌煌其烨。德昭万世,志同春秋。仁义智信,誉载九州。经古纬今,如日中天,克绳祖武④,世览鸿猷。

　　吾祖宗祠,始创于大宋宁宗嘉定十四年(公元一二二一年)。曾经沧海桑

347

田,历经风雨侵蚀,于今已数近八纪之年。至公元一九九四年,吾族宗贤先后八次斥资葺建,已有记列右。宗祠气势巍峨,勋业鼎盛,福荫儿孙,世泽绵长。家庙之高为南门外之冠,有闽泉名祠之称。现已属晋江文物保护单位而载入方志史册。

公元一九九九年,因飓风所摧,以致壁道裂痕,外墙倾圮。为千秋计,前港村两委会偕同有关人士召集泉州、晋江、石狮等廿五里诸宗长共襄其是,一致议定需重塑家庙,丕振宗风。遂阁八十一人建委会,报呈晋江市文管会暨旅菲、[中国]台港澳等诸宗亲。四方宗贤悉此义举,一怀同感,当仁不让,慨然乐捐人民币三百五十万元。

宗祠筹建之时,感慰之事迭出。吾菲律宾钱江联合会、菲华晋江前港同乡会、香港晋江前港同乡会闻知倡议,即推为上等大事,屡次集会商策,逐行认捐(以挂像之形式,分三种捐金施行,即五万元、二万五千元、一万元)。此举赢得族彦推许,四方乐唱,集腋成裘。

菲律宾钱江联合会理事长施君学连;菲华晋江前港同乡会创会会长施君家约;菲华晋江前港同乡会理事长施君清溪;香港晋江前港同乡会创会会长,第一、二届理事长施君学顺;香港晋江前港同乡会第一、二届监事长施君清莘诸贤达,为葺修宗祠事,或面达询导,或返里襄务,或呈资献策。内外族人不辞劬劳,齐心协力,众志成城。赤忱之诚,天地可鉴,列祖同欣!

家庙于公元二〇〇二年农历三月初五动工,二〇〇三年八月初四日告竣。历时十七个月,耗资人民币一佰五拾万元。

钱江施氏家庙为吾祖渊源胜迹,弥历百代,备受虔敬。恭逢盛世,怀古幽思,倍感吾祖之风山高水长。愿吾族群彦,承恩启志,裕后光前。

是为志。

晋江前港村委会

钱江施氏家庙重建委员会

二〇〇三年农历八月初四日立

捐资芳名录(略)

【说明】

碑刻嵌于龙湖镇前港村钱江施氏家庙二进走廊左墙,宽233厘米,高184厘米,碑文楷书竖排。标题字径4.5×4.8厘米,正文字径2厘米。序文之左列《捐资芳名录》。

【注释】

①世胄：世家子弟，贵族后裔。

②膺承：接受，承当。

③簪缨：古代官吏的冠饰。比喻显贵。

④克绳祖武：继承祖先的功业。

美林寺扩建后殿暨云水堂铭志

美林寺是本乡一座历史悠久的佛教寺院。由于历史缘故，后殿低于前殿，布局欠称。本寺当家宏贞姑、见筠师为造福桑梓、光耀佛门，苦心筹划，先买地后扩建，为此献出历年积蓄三十余万元，而且赴海外缘化。乡里华侨及善信发心布施，随缘乐助，共襄善举，将后殿向后扩深八尺余，平屋改建为二层楼仿古建筑，一楼为地藏殿，二楼为圆通宝殿。同时增建云水堂一座三层，供众清修。现构成三进，使寺宇布局错落有序，颇为壮观。工既竣成，铭录碑志。

霞浯美林寺暨基建协助小组同立

公元二〇〇三年九月

【说明】

碑刻嵌于西园街道霞浯社区美林寺后殿左墙，宽 45 厘米，高 113 厘米，碑文宋体竖排。标题字径 4.5 厘米，正文字径 2.8 厘米。

美林寺创始于元至正元年（1335 年）仲秋。1988 年由旅菲乡侨吴礼祥先生暨夫人赖乌绵女士独资修建后殿、护厝，塑造西方三圣、善才龙女、护法关帝，建造报恩堂佛龛、祖师龛。

石厦关圣夫子庙建设碑记

　　威震华夏，名垂竹帛。

　　德被神州，誉满乾坤。

　　关圣夫子公原奉祀在森罗殿内，随着宗教活动日趋活跃，关圣夫子的香烟亦日趋鼎盛，信奉者和崇拜者日益增多，原奉祀关圣夫子之场所已远远不能适应善男信女尊崇朝拜之需要。旅港同胞施涌铭先生以发展的眼光和改革的精神，率先提出新建关圣夫子庙的建议，并慷慨解囊带头捐资人民币伍万元作为启动资金。经里人贤达多次聚会商讨，达成广泛共识，决定予以重建。即组织关圣夫子庙董事会，着手酝酿发动及筹建事宜。旋并获得旅菲、旅港同乡会及石厦宫委会的鼎力支持。经过一年之努力,四方善信、海外侨胞和港澳台同胞悉此义举,一怀同感,当仁不让,慨然乐捐人民币六十万元。业经筹措就绪,关圣夫子庙即审慎择地阎君公宫东北侧,座[坐]甲向庚兼卯酉,占地七百多平方米,建筑面积一百六十七平方米,为一落一拜亭之杉木石结构的仿古建筑,并于二〇〇五年岁次乙酉年荔月破土动工,翌年仲春告竣。共耗资人民币伍拾陆点伍万元。庙宇建成后,不愧为闽东南一座雕梁画栋、金碧辉煌、典雅壮观、富丽堂皇之古刹,且有增添瑞气之泰运也,势必为世人所尊崇之道教圣地矣。尚望后人诚心维护,发扬光大。值此建成之际,聊作数语,叙其缘由,感其捐献者及主持者之功,爰立碑记,永铭千秋。

石厦关圣夫子庙董事会立

二零零[〇〇]六丙戌年仲春

【说明】

碑刻立于龙湖镇石厦村阎君公宫侧畔关圣夫子庙(帝爷宫)埕,花岗岩质,白石为座、为柱、为梁,三柱落地,斗檐翘脊覆顶,左右两碑板对称。右侧碑记文字楷书竖排。标题字径 6.6 厘米×8.2 厘米,正文字径 3.4 厘米,落款字径 2.8 厘米×3.1 厘米。碑名为编者加拟。

兴建福林禅寺一音圃洎香港福林禅苑观世音首度谒祖晋香记

福林禅寺奉祀观世音菩萨，系泉南之名刹，列文物保护单位。其地碧溪萦回，环境清净。斯寺肇自清季，拓于民国，葺之当代，历史蕴涵深厚，香篆①鼎盛，誉称遐迩。尤以南山律宗弘一法师尝结缘驻锡，尚遗存多处手迹石刻，乃弥足珍贵，为世所瞩目。

时维二千零二年仲春，旅港檀林同乡会第三届连第四届理事长许成沛先生率诸同仁恭迎菩萨分炉往香江②，旋成福林禅苑以供。从兹莲华璀璨，璎珞纷披③，灵应广敷。

今岁孟夏，旅港檀林同乡会第五届连第六届理事长许蔚萱先生，有感于弘一法师与福林禅寺之胜缘洎菩萨分炉香江五载，遂慨然输将，筑砌寺西南侧之溪堤石坡，辅以雕栏，莳④植花木，竖立

法师诗碑，蔚为园圃。矧⑤以法师之释号，颜其额⑥曰"一音圃"，而引为纪念。事功告竣，俾梵宇另辟幽雅，令闾里增添景观。游人香客莅此，每以载欣载誉。

季秋之吉，许蔚萱先生乃领旅港善信奉福林禅苑菩萨金尊首度前来谒祖晋香，且举行慈善结缘大会，仪式隆重，人天咸祝。感故园与客地之卓尔神庥，

仰新景与古迹之交相辉映,将膺福祉于无疆。爰镌贞珉,以志其盛,以彰其功。是为记。

福林村两委会、檀林老人协会、旅港檀林同乡会仝立

公元二千零七年岁次丁亥九月十九日

【说明】

碑刻立于福林村福林寺前一音圃,白石为座,青石为板。板面宽80厘米,高175厘米。碑额篆书横排2行,字径8.3厘米×3.5厘米;正文楷书竖排,计4段12行,字径3.5厘米×3.5厘米。记旅港檀林同乡会捐建一音圃暨香港福林禅苑菩萨金尊首度回乡谒祖晋香事。

【注释】

①香篆:指焚香时所起的烟缕。

②香江:指香港。

③璎珞纷披:像璎珞那样缤纷夺目。璎珞:古代女子用的装饰品。

④莳:移栽,种植。

⑤矧[shěn]:连词,表示意思进一层,指另外,况且,何况。

⑥颜其额:题其额。额:牌匾。

围头祠宫旧址碑记

　　为纪念抗倭及维护村民利益而捐躯之仁人志士,彰显与弘扬其不朽之精神,经海内外诸乡贤力举,于一九三三年建造祠宫,以兹纪念。用地三十平方米,钢筋水泥结构。历经七十五载,风雨侵蚀、炮火洗礼,尽显风采,堪称围江公祠,全体村民凝聚力之象征。祠宫因日久年深,已破损难支,加之兴建永平中心广场所需而拆除,虽人事已矣,但丰韵尚存。特建此同心亭,立碑永铭,并勖励来兹。

围头村委会立

二〇〇八年八月吉旦

【说明】

　　碑刻嵌于金井镇围头村永平广场同心亭,宽148厘米,高82厘米,碑文行书横排。标题字径8厘米,正文字径5厘米,落款字径5厘米。碑名为编者加拟。

儒林唐氏宗祠记

螺山系吾始祖儒林公之三子惟茂公开基之所，沿称唐厝。宗祠始于清康熙年间，在公旧宅起盖，坐甲向庚兼卯酉，元卜丁财两旺，富贵绵长。历经几度重修，溯至光绪年间，建成立规。又经过百年风雨，众盼早日重建，故集思广益，当推有志之裔组成理事会，筹划重建工程。此举深得海内外宗亲积极响应，慷慨解囊，吾村人人捐资。谨择丙戌年（二零零[〇〇]六年）葭月在原址动工翻建，戊子年（二零零[〇〇]八年）桂月告竣，是年阳月丁卯举行落成祔祧庆典仪式。共用人民币壹佰多万元。祠宇坐向照旧，惟趋吉利而进前三寸，挺高二尺三，保留原本建筑规模、风格。旧有丁砛，恢复原位。宇内圆柱雕梁，石刻楹联；外墙花砖精饰，色彩斑斓；选取千年樟材，真金正漆；雕塑儒林公与惟茂公圣像进堂供奉，高悬儒林传芳，重立登科进士、举人匾额，金碧辉煌。宗祠前紫金水、后屏螺山，钟紫帽之灵气，映东海之秀色；恢弘[宏]壮观，显祖荣宗，春冬两祭，敦亲睦族。特勒石纪念。

唐氏宗祠重建理事会立

【说明】

碑刻在池店镇唐厝村唐氏宗祠，宽 52 厘米，高 93 厘米，碑文楷书竖排。标题宋体，字径 2.6 厘米×3.9 厘米；正文楷书，计 12 行，字径 2.6 厘米；落款字径 2.6 厘米。碑名为编者加拟。

重建湖池李氏宗祠碑记

吾湖池李氏，根荣叶茂，乃望出陇西，派衍河南，四世祖茗岩公自福建安溪湖头迁徙，卜居湖池开基，繁衍至今，有五百余年。西门李氏由东村于明末移居湖池而入嗣，后乃定居西门。考吾宗祠，后裔感恩于先祖功绩，于洪武间始建于上兴房祖厝后，春秋祭祀，缅怀先祖，承恩祖德。而后于民国乙卯年，十九世孙平公深感宗祠因风雨沧桑，陈旧破落，濒临于倾塌之危，实有失雅之嫌；且原址场地狭小，故另择吉地重建于现址。斗转星移，由于修建年代近百，檐瓦渐倾，垣墙残

缺，顾旧制微嫌狭窄，需重建以广其规模。今适逢国政开放，经商建厂，工业腾飞，旧村改建，家乡事业蒸蒸日上；高楼大厦，鳞次栉比，厂房别墅，遍地林立，其开发奋进正方兴未艾也。观今日之兴旺，念宗祖择居之佳美；左依灵源之胜景，青山如屏如障；右旁[傍]东海之灵气，碧水回旋如龙。处古镇繁华之福地，居址得天独厚，地灵而人杰。共和盛世，修谱编志，人文之风大兴，于是乎族中贤达李天来、李期萍、李天赏、李期追等溯源追思，倡议重建吾族宗祠。族老振臂高呼，热情洋溢，众望所归，一呼而百应。众裔慷慨解囊，踊跃捐资，通力合作，组建筹委会，全面策划重建事宜。宗祠于二零零[〇〇]五年元月奠基，二零零[〇〇]九年十月竣工，糜资壹佰叁拾捌万元人民币，同年十一月廿六举行宗祠落成暨衬桃庆典，盛况空前，子孙欣慰，其功德千秋也，当勒碑以铭之。是为记。

湖池李氏宗祠筹建会

岁次己丑年[①]葭月吉旦立

【说明】

　　碑刻嵌于安海镇西门村湖池李氏宗祠左墙,宽 132 厘米,高 161 厘米,碑文楷书竖排。标题字径 9 厘米,正文字径 3.5 厘米,落款字径 5 厘米×6 厘米。碑名为编者加拟。

　　碑刻左侧影雕捐资者肖像并列金额:旅居印尼宗亲李肇耀、陈瑾瑛捐资 32 万元,旅居澳门乡亲李天赏、林锦治捐资 20 万元。

【注释】

　　①己丑年:指 2009 年。

浔海施氏大宗祠树德堂重修暨首届董事会成立捐资芳名

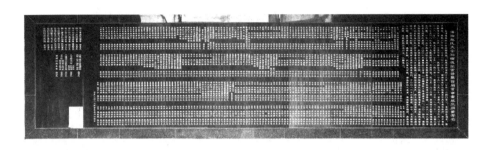

　　吾浔海施氏大宗祠树德堂，始建于明崇祯十三年（公元一六四〇年），后因海氛迁界，毁于海寇，康熙二十六年（公元一六八七年），靖海侯琅公以祖灵未妥为念而俸复建，翌年告成，乾隆丙子年（公元一七五六年）、乾隆癸丑年（公元一七九三年）重修之，道光辛巳年（公元一八二一年）、道光壬寅年（公元一八四二年）、咸丰辛酉年（公元一八六一年）、光绪己卯年（公元一八七九年）又数度修葺，丹漆门柱。迨公元一九八〇年，旅菲衙口族贤施维鹏捐油漆门楼。一九八五年旅菲浔江公会理事长、龙园旅菲侨胞施振源主持修缮，一九九八年大宗祠管委会主持再次重修。二〇〇六年国务院公布为"全国重点文物保护单位"。二〇一四年，国家文物局拨款陆佰万元，并拟定全面重修方案，福建临濮施氏宗亲总会理事长、浔海树德堂管委会主任施能向宗长主持并倡导海内外宗亲族人捐输柒佰余万元，与文物局紧密配合，工程顺利进行，以修旧如旧，保护闽南古建筑风貌为原则，于二〇一六年仲春事藏。如今，古意新装的大宗祠，雕梁画栋，雄伟壮观，欣先灵之可慰，裔孙祭祀之咸宜，感族亲数典怀祖，敦宗孝道之善举，爰将敬捐芳名列左，以励后人。

　　（以下捐资芳名略）

公元二〇一六丙申年三月廿四日

【说明】

碑刻嵌于龙湖镇衙口浔海施氏大宗祠树德堂内壁,花岗岩质,宽600厘米,高140厘米,碑文隶书竖排。标题字径7厘米×4.2厘米,正文字径3.5厘米×2.4厘米。碑文序言居右12行,捐资芳名居左,分4列。记浔海施氏大宗祠树德堂始建重修历程暨2014年族贤捐资茸修事。

奇山公祖厅新建碑志

我上新厝奇山公，系素毅公三子也。派下繁衍，子孙昌盛。昔分祀后、新二厅。后厅重建于丁卯年桂月，由施家籍、施恭旗、施家挺、施文华、施清标、施家图、施学秦、施学新、施家星诸君联袂捐资。新厅重建于共和己巳年孟秋吉旦，系施家宗先生独资。

随光阴之流逝，鉴世事之更迭，诸裔孙继承勤劳奋斗之高风，囊橐①渐丰，生计充实，遂萌新建祖宇事宜，用以［于］感戴祖宗之恩泽。

策划伊始，堂亲阁头君之令哲嗣恭旗②先生，厚道豪爽，率先响应。慨解义囊，捐输巨资。带动堂亲，踊跃投入，共襄盛举。其时，广征众议，取得共识，爰将后、新二厅，合而为一。自此，祖厅重光，旧制拓展，雄伟壮观。斯乃同气连枝，堂亲一心，秉受宗功祖德，弘扬善事之壮举，千秋万代，永焕光芒。

兹勒石记之，以勖后曹，勉旃③，勉旃！

奇山公祖厅建委会立

公元二零［〇］一六年十一月下浣④

【说明】

碑刻嵌于龙湖镇前港村奇山公祖厅左墙，宽 130 厘米，高 134 厘米，碑文宋体竖排。标题字径 9.5 厘米；正文计 4 段 15 行，字径 4.5 厘米；落款字径 4.5 厘米。

【注释】

①橐橐[náng tuó]：袋子。借指粮仓、粮库。

②恭旗：前港村旅菲乡贤施恭旗，菲律宾上好佳集团创始人。任三届菲律宾总统中国特使、菲律宾宋庆龄基金会首届会长暨第三届董事局董事长、菲华商联总会参议委员等职。

③勉旃[miǎn zhān]：努力。多于劝勉时用之。

④下浣：指为官逢下旬的休息日，亦指农历每月下旬。

第六辑
慈善公益

洪祖碧先生碑志

　　旅菲华侨洪祖碧先生洎其夫人许秀凤女士,英风夙著,豪杰天纵,桑梓事业惓惓于怀,就如兴建英林中学、英林戏院、英林医院。先生不惮心力,倡先劝募,遐迩称赞。以至独建龙西学校及乡里建电曙光,概先生独力捐献。里人感德怀恩,芳名万世,永垂不朽。特志俚语,以序先生捐建之功,不使泯没焉耳。

龙水寮村董事谨立

公元一九八二年岁次壬戌孟春之月

【说明】

　　碑刻立于英林镇龙西小学旧校区教学楼一楼大厅,独立基础,三层基座逐层缩进,碑板之上覆波浪状碑额,嵌入洪祖碧伉俪照片。碑板宽120厘米,高60厘米,碑文楷书竖排。标题字径7厘米×6厘米,正文字径4.5厘米×4厘米,落款字径4.5厘米×5厘米。

游子吟

炎黄儿孙多，足迹遍五洲。
临濮家声远，浔江世泽流。
先严讳修国，菲域勤绸缪。
生育八男女，克绳绍箕裘。
哺乌谒慈爱，雏黄日喁啾。
兄铰偕弟登，托养姨与舅。
余少奉父命，南渡维生求。
磨砺徒工始，大同奠鸿猷。
二次世界战，菲华沦日手。
屠杀吾同胞，敌忾且同仇。
中菲齐抗倭，三弟戎盔就。
吾事后援责，热血壮志酬。
椰岛正光复，鬼子不甘休。
暴行烧杀抢，血雨腥风臭。
山[三]弟殉壮烈，登为通缉囚。

九命妻儿女，人财尽乌有。
战乱平熄[息]后，悲恨愁交忧。
兄弟同奋志，发愤重运筹。
家国未敢忘，摇篮心上留。
乙丑两度归，山川喜聚秀。
中华方崛起，振兴我神洲[州]。富强有希望，亿众乐悠悠。
兴邦民有责，解囊何踌躇。欣荣堪策励，游子共推舟。
春晖寸草报，乡情铭座右。绵力修路亭，四化添一锹。
愿卜尧舜天，国泰民殷优。渤志相鉴勉，政明祝千秋。

施连登率弟施雨露　施雨水　施雨霜　施雨良　　同立
偕侄施竹林　施性震　施永芳　施明权

公元一九八六年岁次丙寅桐①月十五穀旦

【说明】

碑刻立于龙湖镇衙口村"李埭亭"。宽 100 厘米,高 180 厘米,碑文楷书竖排。标题字径 8 厘米×9 厘米;正文计 10 行,字径 3.2 厘米×3.8 厘米,五言诗体裁。

碑铭叙立碑者施连登暨昆仲家世,洋溢着他希望祖国早日繁荣昌盛的拳拳赤子之情。

【注释】

①桐月:指农历三月。

许经格先生赞词

许经格先生系我宗亲与吾里德高望重之贤哲。童年天资聪颖好学，震瑶小学第一届毕业高才生。十九岁南渡菲岛谋生，初寄人篱下，廿四岁回乡完婚，婚后偕夫人郭金针女士再渡菲岛。后与友人合营烟厂，出品精良，风行全菲而发财致富。其为人爽直，急公好义，乐善好施，以公益教育事业为己任，热心兴办慈善福利事业，出钱又出力，赢得族内外及吾乡侨爱戴。

经格先生曾任我旅菲石龟许厝同乡会第三、四届理事长，对同乡会一向关心爱护，会所用具无不慷慨捐助购置、鼎力支持。每开会必出席，现年逾八旬，亦无间断。而有乡侨不幸身故，则躬临慰唁及襄理丧事，数十年如一日。乡侨感其热诚，特敦聘为同乡会永远名誉理事。曾任菲许氏宗亲总会理事长、忠义堂总堂理事长、菲洪门进步党总部常务顾问、烈山五姓联宗总会咨询委员、忠义堂总堂常务顾问兼仲裁委员会主任、许氏宗亲总会咨询委员及众乡侨要职。

经格先生对桑梓教育公益事业一贯热情，积极解囊，创办震瑶小学，建新校舍与全村装电照明，自捐巨款又出力奔走。发动一九八二年组团回乡捐款给震瑶小学添置教具，带头捐建华苑一室。每次回乡均有捐助石龟老人会经费,捐建东溪水库二层抽水机站,建机房及购置整套抽水设备。玉湖本角三个生产队农田水利基本建设及公益事业皆鼎力资助,方得成功。前年独资捐铺山海路,然后各殷实乡侨纷纷响应,捐铺石路。目下乡中交通要道四通八达,其首倡之功,逾于岱岳,里人沐恩非浅。

经格先生虽事业卓然有成,家道丰隆,但清心寡欲,无不良嗜好,惟急公尚义,已足为乡人模范。欣逢钻禧①之年,膝下儿孙满堂。由于教育有方,其后裔也是出类拔萃之辈,堪称荣幸。

经格先生爱国、爱乡、爱侨社精神,值得颂扬立碑。

石龟许厝玉湖份诸宗亲敬立

公元一九八七年十一月吉日

【说明】

碑刻立于龙湖镇石龟村玉湖份,花岗岩质,白石两柱,黑石为板,上饰书卷,镌"流芳千秋"四字。宽120厘米,高68厘米,碑文行书横排。正文计5段18行,字径3.4厘米×3.8厘米;落款字径3.4厘米×3.8厘米。记旅菲乡贤许经格先生简历暨捐赠家乡公益事业事。无标题,碑名为编者加拟。

【注释】

①钻禧:指结婚60周年。

洋霞路亭碑志

　　洋下村位于福建省晋江县东南海滨,三面环山,道路崎岖,交通不便。今承蒙海外先贤施君阁番第五哲嗣施家万先生及夫人吴怡真女士伉俪关心家乡公益事业,慷慨解囊,捐资人民币七十多万元,铺建村中三连段石板路,新建洋霞电厂,铺砌村间上游溪圳,筑造洋霞公路衔接泉围公路,造福桑梓,振兴侨乡。特立此碑,颂扬留念。

晋江县金井镇人民政府立

公元一九八八年仲秋

【说明】

　　碑刻在泉围公路金井镇塘东村路段阁番纪念亭,宽 89 厘米,高 47 厘米,碑文行书横排。标题字径 6 厘米×6.5 厘米,正文字径 3 厘米,落款字径 4 厘米×5 厘米。

沔洲三槐亭记

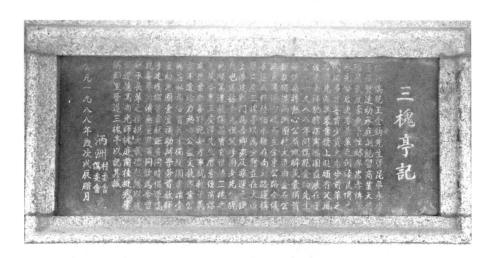

　　旅菲侨胞王金钩先生暨昆弟永康、立锞贤达幼承庭训,饱习商业,天资聪慧,气度豪爽,秉性醇厚,忠孝传芳,承先启后。更尊长辈之训诂、良惯之开拓,多才善贾,少负大志,步前辈之后尘,克绍箕裘,奋发上进,颇有父风。经营南洋,驰骋谋商,鸿[宏]图益展。在于公元一九八八年间,侨胞金钩先生缅怀桑梓,热心公益,慨解义囊,捐资巨数,独造沔洲圈村大道,由金石公路直通莲心桥,而至金东公路,全线长达贰仟陆佰米,犹在南北路边构筑二座三槐亭,以为少憩,并在大道上添建彩门,为吾乡众及旅运之便利也。为志令先祖父珍圈老先生规范顺笃遗教深恩,实有世植三槐之长茂。令尊王安泽先生历素经商,谋成巨业,乐善好施,知孝事亲,教子义方,不遗余力热心公益、文教事业,公尔[而]忘私,为培育英才,独建图书馆壹座、幼儿园壹室,补助办学,劳资教师,修建桥梁等,贡献巨多。同时倡导侨亲善举,功绩无量,遐迩同钦。为令哲嗣承长辈之楷模,大义凛然,慈以处世,道德高尚,光辉槐庭,兰桂挺秀,誉满邻里,营造三槐亭,以记其诚。

沔洲村委会、侨委会立

公元一九八八年岁次戊辰腊月

【说明】

　　碑刻嵌于金井镇沔洲村三槐亭,宽125厘米,高53厘米,碑文楷书竖排。标题字径6厘米,正文字径3厘米,落款字径4厘米。碑名为编者加拟。

施教锯烈士碑志

一八八九年一月三十日——一九四二年四月一十五日

施教锯先生，福建省晋江县龙湖乡石厦村人。早年南渡菲岛求学经商，毕生献身于人民解放和教育事业。曾任菲律宾马尼拉华侨烛厂同业公会首届主席、华侨善举公所董事兼外交委员、华侨教育会委员、旅菲钱江联合会理事长、溪亚婆中西学校董事长、南洋中学等学校董事。先生身居海外，心怀祖国，关心家乡公益事业，建惠济桥，创办石厦光夏学校，造福桑梓，惠及万民。

一九三七年卢沟桥事变后，任菲律宾华侨抗敌后援会委员，爱国护侨，抵制日货，集资支援祖国抗日战争，勋业卓著。一九四一年冬，菲岛沦陷，先生不幸被捕，受尽酷刑，仍坚贞不屈。一九四二年四月一十五日英勇就义。施教锯烈士为国为民，赤胆忠心，与天地共存，与日月同辉。

【说明】

碑刻在华侨大学"教锯纪念楼"（政治与公共管理学院）一楼大厅，系施教锯烈士铜像基座，铸铜腐蚀牌，宽35.5厘米，高28.3厘米。碑名为编者加拟。

1988年12月，石厦村旅菲乡侨施文种（施教锯烈士次子）捐建华侨大学建筑系馆"教锯纪念楼"，该馆是为纪念其先父——旅菲抗日烈士施教锯而得名，并立铜像铭志烈士的英雄事迹。

洪祖杭先生碑记

全心兴德业，国事善担当。政务勤参议，协商献妙方。
常通金保利，委获紫荆章。香阜回归喜，港津雪耻长。
太金丰盛广，平任稳安康。绅特区推委，士谦敢搏行。
洪敦煌衍派，氏共瑞传芳。祖德山立志，杭仁国朝阳。
乡关丝路月，贤达海涛光。情满培才望，怀圆国梦强。
桑溪前景远，梓里颂声扬。

晋江市龙湖镇人民政府立
原建［于］一九九零［〇］年七月
重建［于］二零［〇］二二年十月

【说明】

碑刻立于龙英公路后坑段"侨英天桥"侧凉亭中，独立基础，白石束腰雕吉祥花卉，红石为碑。宽 235 厘米，高 100 厘米，厚 14 厘米，碑文楷书竖排。标题字径 5 厘米，正文字径 8 厘米，落款字径 4 厘米。原标题为《全国政协委员、香港太平绅士洪祖杭先生碑记》，现碑名为编者缩拟。

碑文五言 22 句，冠头"全国政协委员、香港太平绅士洪氏祖杭乡贤情怀桑梓"。

陈明玉先生逸闻

　　陈明玉先生（一九○二—一九六七），晋江金井溜江村人。书香门第，少颖悟，通经史，擅诗词，素有吾邑才子之称。运筹决胜，商界圣手，业绩辉煌，声蜚海外。极重视文化教育，陶铸群英，支持其兄明炳先生返乡办学，溜江桃李芬芳，栋梁社会，皆出其源。欣慕其哲嗣水澄，即祖昌及水滨二君，启后光前，充闾大器，秉承父志，济世为怀，乐捐金井医院，造福桑梓，受惠乡里。热心公益事业之义举，乃侨乡之光，应予表扬。

　　晋江县县长施永康、副县长吴良良立

　　一九九○年八月十五日

【说明】

　　碑刻在金井中心卫生院陈明玉纪念楼一楼大厅，系陈明玉先生塑像基座碑铭，立碑者为时任晋江县县长施永康、副县长吴良良。碑板宽48厘米，高78厘米，碑文楷书竖排。标题字径3厘米×3.5厘米，正文字径2.5厘米，落款字径2.7厘米。

文种先生家世赞

　　吾乡硕彦学齿前哲,系文种先生尊祖,侨居菲岛,善心济世,关怀家乡公益。一九二五年首建大桥,位在今之上游,原石木结构,历以十余载,为洪水冲垮。令尊教锯乡贤,爱国爱乡,承先启后,三十年代中叶二次重建,未几亦付东流。其兄猛猛先生奉祖母懿愿,集资万元,于一九七一年三建六跨拱桥,移位于小溪下游。十载冲刷,破裂坍塌。文种先生挺身而出,四建三跨拱桥。奈天演物移,民众取沙建屋,迁降六尺,基础暴露,虽建议加固,惜未及时处理,遂为特大洪水所坏。先生继鼓其勇,五建今桥,耗资肆拾余万元。桥面加宽至六米,为钢筋混凝土结构,一派雄姿。统计在六十六年间,祖孙古代五建本桥,为古今凤毛麟角。其家世之善,清芬爱祖国、为人民,一脉相承,殊堪敬佩。爰歌一律,永垂纪念:

　　　　晋邑山川锦绣多,鸿门世代出英豪。

　　　　三重祖训皆行善,五建今桥德业高。

　　　　玉带东奔邹鲁地,长虹北枕延陵埠。

　　　　往来车马称方便,行客同声颂赞歌。

石厦村委员会立

一九九一年八月松坡撰文并书

【说明】

　　碑刻嵌于龙湖镇石厦村惠济桥中段桥栏,与《三代惠济桥五建碑记》相对;宽229厘米,高68厘米,碑文竖排。标题篆书,字径6厘米×7厘米;正文隶书,字径4厘米×5厘米;落款隶书,字径5厘米×4厘米。记三代五建惠济桥缘起,并赋诗以赞。

为至成先生而题

大凡慧眼独具、高瞻远瞩者,无不以修桥造路、兴学施教义举之[为]先。盖前者所以济民利世,后者乃以育才兴邦。吾市龙湖镇洪溪村旅菲乡侨施至成先生,于此是为卓识远见之士也。至成先生早年随父南渡,栉风沐雨数十载而宏图大展,素享亚洲巨贾盛誉。他山立业,不忘故国荣茂。至成先生秉太翁遗训,鼎力故乡公益事业,于一九九一年捐资贰佰万元,兴建苏坑至石厦普济桥水泥路,裨益桑梓,造福一方,襟怀足式,义举可嘉。值于公路纪念亭落成之际,特为文勒石以志。

晋江市市长何锦龙

岁次壬申年仲夏

【说明】

碑刻嵌于龙湖镇洪溪村环村路六角亭两柱间,立于 1992 年仲夏。宽 182 厘米,高 62 厘米,碑文魏碑竖排。标题字径 4.8 厘米×5.3 厘米;正文计 19 行,字径 3.8 厘米×4.8 厘米。记施至成先生捐建苏坑村路口至石厦村普济桥水泥路事。

何锦龙,惠安人,时任中共晋江市委副书记、市长,市人民政府党组书记。

石厦怀乡亭碑志

　　东山钟毓秀,孝悌式①后昆。我村旅美爱国华侨施教说先生自幼聪敏,孝顺父母,爱护弟妹。童年时代,家境清寒,仅读书载半,辍学就农,兼营小商,以维生计。年登十九,渡菲谋生,先后就业于里人教恩、仔民、教套诸先生所开设之商店。平时忠诚职守,甚得主人赏识,派往山顶与建德宗长协理商务,颇有累积,遂归里偕林氏完婚。返垠后,又与教富先生合营布店,生意兴隆。不意林氏去世,爰续弦洪氏枣娘,夫妻和睦安居。后日寇南侵,菲岛沦陷,克服艰难处境,盟军复菲后即耐心经商。一九九零[〇]年曾一度拟许黄仔应之聘请为经理,但须收成己业。在关键时刻,接纳二弟教颥劝止,继再操自家商业。果尔生意骏发,盈利可观,即汇款交二弟着手建宅,造福世代子侄。随后提携四弟及外甥德种往菲,合营电器。初期顺利,每有分红,皆得种甥照顾。嗣后商业冷淡,遂应子女迎请,赴美定居,安享晚年。惟心犹怀祖国宗本,先后捐资兴修东头祠堂,敷设东山大道,德泽人群,体现爱国之崇高品质,备受内外乡亲敬佩。先生为虔诚佛教徒,生平信仰阎君公,善心济世。前年在美去世,其夫人率子女及美国女婿合资兴建今亭于祖里,永留纪念。

石厦溪大宫建委会立

里人松坡撰书

一九九四年元月

【说明】

碑刻立于龙湖镇石厦村阎君公宫埕前左方,花岗岩质,两印斗柱落地,四方石为底部栏杆,压顶梁作波浪状。黑石为板,宽 140 厘米,高 47.5 厘米,碑面文字竖排。标题篆书,字径 4 厘米×6.5 厘米;正文隶书,字径 2.7 厘米×1.9 厘米;落款字径 2.6 厘米×2.2 厘米。记石厦村旅美乡贤施教说先生履历暨捐赠家乡公益事业事。碑名为编者加拟。

【注释】

①式:式范,模范,楷模。

志品先父辛酸奋斗经历

先父一九零四年岁次甲辰七月十七日生于晋江梧坑乡一贫农家。父名逊准，母蔡魁。无伯叔兄弟，一娣名亚香。五岁母殁，借贷理后事。越年惨遭回禄①，家成废墟。七岁，父忧劳过度见背，鬻②田廿元以治丧，自此与祖母三人相依为命。

为生活，拾柴，种田，为佣工。一次佣资一铜币，奔劳不辞。十二岁挑粪，肩皮磨破，咬牙坚持。虽备受苦楚，仍挨饥寒，苦熬岁月。姊年十六，嫁石狮大仑蔡姓者，聘金剩数十元，聊获滋润。十三岁入村私塾，因师去世，就读十月便辍学。后一度卖碗糕，记一月夜，误天将亮，闯两处荒冢，经一常有人溺毙水池，抵石狮天未明，糕店交口赞扬：年少勇敢勤奋，后必有成。

十四岁时，祖母欠安，既要劳作，又要侍候汤食，夜深，每闻咳嗽呻吟，急爬起为之端茶捶背。缘窘迫困顿，无力延医，遂成痼疾，翌年农历十月廿二日，祖母西归。卖后房四十元为安葬。出殡日，送丧者唯先父及其姊、姊夫，四位棺夫等，悲怆凄凉，肝胆欲断，毕生难忘。

悟应化哀伤为振奋，十六岁为乡小店雇用。石狮补货，百斤压肩，气喘腿酸，犹勉力撑持。有小错即遭辱骂，唯隐忍顺受，学擀面条、酿酒等谋生术。是年工资廿四元，苦水凝佳果。

年十七，堂亲志偶寄来大字，提携往菲，进逊轩雪文厂当厨司兼做雪文及杂务。两年辛苦还清"大字账"③三百元。后到描柳沃社④当雪文厂经理兼制雪文师傅，历时年余，因车行不慎伤脚，糜烂七月，延医买药，近二仟积蓄几乎花光。伤愈，营售炭小生意，起早摸黑，恪守信誉。经两年，拓展业务，颇有起色。年廿八归国结婚，内子叶雪治。卅二岁携妻来菲。一九四零[○]年购菲国武六干省仙下其厘雪文店，一九四二年又另置店屋。

先父致富不忘乡关，兴建启文小学，亲临奠基，承担投建金额半数。引电照明等公益事业，亦颇多奉献。至今，乡人口碑赞誉。

先父伶仃孤苦辛酸奋斗经历，遗模垂范，后昆缵绪⑤承志，发扬光大。

次男许钟鑫叩立

一九九五年九月十八日

【说明】

碑刻嵌于龙湖镇梧坑村启文小学旧校址礼堂二楼厅，花岗岩质，宽140厘米，高100厘米，碑文行书竖排。标题字径5.2厘米×5.7厘米，正文字径2.3厘米×3厘米，落款字径2.7厘米×3厘米。碑刻之上影雕许志品、叶雪治伉俪半身像。记梧坑村旅菲乡贤许志品先生奋斗履历暨捐建家乡学校、电力设施事。

许钟鑫，历任菲律宾华侨善举总会副董事长、菲律宾许氏宗亲总会名誉事长、菲律宾中华总商会理事长、菲律宾洪门进步党总部理事长、菲律宾洪门联合总会理事长。对家乡公益事业贡献良多,2017年独资捐建启文小学体育馆。

【注释】

①回禄:指的是传说中的火神,引申指火灾。

②鬻[yù]:卖。

③大字账:买大字欠下的账。大字:指出国护照。

④描柳沃社:菲律宾地名。

⑤缵绪:继承世业。

龙枫亭碑记

　　党和人民的优秀儿女，无产阶级的忠诚战士许良枫（许龙枫），晋江龙湖亭村人，生于公历 1921 年—1994 年，系许会玉和洪乌汝之三子。少年时侨居菲律宾，1938 年投身抗日反法西斯战争，成为当地华侨领袖，担任抗日游击区特委、工委书记，市委书记，菲共华委常委。新中国成立前，奉党和国家之命回国，曾任中共对外联络部党办副主任，福建省侨委副主任，省政府外事办副主任，省旅游局局长，省侨办主任党组书记，省五届、六届人大代表，全国侨联委员和福建省委顾委。一生光明磊落，无私无畏，为国际反法西斯斗争呕心沥血，为国家建设和人民福祉鞠躬尽瘁。许热心家乡事业，为归侨纠正冤案，发动华侨创办泉州市农业工程学校，兴建水电、交通基础设施，深受乡亲爱戴，永志怀念。

　　施韵琴（施瑛），公历 1926 年出生于晋江衙口乡，系辛亥革命志士施文普和龚乌花之四女。1940 年投身抗日战争，历任菲律宾地下抗日妇女领导人、中共对外联络部科长、福州市委统战部副部长、福州市副市长和福建省委台湾工作办副主任。许良枫与施韵琴于 1946 年结为伴侣，追求共同理想，奉献青春历尽风雨，恩爱终生。

晋江市龙湖镇龙玉党支部、村委会撰文

儿女许卓霜、许卓扬、许卓桦敬立于 1996 年秋

【说明】

碑刻立于龙湖镇龙玉村西北"龙枫亭",独立雕花基座,白石为碑,宽106厘米,高172厘米,厚15厘米。标题字径6厘米,正文字径4厘米,落款字径2.5厘米。碑名为编者加拟。

许自业施荷英夫妻纪念亭记

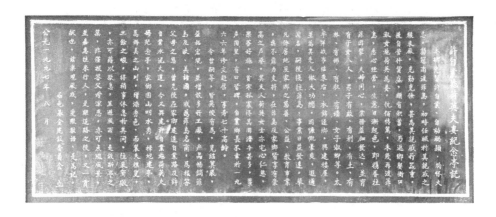

本乡先贤许自业，自幼聪颖，胸怀大志。弱冠南渡菲岛，初时任职于其亲戚之碾米厂。克勤克俭，甚为其亲戚所器重。后自营什货店，颇有积蓄，乃返乡娶衙口淑女施荷英为妻。伉俪情笃，未几再渡菲岛，悉心经营，生意日渐起色，即携眷往菲团聚。夫妇同心，业务益加发达，并育有子女八人，男子有启、有利、有土、有林、有彬、有权、有墙，女子淑卿等。太平洋战事结束后，衣锦还乡，兴建楼屋，并为其先人做大功德。因慷慨豪爽，遐迩闻名。嗣后复往菲岛，事业日益发达。举凡侨居地及家乡之慈善、公益、教育事业，无不鼎力支持，在菲岛及家乡皆享有崇高之声誉。其夫人荷英女士亦宅心仁慈，乐善好施，贫寒孤寡得其周济者甚多，蜚声闾里，有口皆碑。自业乡长不幸于一九六六年修文赴召，享寿七十高龄。

令哲嗣等，皆英俊有为，克绍箕裘，益拓宏规，并增设多所工厂，产品畅销菲岛及欧、美诸国，成为菲岛名商。为报答父母之恩，曾先后在家乡建造自业路及许自业水泥大道。今又兴建许自业施荷英夫妇纪念亭，家乡固山明水秀，择地建亭，为娇美之山川，增添秀色，而农夫樵叟，工余之暇，得稍事休息于其间，往来商贩，亦可借以歇息，兼避风雨。是故斯亭之筑，非仅报答父母深恩，亦可点缀风景，并嘉惠往来行人，是继造路之后，又一贡献也。兹乐观厥成，爰缀数语，是为记。

石龟基金建设委员会立

公元一九九七年八月

【说明】

　　碑刻嵌于龙湖镇石龟村许自业施荷英夫妻纪念亭,花岗岩质。宽154厘米,高62厘米,碑文楷书竖排。标题字径3.1厘米×3.3厘米;正文计2段30行,字径2.3厘米×2.5厘米;落款字径2.3厘米×2.5厘米。记旅菲乡贤许自业、施荷英伉俪简历及其哲裔捐赠家乡公益事业事。

施灿悦捐建南庄小学礼堂碑铭

乡贤施灿悦宗长，一九一五年四月二日出生于本村农家，二〇〇一年十月二十日卒于马尼拉。

十二岁开始在家乡读书，十六岁赴菲律宾谋生。初为店员，继当小商贩，后经营各种行业。因经营有方，事业有成。

抗日战争时期，积极参加抵制日货，募捐支持抗日救亡运动。

一九七五年中菲建交，致力于促进菲中友好事业。

先生为人敦厚豪爽，待人以诚，德高望重，乐善好施，对各种社会公益事业，无论是救灾施赈、文化教育、社会治安，皆慷慨捐输。历任菲华重要社团要职。

中国改革开放后，积极参与侨乡投资建设，对家乡教育、基建，建树良多。本南庄小学礼堂即为先生捐建。

【说明】

　　碑刻嵌于龙湖镇南庄小学礼堂,花岗岩质,宽 178 厘米,高 140 厘米。碑铭为上下两部分,上部居中影雕施灿悦先生半身正面像,左镌关登明题词:"热爱祖国赤子情,关怀梓桑敦亲心。"右镌黄炳辉诗书:"施子人品五岳倾,灿如日月万山晴。悦心尽览春烂漫,好与圣贤结伴行。"下部碑文行书竖排,字径 3.7 厘米×4.3 厘米。无标题,碑名为编者加拟。

　　关登明,曾任中国驻马来西亚、菲律宾大使。

　　黄炳辉,厦门大学教授。

苏廷芳先生简介

旅泰闽籍华人领袖苏廷芳"远夸"先生（一九〇七——一九七五）祖籍福建省晋江市梧山乡[人]，少有大志，仁爱为怀，秉性刚直，见义勇为，爱国爱乡，在泰国华社中，声誉崇隆，曾任泰国福建会馆历届理事长、泰京天华医院常务理事、泰国苏氏宗亲总会名誉理事长等要职。为泰华社会作出服务作出贡献，对家乡教育事业耿耿于怀。其夫人孙玉英女士热心公益，关心教育，特偕其公子苏国世、苏国才、苏国富、苏国

兴、苏国庆及苏国全等，为纪念其先夫（翁）苏廷芳老先生，联合捐资兴建家乡梧山学校教学综合楼中座"廷芳楼"，计银壹佰万元人民币。义举可风，殊堪矜式①。

梧山学校扩建委员会立

公元一九九九年八月

【说明】

碑刻在安海镇梧山小学教学楼入门厅，居中镌"廷芳楼"，左刻碑文，右影雕苏廷芳先生玉照。

【注释】

①矜式：敬重和取法。

施教敏公益善举碑志

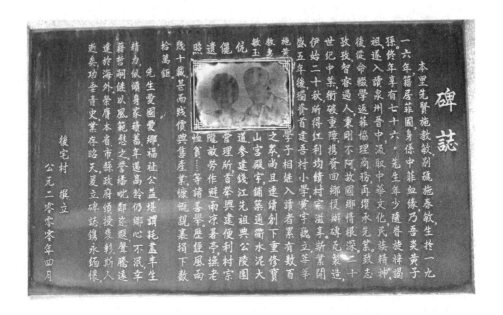

本里先贤施教敏，别号施春敏，生于一九一六年，籍居菲国，身系中菲血缘，乃吾炎黄子孙，终年享有七十六。先生年少随眷旋梓谒祖，遂入读泉州晋中，汲取中华文化、民族精神。后从命辍学返菲协理商务，再缵承先业。致志孜孜，智睿过人，秉刚不阿，故国乡情根深。二十世纪中叶，冲破重障，携资回乡投办砖瓦制造，伊始二十秋，所得红利均馈村宗滋享。斯业开盛五年后，独资首建吾村小学，黉宇巍立，莘莘学子相继入读者累有数百之众。尚且连续创下重修宝山宫殿宇，铺筑通衢水泥大道，参建钱江先祖典公陵园管理所，首举兴建便利村宗陇亩劳作避雨凉暑亭，抚老恤贫[……]等诸善举。历经风雨几十载。甚而贱价典售产业，慷慨亲襄捐下数拾万巨。

先生爱国爱乡，福祉公益，堪称耗尽半生精力，似倾身家积蓄。年迈高龄仍乡心不泯，幸借哲嗣继以风范慰之。誉播毗邻迩遐，声腾远达于海外。荣膺本省、市、县政府颁授褒彰。斯人逝矣，功垂青史，业存昭天。爱立碑志，镌[隽]永缅怀。

后宅村撰立

公元二零零零[○○○]年四月

【说明】

　　碑刻立于旧泉围公路龙湖镇后宅村路口,花岗岩质,两柱落地,斗檐翘脊覆顶。碑身宽 117 厘米,高 70 厘米,碑文楷书竖排。标题字径 5 厘米×6 厘米;正文计 2 段 23 行,字径 2.7 厘米×3 厘米;落款字径 2.2 厘米×3 厘米。碑文中影雕施教敏伉俪半身像。碑名为编者加拟。

施能札先生雕像记

　　首峰村旅菲乡贤施能札先生,幼年失怙,由慈母含辛茹苦扶养成人。舞象之年,远涉重洋,几经沧桑,刻苦磨砺,事业有成,福泽桑梓,钟情教育,率先捐款,广筹资金,兴办小学。其伉俪[妻子]洪嫦娥及家属秉承遗志,独资兴建首峰中学教学楼。仁风广披,芳名远播,永载史册。能札先生在生之时,不沽名钓誉,为弘扬其高风亮节,激励莘莘学子立志成才,报效祖国,特雕像铭念。

晋江市深沪镇人民政府、晋江市首峰中学立
二〇〇一年一月

【说明】

　　碑刻立于首峰中学教学楼一楼门厅,系施能札先生雕像基座斜台面铭文。碑板宽120厘米,高49厘米,碑文楷书竖排。正文字径3厘米,落款字径2.5厘米。碑名为编者加拟。塑像对面嵌《首峰中学教学楼碑志》一方,碑文如下:

首峰中学教学楼碑志

深沪镇首峰站头村乡侨施纯水、纯民贤昆仲旅居菲律宾，创业有成，尊令堂施洪嫦娥女士之命，以纪念其故乡贤令先尊施能札先生，亦为桑梓兴学故，独资捐建教学楼全座。建筑面积二千六百六十一平方米，工程造价人民币一百六十五万元，一九九四年八月一日动工，一九九六年竣工。赞曰："远瞩高瞻，满院弦声。俊彦盈堂，百世流芳。英才辈出，为国争光。"

深沪镇人民政府

旅菲首峰中学校董会

首峰中学

殷勤报秋意　只是有丹枫

　　施雨霜先生,身居异域,思切回馈报国,奉事家乡教育,历经二十余载,成绩斐然,蜚声载道,数度受省、市政府颁奖表彰。一九九一年应晋江市政府聘为本校名誉校长,并历任南侨中学校友总会永远名誉会长、菲律宾南侨中学校友会永远荣誉理事长、菲律宾南侨中学教育基金会执行理事长、香港南侨中学校友会永远名誉会长。

　　先生幼年随父南渡菲律宾,一九四八年回国就读南侨中学。一九四九年重渡菲国而后投身商界,克勤敬业而有成,创办工厂、工贸企业凡十余家,现为岷埠殷商。一九八一年回国重访母校,与同窗挚友施君养鹏聚首言志,决意为振兴南侨同尽其心,奉献其力,遂率先捐建修国门,拉开校园改造序幕。嗣后,会同许维新、陈祖昌多位校友,联络侨领、校董共倡全面改建校舍。经策划奔波,以大礼堂、教学楼为主体之建筑群拔地高耸,海滨学府,为之焕然一新。

　　先生荣任名誉校长之后,见学子住宿陈陋,则竭力倡划,慷慨解囊,汇集旅菲校友之力,建成时为本地一流之可容千名学生宿舍大楼。继先生昆仲合捐建施修国教学楼之后,又独资兴建施修国、颜乌金两幢纪念楼,集餐厅、会堂、娱乐诸功用于一体。尚且敦勉令弟捐建菲律宾抗日烈士施华山纪念楼,倡议令嫂捐建施雨水纪念门,并为菲南侨校友会荣誉理事长陈祖昌先生捐建陈明玉纪念楼筹划联络,力倡菲、港[中国香港地区]校友联合捐建科学楼。为学校发展之需,经先生多方请求,扩大校园用地,加大围墙。今又敦聘名师设计汉白玉石校雕,且独资建成,校园景观更添风采,先生尽校园建设之力,令人钦仰。

为南侨创建省达标校,先生亦用心良苦,每来校必偕教师恳谈,共商达标振兴之道。为激励师生,力主倡设教育基金会及陈祖昌奖学金;为母校更具办学特色,提高师生英语水准,促成南侨与菲律宾侨中学院结成姐妹校,互派教师取经,开拓中菲民间教育交流之道。

总之,施雨霜先生于母校,其至诚关爱之心,振兴南侨之劳,赫赫可追。今所以不惜笔墨者,诚如吾校历来颂扬为南侨振兴之各方志士仁人然。唐诗有云:"殷殷报秋意,只是有丹枫。"南侨有如此金秋之势,实有赖海内外"丹枫"数十载之鼎力支持也。

晋江南侨中学立

公元二○○二年八月

【说明】

碑刻立于南侨中学运动场,面对东南大门,系汉白玉校雕之基座。花岗岩黑石为板,红石镶边。宽 260 厘米,高 120 厘米,碑文楷书竖排。标题字径 8.5 厘米×1.5 厘米;正文计 5 段,字径 3.5 厘米×4.5 厘米;落款字径 5.8 厘米×7 厘米。

林玉燕碑文

　　林玉燕,诞生于晋江县塘边村(今属石狮市宝盖镇)。少时就读塘边小学、石光中学,皆品学兼优。1958年于香港邂逅爱国侨胞唐文良先生,结为伉俪并随夫赴菲定居。其后数十年艰苦创业,成就斐然,乃菲国知名企业家;更因长年不悔致力社会公益,于故国,于菲地,凡济贫、教育、交通等慈善事业,无不建树累累而深孚众望;其人品其贡献备受社会尊崇而成一代侨领。曾担任菲华各界联合会主席、菲律宾中国和平统一促进会副主席、中国旅菲各校友会联合会决策委员、菲华商联总会文教部主任、菲律宾石狮市同乡总会副理事长、菲律宾计顺市菲华学校董事长、福建省妇女联合会名誉会长等海内外进步团体领导人。多次率团来访祖国,为增进中菲友谊做了大量有益工作,为此两国政府首脑几次盛情会晤之;而为褒扬其对社会公益事业的杰出贡献,福建省人民政府曾三次授予金质奖章;2003年11月21日泉州市人民政府为之树碑嘉奖。

　　一个贤妻良母,一个没有铜锈味的女性,一个长存济世为怀之心的成功女性,一个心灵美与外形美达到高度统一的女性——这就是林玉燕。

曾昆洛撰

公元二〇〇三年十一月二十八日

【说明】

　　碑刻立于池店镇唐厝小学,宽 120 厘米,高 80 厘米,碑文隶书横排。标题字径 9.5 厘米×8 厘米,正文字径 3 厘米×2.3 厘米。碑名为编者加拟。

　　曾昆洛,晋江池店人,基层侨务工作者,作家。

汉生先生赞

汉生先生者，引后三落份国雄先生长子也，公元1904年3月（清光绪三十一年己巳）[①]诞于菲律宾之马尼拉市，原名尚胀，菲名西君道。总角之年，随父还乡，入村学，习中文；束发，返菲；既冠，还乡完娶。德配系石圳村淑女李氏英娘；婚后，相偕返菲，长居马尼位市，鹣鲽[②]相守，白头偕老。先生其毕生投身于商界，经营海水养殖、畜牧、金融……多项事业；谙货殖，善运筹，有所营咸兴盛骏发而执其牛耳领袖群伦也。无多时，富甲该地。先生素仁厚，自奉甚薄，家人亦俭朴，然遇慈善公益事，辄慷慨解囊捐赠，必不后人，故为众所拥戴而荣任诸多社团之长。先生居家乡之日也甚短，而爱乡之情也则深以长，尤其倾心关注村中之教育事业者也。1948年，当其获悉母校瀛洲小学尚借民房开课，立斥巨资独力捐建校舍一座，以解家乡、母校之窘；稍后，则出任旅菲瀛洲小学校董会董事长一职，与诸同仁共为母校筹措经费。日月驱驰，世事苍黄，然先生爱乡之情始终不渝，改革开放、寻根谒祖之潮尤令先生深切之乡思不可或止！于是乎上世纪之末，即距其捐建校舍之时已半世纪，先生重以九十高龄之身数度还乡，再次斥资，于其所建校舍原址建一教学楼，冠以"劝学"之名，寓其殷切期望于莘莘后辈之意也。先生每还乡，必携子女，盖欲子女继其志以延续其与家乡之情缘也。嗟夫，真有心人也！先生奉献良多，然无纤毫居功骄人之德色，诚是谦谦君子长者风范也！家乡诸多事业尚有待于先生，讵料清都^③荣召，竟于 1997 年 10 月骑鲸西游，惜哉！

嗟夫！汉生先生真富者也！富于财，尤富于德，富于情！纵观上下，熙攘尘世，如先生者，几多人哉？立像旌扬，世代瞻仰，以励后人，敬之颂之，怀之效之，□□□□，□□增感，行笔唏嘘，爰缀数语，勉为之赞。时在甲申年 2004 清和之月。

沨洲村委会

沨洲校董会立

二〇〇四年六月

【说明】

碑刻立于金井镇瀛洲小学劝学楼前园地，系王汉生先生塑像基座。塑像为独立基础，一层镌立碑单位，二层镌碑文，上塑汉生先生半身汉白玉像。碑身宽 87 厘米，高 59 厘米，碑文隶书横排。标题字径 4.5 厘米，正文字径 4.5 厘米×3 厘米。底部字迹漫漶。

【注释】

①公元 1904 年 3 月（清光绪三十一年己巳）：1904 年应为清光绪三十年甲辰，此处存疑。

②鹣鲽：比翼鸟和比目鱼。比喻恩爱的夫妻。

③清都：神话传说中天帝居住的宫阙。

石圳乡贤李金钗先生简介

乡贤李金钗先生，字冠群，自幼聪颖，好学上进，为人诚恳，刚毅自信，童年已表现出不畏艰难之顽强精神。

先生少小离家，独闯菲岛，白手创业，筚路蓝缕，历尽艰辛。任事勤谨，坚韧不拔，自强不息，奋斗不懈。终于成就其事业，且日渐扩展，投资于菲、[中国]港台等地，成为享誉东南亚的工商名流。

先生之贤内助洪美玉女士，贤淑端庄，秀外慧中，克勤克俭，辅助先生事业有成。育子有三，相夫教子，名闻遐迩。现子孙成群，家庭幸福美满，天伦之乐，其乐融融。

先生虽身居海外，然故土情结念念不忘。心系家乡，情牵社会。凡家乡公益慈善，皆乐意尽力而为。曾捐建发电厂、校舍、道路等福利设施。今此又独资捐建一幢气势恢宏、美伦[轮]美奂，且具有多种功能之"石圳老人活动中心"。其回馈社会之精神，默默奉献之美德，为人谦逊之风度，有口皆碑。

先生在海内外威望颇高，积极参与社会活动。历任菲华重要社团职务：

曾担任菲华商联总会常务理事，现任参议委员；

世界李氏宗亲总会副理事长；

菲律宾中华总商会名誉理事长；

菲律宾华侨善举总会常务顾问；

担任菲律宾陇西李氏宗亲总会第六十四、六十五届理事长期间，任内建树良多，发起组织西黑人省分会，争取主办世界李氏第十届第二次恳亲大会首次在菲京举行，并装修会所大厦等。劳心劳力，慷慨解囊。

历任旅菲石圳同乡会咨询委员等。

先生德高望重，历任多种职务，不辞劳苦，功绩卓著；深得族人拥戴，赞声不绝，誉满中外。

值此"石圳老人活动中心"落成之际，铭文记之，彰示来者。

石圳村两委会、石圳村老人协会仝立

公元二〇〇五年夏历乙酉仲秋

【说明】

碑刻嵌于金井镇石圳村老人协会会所一楼大厅，花岗岩质，宽 120 厘米，高 200 厘米，碑文魏碑竖排。标题字径 6.5 厘米，正文字径 3.5 厘米×4 厘米，落款字径 4.2 厘米×5 厘米。记旅菲乡贤李金钗捐建石圳村老人协会会所事。碑名为编者加拟。

湖池村旅印尼侨领肇耀先生传略

　　李肇耀先生于一九三八年二月出生于晋江市安海镇湖池村。未满周岁就随母亲杨吉娘移居印度尼西亚泗水市，就读于印尼小学、中学，毕业于印尼泗水大学化学系，而后跟随四兄肇炎学习经商。一九六八年独自经商谋生，开设烟酒小百货。一九七零[〇]年结婚，原经营的小百货由夫人陈瑾瑛经营。一九七一年始于[与]印尼政府部门联营糖、面粉业。肇耀先生奋志经营、辛勤耕耘，数十年如一日，奠定了雄厚的经济基础，成为印尼侨界知名实业家。一九八六年，创办货柜仓储有限公司，具有国际化的管理模式，其中有三公顷的室内货仓、保税区和含有高科技水平的冷冻柜仓。二零零零[〇〇〇]年又在雅加达建立保税区房地产，有丰富的土地储备。

　　经过几十年的艰辛创业和诚信经营，肇耀先生深受当地华人和印尼政府的赞赏和信任。一九九九年曾获得东盟国家先驱优秀奖和培养人才奖。二零零[〇〇]六年被当地华人推选为泗水泉属会顾问。二零零[〇〇]八年四川汶川大地震，积极推动该组织会员捐资救灾，曾得到领事馆的赞扬。二零零[〇〇]八年参加北京全球华人创业峰会，并获得优秀奖，担任印尼华裔商会名誉主席。

　　肇耀先生身在南洋，心系桑梓，乐善好施，助教兴学，热心家乡公益事业。一九七九年回乡探亲，获悉村中尚无水电照明，于一九八零[〇]年捐资为家乡安装水电。捐资铺设湖池村环村水泥路、祖厝修建及李氏宗祠的重建。肇耀先生为人正直厚道,平易近人,联系乡亲,识大体,顾大局,享有崇高的威望,无论是乡亲或海外侨亲都非常敬重他,堪称海外侨亲之楷模。

湖池宗祠筹建会敬立

【说明】

　　碑刻嵌于安海镇西门村湖池李氏宗祠怀乡亭两柱间,宽 134 厘米,高 72 厘米,碑文隶书竖排。标题字径 5 厘米×3 厘米,正文字径 4 厘米×2.8 厘米。无立碑时间,参照湖池李氏宗祠重建落成时间,应在 2009 年底。

郭文梯先生简介

著名印尼侨领、爱国华侨、晋江市季延中学、季延初级中学永远名誉董事长、梧垵小学名誉董事长郭文梯先生 1923 年出生于晋江罗山梧垵村，2011 年 8 月 27 日与世长辞。父亲郭季延，纯朴勤劳；母亲柯乌底，贤德宽爱。他自幼聪明，7 岁入读私塾，13 岁因家罹匪患而辍学。16 岁时为躲抓丁出洋谋生，几经辗转抵达印尼。从此，郭文梯先生髫龄南渡，栉风沐雨，白手起家，艰难创业，诚信为本，进取不懈，终成商界巨富、侨界巨领。

郭文梯先生秉承父母美德，为人慷慨，宗[崇]仁重义，爱国爱乡，关心桑梓，仗义疏财。数十年里，凡返乡必有建桥铺路、赈灾济贫之善举。捐建梧垵小学、梧垵幼儿园，捐资支持晋江机场建设。更于 1989 年斥巨资创建季延中学，2001 年创建季延初级中学，2004 年成立福建省郭文梯教育基金会。郭文梯先生兴学育才的义举，赢得了家乡人民的好评和敬佩，得到了各级政府的肯定和表彰。1995 年，福建省人民政府为郭文梯先生授匾立碑。2011 年，福建省人民政府、泉州市人民政府、晋江市人民政府再次为郭文梯先生立碑表彰，以示旌表。

【说明】

碑刻立于季延中学，系郭文梯先生塑像基座。宽 150 厘米，高 90 厘米，碑文楷书横排。正文字径 6 厘米，落款字径 3 厘米。

许书藏家族功德碑记

　　盖闻之：为善最乐。行善者，裨益于民情世道，造福于社稷桑梓。余乡宗贤，书藏先生，敏识尚善，徽德济人，遵礼法而敦四业；励迫修以振家声。许书藏、王能琴伉俪，心怀乡情，慷慨解囊，捐助公益，于一九九〇年，捐资贰佰伍拾万元，修造金龙大道，建隘门、筑路亭、盖渠道，道路环村利人行。翌年创建老年协会，兴办农家书屋，传承民俗文化，倡导翻建宗祠，首捐人民币壹佰万元，宗亲协力襄助，祠宇落成，巍焕聿彰。继而捐建上帝公宫，让众善信有所奉敬。唯老先生，嘉惠予境，社苑蜚声。令郎许健康先生乃时代骄子，商界精英，事业辉煌，宏图大展，炳耀宗庭。健康、丽真伉俪，谨遵严训，家风薪承，水源木本，敦伦睦族，敬老扶困，惠义彰显，乐捐巨资肆佰伍拾万元，兴建老年活动中心，成立养老福利基金会，每位老人按季分发福利金陆佰元，美之桑榆景，晚晴霞满天。父子善举，遐迩赞颂，积善之家，世代荣昌，贞石永铭。河山长映，是以为记。

溪边村老年协会敬立

公元二〇一二岁次壬辰年十月廿二日

【说明】

　　碑刻在安海镇溪边村老人活动中心外墙，宽88厘米，高128厘米，碑文竖排。标题隶书，字径5厘米×4.5厘米；正文楷书，字径3.5厘米；落款楷书，字径2.5厘米。

王若察柯银娘碑记

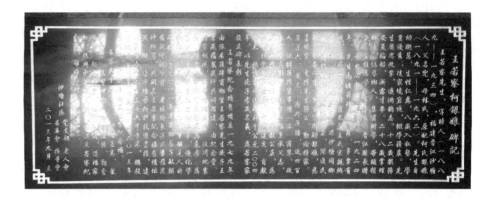

　　王若察先生，字睦人（一八八九——一九三四），福建晋江沙塘人。父名兜，母林氏，原配柯氏银娘（一八九一——一九六二）。先生自幼聪慧，生性仁慈，八岁入私塾，学业优秀，后家境窘迫，辍学务农。先生屡思改业，遂鸿鹄志。十二岁服务安夏轮船，渐露才华。二十八岁掌理乡事，倡导乡人，集资办学，带头捐款，首推为学校董事长。晋江县长赠先生"热心教育"牌匾。一九二四年，先生南渡菲律宾经商，事业有成，数届连任菲律宾太原王氏宗亲总会理事，与乡侨共创旅菲沙塘同乡会，团结乡侨，兴办公益，开通民智，培养人才。先生贤内助银娘，慈善德贤，支持先生务公，勤俭持家。育子六、女五，内外子孙近四百人，驰骋菲律宾等国（区）商界、政界，颇具影响。先生子媳秉承父志，孙辈亦然，念祖思乡，奉献公益，为菲国社会经济发展、中菲建交贡献巨大。福建省人民政府于公元二〇〇四年，以先生次子孝岁名义，为若察家族立碑表彰。

　　王若察纪念楼旧楼系一九七九年由旅居菲律宾乡贤王若察先生次子王孝岁携众昆仲共同捐建，由纪念室、礼堂组成，混合结构建筑。汶川地震后，经晋江市教育局鉴定为危房。为了沙塘学校学子的生命安全，优化学校环境，王若察先生的后辈继先人的夙愿，于二〇一一年孝岁的长子毓麒携昆仲捐巨资、孝琼的长子思銮携昆仲捐资，共同在王若察纪念楼旧楼址兴（助）建沙塘学校科技图书楼，建筑面积壹仟九百三十六平方米，总投资近三百万元人民币，于二〇一三年春竣工，仍冠名为王若察纪念楼。

　　若察先生及家族，功德盖高，众所钦赞。为警醒乡人修身立德，勤奋敬业，报答乡贤,倾资公益,造福家乡、振兴中华之夙愿,特设立若察纪念堂,塑像立碑,永载念之。

沙塘社区党支部、居委会、老人会、校董会

二〇一三年九月立

【说明】

　　碑刻在新塘街道沙塘中心小学科技图书楼四楼若察纪念室,系王若察、柯银娘伉俪塑像基座。碑板宽 161 厘米,高 61 厘米,碑文行楷竖排。标题字径 3 厘米,正文字径 2.3 厘米,落款字径 2 厘米。

蔡继欣传

蔡继欣，男，出生于福建省晋江市东石镇金泽村（前称洋宅），诞生于公元一九三二年十二月一日（农历十一月四日），四岁时（一九三六年）离开故乡，随父移居海外，至菲律宾中部（俗称南岛）第二大港埠宿务市。

他自幼承蒙父母苦心培育。求学之后，尊师重道，勤学苦练，品学双优，名列前茅，终能如愿以偿，于一九五六年毕业于宿务圣嘉罗斯大学化学工程系，获得学士学位。他就读大学期间，励志学艺，树立身之本，路漫漫而上下求索，曾兼教于宿务市中国中学，任职三年。而后，为求谋生发展，独自前往菲律宾北部（俗称吕宋岛）的首都马尼拉市，执教于中山中学，兼职环球清粉及麦芽工厂化学品质管理，任职一年。在人地生疏的环境中忍辱负重，坚韧自信；在困厄的铁砧上不断锤炼，矢志不移。他自力更生，学以致用，潜心研究，成功研制日本传统保密产品——日本名"寒天"，中文名"琼脂"（俗名菜燕）。

随后，他成家立业，自强不息，独自创办"环球海产工业"，生产琼脂（俗名菜燕），夫妻恩爱，勤俭持家，同甘共苦，携手创业，鸡鸣而出，披星戴月方归。

箪食瓢饮①,苦心经营数十载,办厂规模由小而大,由弱到强,其产品品质优良,畅销菲律宾及国外。

老骥伏枥,志在千里。他身居海外,心系祖国,一颗赤子之心,一片怀乡之情。得悉我校校园整体改造,欣然捐资人民币壹拾伍万元(折合菲币壹佰壹拾壹万兴建广场,培育少年,激励未来,福泽桑梓。

其人其事实堪景仰,谨此撰文勒石记之。

锦东旅外三会在乡办事处

塘东村民委员会

锦东华侨学校

公元二〇一四年十二月

【说明】

碑刻立于锦东华侨学校园地,宽125厘米,高82厘米,碑文魏碑横排。标题字径4厘米,正文及落款字径1.6厘米×2厘米。

【注释】

①箪食瓢饮:一箪食物,一瓢饮料。形容安于贫穷的清高生活。

匡扶乡学　功声永誉

——文默先生略历

　　吾里商界精英名企翘楚文默先生，霞埕房人，系已故绅耆友侨公哲嗣。先生自幼名如其人，文雅温厚知礼，默静笃实守信。年少就读沙塘中心小学，有其父之风，克勤克俭，质朴淳厚，且敦亲睦族，广结人缘。为谋致远大前程，八十年代起，先生乘改革开放长风破万里浪，驰骋服饰商疆，开拓创业。[一九]八四年至[一九]八七年间，担任晋江罗山服装有限公司厂长；[一九]八七年至[一九]九八年间，出任利郎（中国）有限公司总经理。先生雄略远瞩，善握商机，经数十载拼搏展拓，历三十春秋风雨沧桑，蜚声服饰贸坛，饮誉晋邑商界。先生自[一九]九七年至今荣膺安踏集团执行董事兼副总裁，秉承安心创业、打造品牌，踏实做人、诚信经商之经营理念，为安踏（中国）有限公司之开拓发展殚精竭虑。[二〇]零[〇]五年先生在北京参与安踏签约 CBA，奠定公司品牌之路；[二〇]零[〇]七年以执行董事、副总裁身份在香港出席安踏上市典礼；[二〇]零[〇]九年肩负公司重任，负责襄赞国庆六十华诞彩车运动员服饰事务，将安踏服饰展示全球。先生荣显腾达，真诚感恩回报社会。跨入新世纪，先生热愫公益事业，积极倡导慈善，勇担社会责任。[二〇]零[〇]九年荣任晋江市慈善总会永远荣誉会长；[二〇]一三年荣任晋江市见义勇为荣誉副会长，同年荣获福建省慈善总会贡献奖。先生羁身实业，稠叠故乡，情系父老，一如既往鼎力匡扶家乡老年事业，里中父老额首称庆。[二〇]零[〇]九年八月先生偕利郎（中国）有限公司诸昆仲创立"孝沛、友侨沙塘霞埕老年基金会"，开吾里老年福利先河。先生现任乡校董事会荣誉董事长，他锦心劳注乡校教育事业，以匡扶学子为己任，在乡校重建期间，广解义囊，鸿施巨资二百五十万元，为乡校创立教育基金，创建综合楼，铺筑美化运动场，优化校园环境，添置教学设备设施等。文默先生树德乡校教育，恩泽梓里孺叟，其硕功骏声，永誉后世。

沙塘社区两委会、沙塘中心校董会谨撰
二零[〇]一五年十一月二十二日

【说明】

碑刻在新塘街道沙塘中心小学，宽 126 厘米，高 155 厘米，碑文隶书横排。标题字径 4.5 厘米，正文及落款字径 2.5 厘米。记沙塘村旅港乡贤王文默先生捐赠家乡公益事业事。

高山仰止

陈君永建为安海后库人，生于丁酉年八月，少时就读学于安海中心小学。永建自小家境困顿，年少丧母，身为长子，辍学担纲，早谙世事艰，备尝人间苦。

改革伊始，求变心切，永建辛酉年创设安海味美香食杂铺，甲子年再办福建锦安贸易有限公司。翌年，与香港同裕贸易公司，合资创办晋江鸿裕公司。凭借过人之胆识、辛勤之努力，永建崭露头角。复于鹭岛创办厦门融丰开发建设公司，投资房地产、酒店等产业，获利颇丰。稍后，永建移居香港，事业稳步发展。新世纪伊始，创办香港华城国际投资等企业。经年苦心经营，公司渐入佳境，事业延及国内外。

乙未年八月廿六日，其父亲陈启种先生八十寿辰吉日，永建以其父母名义，于养正中学创立"种胜教育基金"，分批捐赠一亿一千万元，奖励良师优生，创下晋江所有学校教学基金之新高。连同养正中学新校区之建设,永建捐赠达一亿三千五百万元。另外捐赠母校中心小学一千五百万元,创立"种胜教育基金"、助力新校区建设;捐赠后库慈善会及老人会一千多万元、安海公安应急指挥中心、便民服务等工程二千多万元。

截止[至]戊戌年,据不完全统计,永建的公益捐款高达二亿元。壬辰年晋江市人民政府颁发"慈善公益事业功勋奖匾"和荣誉证书;丙申年荣获福建省人民政府颁发"福建省非公有制经济优秀建设者"金质奖章;丁酉年荣获省政府颁发的"福建省华侨捐赠公益事业突出贡献奖、特别贡献奖"。

乙亥年正月初七,永建因病于香港养和医院不幸辞世,年仅六十三岁。晋江含悲,香江默哀!三月三日,晋江市、安海镇领导主持仪式,追思永建之英灵。经政府特许,其灵堂史无前例设于养正中学旧校区体育场。苍天含悲,大地低泣,数千人冒雨从各地汇集到养正中学,悼念永建。

永建活得精彩,逝亦光荣。根据《福建省人民政府侨务办公室关于以福建省人民政府名义对陈永建先生捐资兴办公益事业立碑表彰的决定》,庚寅年十月廿一日,立碑表彰仪式在养正中学种胜体育馆前举行。永建善行天下,德润社会;心系教育,大爱无疆;急公好义,高山仰止!

安海后库陈氏家庙理事会

壬寅①冬月

【说明】

碑刻立于安海镇后库飞钱里广场山门中,宽88厘米,高176厘米,碑文横排。标题行楷,字径3.5厘米×4.5厘米;正文及落款楷书,字径2.8厘米。记旅港乡贤陈永建先生捐赠家乡公益事业事。

【注释】

①壬寅:2022年。

后　记

在晋江，慈善是城市的基因，是民间的风尚。其中，广大晋江海外侨胞和台港澳同胞是晋江慈善事业的重要力量。他们素有爱国爱乡、热心公益的优良传统，无论身居何方，中华情结、故土情怀已渗透进他们的血液，成为他们生命中不可分割的组成部分。这种家国情怀，常以捐款赠物的方式表现出来，在家乡修桥铺路、兴办教育、赈灾济贫等，直接参与家乡各项事业的建设。

碑刻是社会发展史的重要历史文献，因镌刻而厚重，因勒石而经久，因阅世而流传。由此，晋江市社科联在原有掌握的侨捐碑刻线索基础上，向海内外和社会各界广泛征集相关信息资料，深入各镇街、村社区及教育、医疗等单位，采集、整理散落于民间的侨捐碑刻。

采集的过程也是发现、抢救的过程。部分碑刻因风雨侵蚀、管理不善、征迁拆移等原因，已破损、漫漶或濒临毁弃，因而采集工作可谓"与时间赛跑"，相当紧迫。可喜的是，采集团队在田野调查中，得到了各级各界和广大干部群众的热情支持与帮助，获取了第一手最基础的宝贵资料。

本书编纂262篇274方碑文，对碑刻内容做了相应分类，附上简短说明，并对部分词语加以注释，力求让读者获得更为深刻、更为全面的阅读体验，从中感受碑铭的文化内涵和海外侨亲的拳拳爱国心、浓浓爱乡情。此外，考虑到碑刻的代表性，我们特别收录数通晋江侨亲捐赠予厦门大学、华侨大学的碑刻，虽不在晋江地域范围之内，仍有一定的参阅价值。

需要说明的是，本书并非晋江侨捐碑刻的全部，亦不能作为晋江侨捐项目（资金）的统计资料。编纂本书所秉持的原则是：遴选内容丰富，信息翔实，富有文学、史学性及书法艺术价值的碑铭入录。因此，诸如省、市、县政府为捐资者所树的碑刻，只镌项目署名的碑刻，只列捐资芳名的碑刻等，皆未收录于本书。再者，由于晋江侨捐碑刻数量庞大，编者所获取的信息、能采集到的数量及本书的容量有限，故尚有一部分碑刻未能入录。我们也期待后来者加以补充、提升。

在本书即将出版之际，谨向为本书采集、编纂工作提供支持的各界朋友表示衷心的感谢！

编　者
2024 年 3 月